LOUIS XV

DU MÊME AUTEUR

Les Magistrats du parlement de Paris au XVIII*e siècle*, Economica, Grand Prix Gobert 1961.

Le Despotisme éclairé, Fayard, Pluriel.

La Noblesse française au XVIII*e siècle*, Hachette.

La Vie quotidienne au temps de Louis XVI, Hachette.

La Véritable Hiérarchie sociale de l'ancienne France, Droz (en collaboration avec Jean-François Solnon).

Au temps de Louis XIV, Hachette.

Louis XIV, Fayard, Pluriel. Grand Prix de l'Histoire 1986.

Le Petit Monde de la comtesse de Ségur, Hachette.

Louis XIV vous parle, Stock.

Dictionnaire du Grand Siècle, Fayard.

Le Grenier à sel. Souvenirs, Éditions de Fallois.

Dictionnaire des mots historiques, Éditions de Fallois.

L'Ancien Régime, Le Livre de poche.

Journal et Mémoires de Thomas de Listière, Criterion.

La Foi chrétienne. Histoire et doctrine, Éditions du Rocher.

Dictionnaire des citations et des mots historiques, Éditions du Rocher.

Le Journal secret de Louis XIV, Éditions du Rocher.

Les Faux Nobles. Roman, Éditions du Rocher.

François Bluche

LOUIS XV

Perrin

ISBN : 2-262-01592-9

À la mémoire de
René Taveneaux,
maître et ami.

Louis XV mourut en 1774. La nouvelle de sa mort ne fit pleurer personne dans le royaume. Lui qu'on avait commencé par tant aimer, on le méprisait. Il a été le plus mauvais roi de toute notre Histoire. Ce n'est pas assez de détester sa mémoire, il faut l'exécrer.

Ernest LAVISSE (1901).

Jamais la France n'a été si riche et si abondante en toutes sortes de manufactures, si ornée par la foule de ses savants, si bien cultivée dans les campagnes et si peuplée en habitants que sous le règne de Louis XV... Nulle époque de la monarchie ne nous présente une paix aussi longue... Jamais la France ne fut aussi heureuse que sous ce règne.

Abbé de VÉRI (1778).

Présentation

Louis XV n'a jamais laissé les Français indifférents. On le vit dès son règne, son très long règne (1715-1774). En 1744 – le Roi alors a trente-quatre ans –, lorsqu'il semble mourant à Metz, le royaume entier se désole. Dès que la menace est écartée, le peuple en fait son *Bien-Aimé*. Vingt ans plus tard, on ne lui passe rien. La Révolution ne va pas ménager sa mémoire et, comme on ne peut plus lui couper la tête, on décapite la pauvre comtesse du Barry, sa maîtresse. La troisième République ne l'épargne pas : il a perdu les colonies, il a scandalisé en aimant trop les femmes. *Ce n'est pas assez de détester sa mémoire*, écrivent en 1900 les petits manuels de Lavisse, *il faut l'exécrer !* « Et voilà comment on écrit l'Histoire » (Voltaire).

Tout a changé, ou presque, depuis *Le Siècle de Louis XV* de Pierre Gaxotte (1933), ouvrage écrit « sans intention d'apologie ni de dénigrement ». Les historiens modérés ont redécouvert le Bien-Aimé, relu les Journaux du duc de Croÿ et de l'abbé de Véri, réfléchi sur les réformes de Maupeou. Ils ont insisté sur les acquêts (la Lorraine et la Corse), admiré les grandes institutions d'alors – le Conseil, la ferme générale, les intendances de province – et les belles fondations (le corps du génie, l'école des ponts et chaussées, l'école militaire, le génie maritime, l'académie royale de chirurgie, l'académie de marine, etc.). Le public cultivé n'était plus requis de ramener aux seuls débordements du Parc-aux-Cerfs et à la perte de Québec (si triste fût-elle) les caractères d'un règne long et riche, dans une France opulente et heureuse, brillant de mille feux artistiques et littéraires, modèle de l'Europe des lumières. De cette Europe, Paris est la capitale, Versailles demeure la référence, le français est la langue, Louis XIV encore le modèle.

Mais sans doute est-on passé d'un extrême à un autre. Tout ne dépend pas de Louis XV dans la civilisation de son temps ; c'est ce que Voltaire avait saisi très vite, et ce qui séparera toujours Louis le Bien-Aimé de son bisaïeul Louis le Grand. Louis XV ne fut certes pas un monstre ; il ne fut pas davantage ce prince très chrétien, cette manière de saint, que certains auteurs ne craignent pas d'imaginer.

Il en résulte que la meilleure manière de prolonger l'œuvre de Pierre Gaxotte, « sans intention d'apologie ni de dénigrement » pour reprendre ses propres paroles, consiste peut-être aujourd'hui à corriger ce que ses disciples ont trop loué au point d'étonner leurs lecteurs attentifs. De fait, le règne est plus brillant que le Roi, la monarchie plus cohérente que le monarque ; tandis qu'une meilleure liaison, une véritable complicité entre Roi et royaume, entre monarque et monarchie (quels pouvoirs avaient nos rois Bourbons et qu'eussent-ils pu réaliser par un usage lucide et courageux de tels pouvoirs !) eût économisé à la France les excès de la Révolution !

Trop vantée par les uns, attaquée par les autres, cette Révolution ne peut pas orienter l'histoire entière du XVIIIe siècle. L'âge de Louis XV, débarrassé des simplifications de la louange ou de l'opprobre, ne saurait être réduit au rôle étroit d'antichambre de 1789. C'est une civilisation de qualité, une civilisation originale. À ce seul titre, Louis XV demeurerait un roi notable. Chacun sait aujourd'hui qu'il manqua quelquefois de lucidité et souvent d'énergie, mais on oublie les servitudes qui l'accablèrent ou du moins le gênèrent. Roi enfant, héritier fragile d'un Roi hors du commun, gérant d'un héritage complexe, il voulut en être le fidèle continuateur et conservateur. Or, d'une part, il ne put partir d'un véritable *audit* (il ne comprit jamais *Unigenitus*, cette terrible bombe à retardement), et – malgré sa finesse – ne saisit pas que la meilleure manière d'imiter Louis XIV n'était pas le conservatisme pieux, mais un réformisme hardi. En cela il fut largement dépassé par les despotes éclairés, ses contemporains, ses confrères réalistes et parfois cyniques.

À l'autre extrémité d'un règne dont ni le Roi ni ses sujets ne pouvaient savoir la durée, on aurait dû, sinon prévoir des cataclysmes, au moins observer une crise. Elle provenait de l'absence de représentation nationale dans un État de droit, par ailleurs modèle de l'Europe. Elle tenait aussi au rapide, au trop rapide essor de l'économie : la France est le premier pays du monde pour l'agriculture, le second – après l'Angleterre – pour l'industrie et le commerce. Sans oublier l'enrichissement inouï de la bourgeoisie, l'accès des paysans à la petite propriété, enfin le développement plus qu'accéléré de l'instruction. Tant il est vrai que les révolutions ne sortent pas toujours des marécages. Celle de 1789, en cela comparable à la Réforme, vient d'un excès de sève. C'est un phénomène de croissance.

Louis XV n'a malheureusement pas soupçonné les sentiments profonds de ses peuples. Loin de promouvoir comme Louis XIV une méritocratie, il a laissé se développer une maladroite réaction nobiliaire, cassant net un besoin d'égalité latent. S'il avait installé Massillon, au lieu de Vintimille, sur le siège archiépiscopal de Paris, s'il avait fait Chevert maréchal de France au lieu de flatter quelques courtisans incapables, dix ou vingt réformes consécutives auraient sauvé la monarchie.

Un quatrième Dauphin

Cette histoire commence le samedi 15 février de l'an de grâce 1710, « sur les huit heures demi-quart, précise le *Mercure*, ce que les faiseurs d'horoscopes seront bien aises d'apprendre ». À cet instant Mme la duchesse de Bourgogne, née Marie-Adélaïde de Savoie, accouche d'un duc d'Anjou, futur Louis XV. L'événement a pour cadre le palais de Versailles. L'enfant était à l'origine « mal tourné », mais le sieur Clément (il n'est pas encore anobli), habile accoucheur, l'a remis en position naturelle. Depuis sept heures, le vieux Roi attendait la délivrance de la princesse. Le duc d'Anjou, immédiatement ondoyé, fut aussitôt confié à sa gouvernante, la duchesse de Ventadour (Lévis).

Son frère aîné, Louis, né en 1704, n'avait vécu que dix mois ; le suivant, Louis de France, duc de Bretagne, n'était âgé que de trois ans.

Sans jouer au faiseur d'horoscopes, nous pouvons jeter un coup d'œil sur la galerie des ancêtres du prince nouveau-né. Il descend une fois de Louis XIV, deux fois de Louis XIII, sept fois de Henri IV. Comme Louis XIV il prendra au sérieux « le dur métier de Roi » ; comme Henri IV, il se montrera brave à la guerre, faible auprès des femmes. Cependant le futur Louis XV a beaucoup de sang Habsbourg : 19 quartiers sur 64 ! Il descend en effet de Philippe II et de Charles Quint. Il a par ailleurs des ancêtres lorrains, bavarois, italiens, danois. Il descend de Rurik, Viking à demi légendaire, et du Cid, héros castillan

Il vient enfin mainte fois de saint Louis, gloire des rois de France de la « troisième race », modèle et archétype du prince chrétien.

Il n'y eut sans doute personne, en 1710, pour s'attarder sur l'arbre généalogique de monseigneur le duc d'Anjou. En effet ce dernier ne semblait pas destiné à régner, n'occupant dans l'ordre de succession que le quatrième rang. Au reste, si le vieux Louis XIV ne manquait pas de soucis – la guerre de succession d'Espagne traînait, les alliés n'offraient que de terribles conditions de paix –, il restait en bonne santé, noble, fier, valeureux. Vivrait-il centenaire ?

Venait d'abord le « Grand Dauphin », son fils chéri, que la Cour nommait *Monseigneur*, autre force de la nature. Aimable et convivial, gros mangeur, infatigable veneur, collectionneur réputé, le Grand Dauphin n'avait rien de la médiocrité prétendue par Saint-Simon. Il avait montré, depuis dix ans surtout, sa fidélité, son courage, son sens politique. Il serait un jour, Dieu voulant, le meilleur des Rois.

Après Monseigneur, la couronne passerait au duc de Bourgogne, son fils, prince irritant ou attachant (selon les jours, selon les avis) mais non dépourvu de qualités. Trop longtemps marqué par les idées fumeuses de Fénelon, d'une dévotion quelque peu provocante, il se faisait désormais plus adulte et raisonnable, capable de bientôt penser et agir par lui-même. Sa jeune épouse avait réveillé une Cour vieillissante et fait le bonheur de Louis XIV.

Si le duc de Bourgogne venait à disparaître, son fils le duc de Bretagne assurerait logiquement la continuité dynastique. Mais rien ne se fit comme prévu.

De 1710 à 1715, tandis que s'améliorait – de Villaviciosa (1710) à Denain (1712) – la position de la France en guerre, la famille royale, durement éprouvée, accumula les deuils. Le 14 avril 1711, Monseigneur mourait de la variole, pleuré du peuple, plongeant son père dans « une telle affliction qu'elle eût attendri un rocher ». Bourgogne devenait le deuxième Dauphin, initié sans délai aux affaires publiques par son grand-père. En 1712 la mort frappait à nouveau : le 12 février, une « rougeole maligne » emportait la jeune duchesse de Bourgogne, et le 18 son mari. À l'âge de cinq ans, leur fils le duc de Bretagne, « prince de grande espérance » selon Dangeau, devenait le troisième Dauphin.

Hélas, le 7 mars, il apparut que Bretagne et Anjou, fraternellement unis, avaient aussi la rougeole. Justement inquiet, le vieux Roi prescrivit de les faire baptiser dans l'heure, tous deux prénommés *Louis*... Monsieur de Prie et la duchesse de la Ferté furent parrain et marraine du futur Louis XV. Dans la nuit du 8 au 9, victime de la maladie et de saignées abusives, le Dauphin Bretagne mourait. Anjou, toujours malade mais protégé des saignées par Mme de Ventadour, devenait le quatrième Dauphin. On peut imaginer l'angoisse du Roi, de la gouvernante, de la Cour, les yeux tournés sans cesse vers ce Dauphin fragile, espoir d'une grande dynastie. Il n'avait que deux ans ; il pouvait mourir d'une heure à l'autre. Pourtant, dès le 10 mars, la Faculté se fit plus optimiste. Le 17 le Dauphin parut sauvé, bien que l'on craignît une rechute le 30. Finalement Anjou fut épargné, mais les épreuves de Louis XIV ne finirent pas : il perdit encore son arrière-petit-fils le duc d'Alençon en 1713 et son petit-fils le duc de Berry en 1714.

Dans cette ambiance, il est assuré que la santé du petit Dauphin continue longtemps d'obséder le Roi, la Cour, Paris et les provinces. Un jour l'on se rassure : le 11 juillet 1712, Mme de Ventadour est venue de Versailles à Marly avec le Dauphin, que son bisaïeul « prend plaisir à voir marcher, car il est ferme sur ses jambes ». Une autre fois, l'on s'inquiète : le 5 septembre suivant, le jeune prince subit « un violent accès de fièvre avec de grandes douleurs dans les cuisses et dans les jambes... Il est si délicat, précise Dangeau, que tout fait trembler ». Cependant, les progrès de l'enfant apaisent et réjouissent le vieux Roi. Revenant de Fontainebleau à Versailles, en octobre 1713, Louis XIV trouve son héritier « en bonne santé, et... le plus joli enfant du monde ». Il a trois ans et demi.

Dès cinq ans va commencer sa vie publique. On sait avec quelle pompe le Roi reçut, le 19 février 1715, l'ambassadeur de Perse. Dans la galerie des Glaces, Sa Majesté attendait, revêtue d'un habit or et noir, brodé de diamants (il y en avait, dit-on, pour douze millions !). Assis sur son trône, Louis XIV avait à sa droite le petit Dauphin, dont l'habit comme le bonnet étaient également couverts de pierreries. La duchesse de Ventadour « le tenait par la lisière ». La cérémonie terminée, l'ambassadeur persan, nous dit le marquis de Dangeau, « alla voir monseigneur le Dauphin... Il trouva ce prince si charmant qu'il aurait voulu le baiser. Il l'appelle le Prince Nécessaire, qui est le nom qu'ils donnent en Perse à l'héritier de la couronne, et il nous paraît que ce nom-là est fort bien appliqué à monseigneur le Dauphin ».

Deux mois plus tard, le vieux Roi associe son arrière-petit-fils à la cérémonie de la Cène, le jeudi saint, à Versailles dans la salle des gardes. Le Dauphin apporte successivement treize plats à l'un des treize pauvres invités au repas, « marchant, dit le *Mercure*, avec beaucoup de fermeté et portant son plat avec beaucoup d'adresse, suivi toujours de Mme de Ventadour, sa gouvernante ».

Le jeune Dauphin n'est pas timide ; d'ailleurs il est précoce. « Il croît beaucoup, et parle avec une grâce et une justesse étonnantes ; il sait beaucoup de choses pour son âge, et surtout la géographie, où il s'applique avec grand plaisir. » Et puis, à peine garçonnet, Louis est comme un petit homme. Le 22 août 1715 le Roi, déjà malade mais pas encore moribond, voit entrer dans sa chambre, après la messe, le Dauphin guilleret. « Il était habillé en officier de gendarmerie, et le Roi le trouva très joli. » Comment lui interdire de présider, après dîner, la parade de la gendarmerie ? Les compagnies défilèrent donc fièrement devant leur futur Roi. « Monsieur le duc d'Orléans le salua à la tête des gendarmes d'Orléans, et toute la gendarmerie marqua une grande joie de passer devant le Dauphin et de le voir en uniforme » (Dangeau).

Petit homme ou très jeune garçon, Louis est heureux ; Louis est un enfant choyé. Certes il est orphelin, sans père ni mère, et plus qu'orphelin, n'ayant jamais connu la première Dauphine et n'ayant aucun souvenir de Monseigneur, son bon grand-père. Mais, jusqu'à cinq ans et demi, il grandit à Versailles dans un décor unique – palais, parc et dépendances –, où il vit en prince de conte de fées. Ce qui eût écrasé tout autre gamin était pour lui exorcisé, démythifié, acclimaté, humanisé. En effet, il était – surtout depuis la mort du duc de Bretagne – l'enfant de ces splendeurs, chéri des grands et des petits, des princes, des ducs, des officiers civils et militaires, des écuyers, des jardiniers et des servantes.

La Providence l'a privé d'une mère délicieuse, mais le vieux Roi lui a fait don de *maman Ventadour*, une seconde mère. La duchesse de Ventadour, née Charlotte-Eléonore-Madeleine de la Mothe-Houdancourt, gouvernante des Enfants de France, lui a sauvé la vie en 1712. D'ailleurs elle a tant chéri son petit Dauphin que nulle princesse, nulle reine n'aurait pu le mieux entourer d'attentions et d'affection. Lorsque viendra – à sept ans, âge de raison – le temps où les princes *passent aux hommes*, échangeant leur gouvernante contre un gouverneur doublé d'un précepteur, la séparation sera déchirante, tant Louis adore maman Ventadour.

En août 1715, nous n'en sommes pas là, mais, peu après la fameuse revue de la gendarmerie, le Dauphin devine puis apprend que son arrière-grand-père est gravement malade, qu'il peut mourir. Toute sa vie Louis XV gardera le souvenir de consignes transmises comme un testament explicite et verbal. Le lundi 26, sur le midi, le vieux Roi fit entrer en sa chambre son héritier accompagné par Mme de Ventadour. Il embrassa affectueusement l'enfant, puis lui tint ce langage :

« Mignon, vous allez être un grand roi, mais tout votre bonheur dépendra d'être soumis à Dieu et du soin que vous aurez de soulager vos peuples. Il faut pour cela que vous évitiez autant que vous le pourrez de faire la guerre : c'est la ruine des peuples. Ne suivez pas le mauvais exemple que je vous ai donné sur cela ; j'ai souvent entrepris la guerre trop légèrement et l'ai soutenue par vanité. Ne m'imitez pas, mais soyez un prince pacifique, et que votre principale application soit de soulager vos sujets. »

L'enfant devra une parfaite obéissance à sa gouvernante, tandis que son confesseur le P. Le Tellier lui montrerait à

« bien servir Dieu » (seule fausse note d'un beau texte ; non « servir Dieu », mais croire que Le Tellier serait un bon choix).

Ayant encore embrassé deux fois son héritier et successeur, Louis XIV le bénit en pleurant. C'est en larmes également que le Dauphin sortit de la chambre royale, bientôt imité « à ce tendre spectacle » par les courtisans.

Le futur Louis XV avait sûrement tout enregistré de cette étonnante passation de pouvoirs, une manière d'adoubement. À cinq ans, on peut comprendre et surtout sentir bien des choses. L'enfant sait ou devine que la couronne est lourde, l'héritage important. D'un jour à l'autre le pupille de Mme de Ventadour va devenir un des princes les plus puissants de la terre. Il devra prendre le relais d'un bisaïeul qu'il admire et qu'il aime.

Sept années de Régence

Aucune constitution d'ancien régime ne valait celle d'Angleterre (de la grande charte au bill des droits), à l'exception du code coutumier français : les lois fondamentales. Mais si notre droit public avait réglé, jusqu'au moindre détail, les règles de succession, il n'existait point en France de mode de gestion des Régences. Que faire lorsque le Roi est mineur ? Comment éviter l'instabilité et les troubles ; les tentatives d'accaparement des grands, le soulèvement des humbles, les ambitions des hommes ; les prétentions des corps, constitués ou improvisés ? Même lorsqu'une Reine est Régente, nul de ces dangers n'est écarté : Catherine puis Marie de Médicis et Anne d'Autriche en firent l'expérience amère. Les troubles de la Fronde semblaient encore très proches. Louis XIV redoutait donc le pire. Plus sa descendance fut touchée, plus le danger à ses yeux augmentait. C'est cette crainte qui l'amena à violer la constitution, à déclarer successibles ses enfants de l'amour. Cette crainte, qui l'avait conduit à prévoir une sorte de partage d'influence entre le duc du Maine et le duc d'Orléans, son neveu.

Lorsque la descendance légitime du vieux Roi parut n'être représentée que par le futur Louis XV – au début de 1715 –, la fragilité du programme fut patente. Que se passerait-il, en 1716 ou 1717, si l'enfant Roi (héritier supposé de Louis XIV) venait à mourir ? Philippe d'Orléans, s'appuyant sur les traités d'Utrecht et la « renonciation » de Philippe V à ses droits dynastiques au trône de France, se déclarerait Roi. De son côté, le roi d'Espagne, au nom de la primogéniture et rappelant le principe de l'*indisponibilité de la Couronne* (nul ne peut abdiquer, nul ne peut renoncer) – supérieur à tout traité international–, ferait valoir ses droits, peut-être les armes à la main. Voilà pourquoi Louis XIV, tout en ménageant son neveu Orléans, lui avait mainte et mainte fois recommandé de protéger le petit Dauphin.

La Providence veilla sans doute sur ce Dauphin devenu Roi. Et le duc d'Orléans se piqua d'honneur : il ne fit rien contre Louis XV et – sauf en sa vie privée – fut un Régent sage. Il « imposa une nouvelle pratique de gouvernement, plus libérale en apparence, cherchant la concertation et l'apaisement » (L. Bély). Le choix seul de cette double politique – ménager l'héritage de son jeune neveu; éviter tout bouleversement – plaide en faveur d'un duc d'Orléans longtemps diabolisé par les livres d'histoire. Mais le bilan des sept ans d'interrègne, de la mort du Grand Roi à la majorité de son héritier, ne peut être simplifié à l'excès. « La Régence, écrit l'historien Jean Meyer, est un Janus *bifrons*, présentant d'une part des aspects résolument novateurs, de l'autre des aspects non moins évidemment réactionnaires. »

Novateur ne signifie pas toujours bienfaisant. Pourtant une des premières mesures prises par Philippe d'Orléans fut excellente : ramener le Roi et la Cour à Paris. C'était désobéir à Louis XIV, mais rapprocher le Roi de son peuple; le peuple de son Roi. (Ah ! si Louis XV adolescent et le Louis XV adulte étaient demeurés aux Tuileries !) L'enfant Roi n'avait rien à craindre des Parisiens; il y avait soixante-deux ans que s'était achevée la Fronde, temps des troubles; et les humbles, déjà amoureux de leur petit monarque, ne pouvaient que l'aduler plus encore.

Le second point novateur fut moins heureux. En échange des modifications apportées aux volontés de Louis XIV, le Régent rendit aussitôt au Parlement son droit de remontrance, terriblement amputé depuis l'année 1673. On sait que le Grand Roi, s'il délégua la plus large part de sa puissance judiciaire (notamment au profit des parlements, qui étaient des cours d'appel), veillait avec soin sur ses deux autres pouvoirs : le législatif et l'exécutif. Cette distribution se trouvait au centre même de la monarchie absolue. Irrité par les prétentions des magistrats à contrôler la puissance législative, il avait été amené – en 1673 – à ne leur permettre de « remontrer » qu'après enregistrement des lois du Roi. *Inde irae.*

Brider les prétentions parlementaires n'était pas acte de tyrannie, mais attitude de simple bon sens. En effet, les membres des parlements achetaient leurs charges. Cette vénalité des offices, qui n'avait cessé de s'étendre depuis le règne de François Ier, avait renfloué le Trésor; elle avait le mérite de donner au royaume des juges indépendants du pouvoir, mais ne justifiait nullement leur prétention à contrôler la puissance publique. Jamais les parlements de France n'avaient ressemblé à des états généraux. L'Angleterre avait des états généraux semi-permanents; l'Angleterre seule avait donné à ce corps le nom de Parlement... D'où l'équivoque possible, issue d'une ambiguïté du vocabulaire.

La confusion, déjà expérimentée en 1648, était doublée, comme au temps de la Fronde, par une ambiguïté seconde : l'idée que le parlement de Paris défendait les intérêts du peuple. En réalité, le Parlement de 1715 était composé de nobles, dans neuf cas sur dix; en général, nobles de robe; surtout nobles récents, d'autant plus vaniteux. Cette Robe, qui ne cessait d'invoquer le sénat romain que pour brandir l'étendard du bien public, défendait d'abord et surtout ses privilèges propres et ceux de la noblesse. Les *longues robes* étaient toujours prêtes à faire grève (on disait poliment : *cessation de service*) pour souligner leur opposition à des mesures en général réformatrices. La première confrontation entre Parlement et Régent se fit en 1717, la première crise importante en 1718... Ce n'était qu'un début. À l'aube du long règne du Bien-Aimé, messieurs du Parlement donnaient le *la*, avant le concert fameux de leurs cris discordants. Les premières audaces financières de Law (créateur d'une banque générale puis promoteur de la compagnie d'Occident) en furent le prétexte, ainsi que la dévaluation décidée par le garde des Sceaux d'Argenson. Le Régent riposta en provoquant la tenue d'un lit de justice, c'est-à-dire la réunion obligée du Parlement, le Roi présent. Il se tint le 26 août 1718, non au palais de justice mais aux Tuileries, afin d'honorer le petit Roi et d'humilier les *longues robes*. Faute d'enlever aux cours souveraines leur droit excessif de remontrance, le duc d'Orléans montrait aux robins que le pouvoir royal devait toujours l'emporter sur les prérogatives et les prétentions des juges.

Le troisième aspect novateur de l'interrègne se confondit avec une volonté expresse de restaurer les finances. La Dette montait à 1 200 millions... (La guerre de succession d'Espagne n'avait pu être soutenue que par les métaux précieux de l'Amérique espagnole, acheminés grâce au courage et au talent des marins du Roi.) L'association avec l'Écossais Law, promoteur d'un papier-monnaie, avait pour but de rompre les barrières du vieux mercantilisme au profit d'une économie nouvelle, indépendante de l'or et de l'argent. Pour l'imposer, Law eut besoin de l'État. En soutenant Law, l'État prenait le risque d'un dangereux quitte ou double qu'il poussa à ses dernières limites, faisant, de l'entreprenant banquier colonisateur, un contrôleur général des finances. Le Système – interdépendance entre la Banque et une compagnie des Indes élargie et renforcée –, au lieu d'entraîner le succès de ces novations périlleuses, en précipita la chute, faillit provoquer une banqueroute sauvage. Le sang-froid du Régent, l'habileté des frères Pâris, financiers et hommes du Roi, chefs d'un « anti-Système », firent que la banqueroute se transforma en dévaluation contrôlée. Il était temps de mettre fin à l'expérience de la Banque et du Mississipi. Malheureusement, cette affaire retarda pour longtemps l'entrée de la France dans l'ère du crédit, et le mirage de la Louisiane, vite mué en déception, encouragea les sujets de Sa Majesté à demeurer en Europe, alors que les Britanniques continuaient de peupler leurs colonies d'Amérique.

Nouveau, de même, fut le système des alliances. L'abbé Dubois, ambitieux ecclésiastique qui avait été le précepteur du duc d'Orléans, persuada son élève de la nécessité urgente d'une alliance franco-anglaise. Il y gagna un poste de secrétaire d'État (1718), l'archidiocèse de Cambrai (1720), le chapeau de cardinal (1721), enfin le titre de premier ministre en 1722. Au lieu de maintenir et renforcer l'amitié franco-hispanique, fondée sur le voisinage, la solidarité d'armes, la liaison dynastique, et surtout la complémentarité maritime et coloniale, le Régent et Dubois conclurent sans état d'âme la triple alliance de La Haye (1717), liant l'Angleterre, la France et la Hollande. Ce pacte ne pouvait qu'être suspect à Philippe V. La quadruple alliance – avec l'entrée de l'Autriche – n'arrangea rien. Là-dessus, le complot en France de l'ambassadeur espagnol Cellamare, les intrigues italiennes du remuant cardinal Alberoni aboutirent à une rupture et à la guerre franco-espagnole de 1719.

De 1716 à 1740 ou environ, par la faute du Régent et de Dubois – le cardinal de Fleury ne faisant, par pacifisme mal entendu, que gérer l'héritage –, l'alliance franco-britannique fut un interminable leurre, une soumission de la France à l'Angleterre. La majorité des Français n'y vit pas malice. Les affaires marchaient sur les deux rives de la Manche ; Maurepas parvint « à donner une impulsion décisive à la marine marchande et au commerce, dont le volume augmenta considérablement » (A. Boulant) ; mais la flotte de guerre fut sacrifiée presque délibérément. D'où les déconvenues à venir, maritimes et coloniales.

À ce jeu, l'héritage politique échu à Louis XV s'était fait complexe, tant l'aspect que l'on peut dire louis-quatorzien et la nouvelle donne issue de la Régence étaient en constante contradiction. À bien des égards, le long ministériat du cardinal de Fleury ne fut qu'un temps de transition.

Formation d'un prince

Le 9 septembre 1715 (Louis XIV était mort le 1er du mois), Louis XV, ayant quitté Versailles, arrivait à Paris. Le Régent lui dit : « Voyez, Sire, combien votre peuple de Paris vous aime et comme il prend plaisir à vous voir ; il est bon que vous lui en sachiez bon gré, ainsi, saluez-le. » Aussitôt le jeune souverain « salua de la main et d'une manière souriante à droite et à gauche tous ceux qui étaient en cet endroit [derrière l'hôtel de Conti] en très grand nombre, qui furent tous charmés de la beauté de son visage » (J. Buvat). Le 12, le même enfant Roi, « vêtu de deuil en violet foncé, avec un long manteau et un rabat de toile de Hollande », ouvrit, au Palais, le premier lit de justice d'un règne qui en comptera beaucoup. Juché sur son trône, embarrassé par le long crêpe qui pendait de son chapeau, mais bien tenu en lisière par sa *maman Ventadour*, Louis s'appliqua sagement à répéter le compliment que lui soufflait à mesure le duc de Villeroy : « Je suis venu ici, messieurs, étant bien aise de vous donner des marques de ma bienveillance. Mon Chancelier vous dira mes intentions. » Tant il est vrai qu'en France, la Couronne ne pouvant vaquer, le Roi incarne la souveraineté quel que soit son âge.

Le maréchal de Villeroy avait été nommé « gouverneur du Roi mineur » pour récompenser « sa bonne conduite, sa probité et ses talents », disait le testament de Louis XIV (1714). Un codicille du 1er avril 1715 précisait : « Le maréchal de Villeroy... aura l'œil sur la conduite du jeune Roi, quoiqu'il n'ait pas encore sept ans, jusqu'au quel âge de sept ans accomplis la duchesse de Ventadour demeurera, ainsi qu'il est accoutumé, gouvernante et chargée des mêmes soins qu'elle a pris jusqu'à présent. » Un autre codicille, rédigé le 23 août, faisait « précepteur du Dauphin le sieur de Fleury, ancien évêque de Fréjus ».

Dès septembre 1715, Louis résidant à Vincennes (il ne s'installera à Paris que fin décembre), commence pour le jeune Roi une double vie. Un jour, il figure en monarque, le lendemain il n'est qu'un petit garçon. Le 14, il entend les compliments de condoléances du grand conseil, de l'Académie et de l'Université ; du 16 au 24, il lui faut écouter les harangues des diplomates étrangers en poste à Paris. Puis défilèrent devant lui les députés des divers états provinciaux, les échevins de la capitale, les représentants des cours souveraines, etc. Quelques jours durant, Vincennes ressembla à une grande capitale. L'enfant Roi subit ces corvées avec patience et courtoisie. Il se défoule en appelant Chancelier son *houssard*, un camarade de jeu ; ou bien en obligeant le ministre La Vrillière à éplucher des noisettes.

Ces contrastes, ces complémentarités semblent le symbole de la vie du Roi mineur au temps d'une Régence. Depuis janvier 1716, le décor change : les Tuileries remplacent Vincennes ; les Parisiens sont ravis, qui adorent Louis et espèrent le garder en leurs murs. En février 1717, le prince ayant « l'âge de raison » et Mme de Ventadour l'ayant confié « aux hommes », le système éducatif devient plus précis, mieux encadré. Le cérémonial se fait plus exigeant, plus contraignant ; bien triste est le petit Roi d'être séparé de la bonne duchesse.

Mme de Ventadour a protégé jour et nuit son pupille, a fait de sa mission un véritable ministère, s'est attachée de toute son âme à son prince, l'a tendrement aimé. Elle a veillé sur sa formation religieuse en même temps que sur son instruction élémentaire, sur ce point aidée par un instituteur attentif, l'abbé Perot. On a voulu illustrer les leçons imposées à Louis. Celui-ci a visité le Louvre et le jardin du

Roi, ainsi que l'Observatoire. Il connaît les plus beaux monuments de Paris. Il a pris l'air aux Champs-Élysées comme au bois de Boulogne. Il est féru de géographie. Il adore l'histoire et connaît par cœur le nombre des rois de France, tandis que le nonce ignore celui des papes ! Maman Ventadour ne s'inquiète que d'une chose : son enfant n'a pas la gaieté d'un enfant ordinaire. Louis a le sérieux des orphelins. Mais, Dieu merci, « on en fait tout ce qu'on veut, écrit la gouvernante à Mme de Maintenon, pourvu qu'on lui parle sans humeur ».

En février 1717, la séparation fut déchirante. Louis pleura toutes les larmes de son corps, cria : « Maman..., maman ! » Il ne pouvait montrer plus exactement que la duchesse lui avait tenu lieu de mère. Il l'accabla de magnifiques cadeaux. Tomber des bras de *maman Ventadour* sous la férule du duc de Villeroy faisait un contraste, à casser peut-être la spontanéité d'un gamin beau, sensible, intelligent et plein d'humour. Il y eut, heureusement, le bonhomme Fleury pour amortir le choc.

Le gouverneur, homme de l'ancienne Cour, enseigna à l'enfant l'étiquette, avec un soin si méticuleux qu'il aurait dû en dégoûter le prince. Ce dernier préféra sûrement les applications des règles, les travaux pratiques, comme la visite du tsar Pierre le Grand en 1717, ou celle du duc de Lorraine l'année suivante. Villeroy fit donner au jeune Louis des menins ; lui apprit à passer en revue son régiment et sa maison militaire, l'initia à la chasse à tir, à l'équitation, puis à la chasse à courre, cette vénerie qui fut plus tard la grande passion du Roi. Tout cela fut assez bien fait, utile, parfois indispensable. Hélas, Villeroy donna à tous ses enseignements un tour trop réglé, trop strict, inhumain et monotone. Il surveilla son pupille comme on épie un prisonnier, le protégeant à chaque minute et en toute circonstance comme si le Régent et son parti avaient ourdi quelque attentat régicide.

L'abbé de Fleury, sexagénaire d'aspect paterne, remplit une tâche parallèle avec plus de tact et de finesse. Il aima son élève et sut s'en faire aimer. Il y gagna un crédit excessif qui orienta la suite des événements et pesa sur le règne du jeune monarque. C'est Fleury en personne qui initia le Roi au latin, lui apprenant chemin faisant à réciter ses prières, à mémoriser des citations bibliques, à récapituler les devoirs incombant aux princes chrétiens. La vie et l'œuvre de saint Louis furent sans cesse offertes à l'attention de son jeune descendant.

Les collaborateurs de Monsieur de Fréjus enseignèrent au Roi l'italien, beaucoup d'histoire et de géographie, mais aussi les mathématiques, la castramétation, un peu d'hydrographie (il aurait dû plus tard s'intéresser davantage à la marine !), d'optique, de dessin. Car l'enfant Louis XV est plus intéressé par les sciences – abstraites ou appliquées – que par la culture humaniste. Au total, il a été mieux formé que Henri IV, que Louis XIII et que Louis XIV. C'est le côté positif de l'influence de Fleury sur son royal disciple.

Le Régent, que Villeroy horripilait, approuvait la manière de l'abbé de Fleury et ses programmes. De son côté, il tâchait d'initier son neveu au métier de Roi en évitant soigneusement de lui imposer des devoirs trop austères ou astreignants. Fidèle à la volonté de Louis XIV, le duc d'Orléans invita le jeune Roi au conseil de Régence dès ses dix ans, exactement le 18 février 1720. Il y fut prié mainte fois, non à tous (pour éviter lassitude et dégoût), mais y assistant d'un bout à l'autre, « sans remuer ni parler », précise Saint-Simon. Quand il fut majeur (février 1723), on intensifia son initiation politique : « il présida lui-même toutes les séances des conseils de gouvernement, alors rétablis comme ils étaient en 1715 » (M. Antoine). C'est avec sérieux qu'il s'y plia, heureux en cela d'obéir aux volontés de son bisaïeul et de se mettre en bonnes dispositions pour prolonger son œuvre.

Le sacre se fit à Reims quelques mois avant la majorité du Roi. Il eut lieu le dimanche 25 octobre 1722, cérémonie traditionnelle – qui évoquait le baptême de Clovis, le sacre de Pépin, le droit divin, le pouvoir thaumaturgique des souverains capétiens – volontiers comparée à un « huitième sacrement ». Louis XV y parut très recueilli, mettant toute sa conviction dans l'énoncé des serments solennels, déposant sa couronne durant la messe au moment de l'élévation, touchant le 29 plus de deux mille scrofuleux : « Dieu te guérisse, le Roi te touche. »

Quand s'achevait la Régence, le royaume attendait beaucoup d'un souverain si jeune, si beau, si doué, si pieux. Hélas, « les dieux rendent d'abord charmants ceux qu'ils veulent décevoir ».

Un roi de neuf ans

Le précieux *Journal* du marquis de Dangeau ressemble à l'agenda des journées du jeune Roi. L'année 1719 en peut servir d'exemple.

Dieu premier servi. – La religion rythme, comme il se doit, l'existence du Très-Chrétien. Le jour de l'An, il a entendu une grand-messe en l'église des feuillants, assisté au salut du saint sacrement chez les jésuites de la rue Saint-Antoine. À la Chandeleur, il assiste à la bénédiction des cierges, à la procession et à la grand-messe ; il entend l'après-midi un sermon et les vêpres. Le 18 février, à la fin de la messe, un *De profundis* rappelle à l'enfant le souvenir du duc de Bourgogne, son père. Le premier jour du carême, Louis reçoit les cendres des mains du cardinal de Rohan, entend la messe, écoute le *Miserere.* Cette année, le Régent donne l'exemple, qui a résolu d'aller à la messe chaque jour de carême... Le jeudi saint, obéissant à un usage touchant, le jeune souverain lave les pieds de douze pauvres, puis les sert à table. À Pâques, à la Pentecôte, à la Toussaint, à Noël, son programme ne varie pas. Le matin, on doit se confesser au vieil abbé Claude Fleury – l'homonyme du futur cardinal – et assister à la grand-messe solennelle ; l'après-midi, entendre le sermon et les vêpres. Si Louis trouve trop longs – c'est sûrement le cas – les sermons de carême du P. Surian, oratorien, et les prédications d'avent de M. l'abbé Barcos, ce sentiment fort explicable doit demeurer secret : un roi ne s'extériorise pas à la légère.

Le métier de roi. – Les obligations royales, le cahier des honneurs et des charges s'imposent dès l'enfance, et le duc d'Orléans a raison d'y veiller. Le 1er janvier, S.M. a reçu les salutations et vœux des ambassadeurs étrangers. Le 31, il accorde audience à lord Stair, ambassadeur d'Angleterre. À plusieurs reprises, le P. Massillon en tête, des évêques récemment nommés sont venus prêter serment. Le Roi reçoit aussi les députés des pays d'états (et leurs cahiers), en avril ceux de Bretagne, en août ceux de Languedoc. Le jour de la Pentecôte, il s'est fait montrer par le cardinal de Noailles, à Notre-Dame, la nouvelle chapelle de la Vierge. Le 23 août, M. le prévôt des marchands lui vient présenter les nouveaux échevins de Paris. Le 25 est la Saint-Louis, fête du Roi et du royaume. Louis accepte en souriant bouquets superbes et cadeaux. Celui du duc de Bourbon – Monsieur le Duc – a de quoi ravir l'enfant. C'est « un mannequin lié de coulis d'argent, rempli de toutes sortes d'oiseaux »...

Bien que Louis XV ait acquis plus tard la réputation d'un timide, il se tire avec aisance des corvées inévitables. Son âge le dispense, il est vrai, des longs discours, mais il sait obliger, plaire et séduire. Il peut conquérir d'un mot, d'un geste. Il tient cet art de Louis XIV. Il se trouve que le Régent voudrait faire accorder un bénéfice d'Église au sous-précepteur de Louis, l'abbé Vittement. Le Roi y consent mais, au lieu d'un sec : « Monsieur, nous vous donnons telle abbaye », il dit gracieusement :

– *Je vous donne une abbaye considérable, et vous la donne avec plaisir.*

Son âge interdit au jeune Roi d'avoir la responsabilité des affaires publiques. Il les reçoit un peu en spectateur : l'émoi spéculatif du système de Law, les aigres retombées de la bulle *Unigenitus*. Parfois il les subit. Le 9 janvier de cette même année 1719, il entend publier « à son de trompe la guerre contre l'Espagne ». Un pays voisin et ami ? Le royaume de son oncle Philippe V ? Une telle guerre est contre nature, mais, disait Louis XIV, « les rois sont souvent obligés à faire des choses contre leur inclination ». On chantera des *Te Deum* bien ambigus, le 29 juin pour la prise de Fontarabie, à la fin d'août pour celle de Saint-Sébastien.

Plus innocentes sont les revues, que l'enfant Roi adore, comme les garçons de son âge. Le 5 mai, par exemple, dans le jardin des Tuileries, Louis passe en revue le régiment des gardes françaises et celui des gardes suisses. En octobre, en la plaine des Sablons, il inspecte les seize compagnies de sa gendarmerie, le Régent défilant à la tête des gendarmes d'Orléans. À cette occasion, et à la demande de l'intéressé, Louis XV n'appelle plus le Régent *Monsieur*, mais *Mon oncle.*

Les plaisirs et les jeux. – Les plaisirs du jeune Roi ressemblent souvent à des divertissements d'adulte : au début de cette année 1719, on lui vint donner aux Tuileries la comédie française et l'italienne, et les courtisans observèrent que Louis préféra les Italiens. Le 19 février, il se retrouve enfant, et même badaud ; malgré la foule, il se fait conduire à la porte Saint-Antoine, au défilé des masques du carnaval. Le 3 avril, on le mène au bois de Vincennes car il s'intéresse à la fauconnerie ; et d'y revenir le 22 et le 29. En ce printemps, le jeune Roi arpente presque chaque jour les bosquets des Tuileries, moyennant quoi « il se porte à merveille », observe Dangeau. Le parc des Tuileries est vaste et bien plaisant. Louis va souvent en bateau sur la grande pièce d'eau et il pêche. Parfois aussi, il gagne le bois de Boulogne pour tirer des lapins, et le séjour de la Muette l'attire.

Protecteur des académies. – Louis a l'esprit curieux ; il est en avance sur son âge, en a déjà témoigné. Le jour du mardi gras, il se rend aux galeries du Louvre, y visite le cabinet de M. d'Hermand, ingénieur, lequel est « rempli de curiosités de mécanique » ; de là il fait le détour, non moins instructif, de l'imprimerie royale.

En juillet, comme il fallut nettoyer à fond les Tuileries « dont les mauvaises odeurs commençaient à incommoder fort S.M. et toute sa cour », Louis s'installa plusieurs jours au vieux Louvre, dans l'appartement de la Reine mère qui d'ailleurs l'enchantait. Depuis 1672, le Louvre, demeure des anciens Rois, était devenu – par la volonté de Louis le

Grand – une sorte de palais de la découverte et de cité des arts. On y coudoyait des artistes, des ingénieurs, des collectionneurs. Les académies royales y siégeaient. Bref, si le Roi logeait aux Tuileries – en attendant un retour à Versailles –, la République des Lettres avait son siège social au Louvre. Cet aimable paradoxe était peut-être unique au monde, mais les Parisiens, bénéficiaires en tête, avaient fini par trouver cela tout naturel.

Le petit Roi va profiter d'une rencontre quasi territoriale avec les sciences et les arts, pour assouvir sa curiosité, compléter sa culture. Le 17 juillet, le 1er août, il retourne admirer les collections du colonel d'Hermand. Le lendemain il visite l'atelier d'Antoine Coypel. Le 19, il inspecte les toiles de Desportes, « peintre fameux pour les animaux ». Le 21, Coypel fait à Sa Majesté – il en est premier peintre – les honneurs de l'académie de peinture, dont il est directeur. Et de lui « expliquer » tous les beaux tableaux exposés. Dans la journée du 22, Louis honore de sa visite l'académie française puis l'académie royale des sciences. À la Française, il est harangué par M. de Valincour, directeur de la compagnie, successeur de Racine, avant que La Motte-Houdar ne récite un poème. Dacier fait ensuite admirer l'urne à système utilisée pour les élections !

Nullement fatigué, toujours curieux, l'enfant Roi monte ensuite à l'académie des sciences. Il est harangué par M. de Torcy, vice-président en exercice, puis il admire les modèles de machines et d'amusantes expériences de chimie. Jusqu'à sa mort, Louis XV aura le goût des sciences, au point d'être « assez fort dans l'astronomie, la physique, la chimie et la botanique » : ce 22 juillet 1719 l'a fortement marqué. Mais le rallye académique du jeune prince n'est pas achevé. L'après-midi du 24, Louis vient à la séance de l'académie des inscriptions et belles-lettres : il entend la harangue émue et reconnaissante de M. de Boze, secrétaire perpétuel. Le 1er août, S.M. retourne à l'imprimerie royale ; le 2, il rend visite à l'académie d'architecture – la dernière-née des grandes créations de Louis XIV – et, avant de retrouver des Tuileries repeintes et aérées, gagne la Monnaie où le directeur fait frapper une médaille comportant son portrait.

Plus tard, c'est encore la Monnaie qui grave la médaille commémorative de ces visites exceptionnelles. On y voit à l'avers, de profil, Louis XV en buste, couronné de laurier, au revers, le dieu Apollon assis auquel les Muses rendent hommage. Pour légende : DUX ET COMES (Protecteur et Associé), et en exergue : ACADEMIAE PRAESENTIA REGIS RECREATAE. MDCCXIX (Les académies réjouies par la présence du Roi. 1719).

Dans l'histoire, trop méconnue, des rapports entre royauté française et République des Lettres, il faut savoir que cette année 1719 est le prolongement direct de 1672.

Le retour à Versailles

Le 15 juin 1722, anticipant volontairement sur le temps de sa majorité, Louis XV quitte la capitale et va s'installer à Versailles. La Cour remarque qu'il n'a pas attendu l'échéance normale de la fin d'un quartier commensal. On a dû débloquer des crédits extraordinaires, hâter quelques travaux de réfection, car la demeure du Grand Roi a été un peu négligée depuis 1715.

Le jeune monarque ne cache pas sa joie de retrouver le cadre de sa petite enfance. À peine rendu, il a gagné la splendide chapelle du château, chef-d'œuvre de Mansart et Robert de Cotte, légitime orgueil de Louis XIV. Devant le saint sacrement exposé, il a récité une prière d'action de grâces. De là, malgré la chaleur d'un été précoce, il s'est élancé à travers le parc, visitant et reconnaissant les bosquets. Puis, tout essoufflé, il gagna la grande galerie où, faute de sièges, il se reposa à même le parquet ; le Régent et la suite de S.M., exténués, tout en sueur, se crurent autorisés à l'imiter. La démonstration en témoigne : notre jeune prince « est très content d'être à Versailles... De fait, écrit l'avocat Barbier, ce logement est bien plus superbe pour un roi que Paris ».

C'était une grave erreur politique, mais personne n'en avait conscience. Louis XV, suivant son sentiment, ne se souciait pas des contraintes de la raison.

Versailles avait été le cadre merveilleux de sa petite enfance. D'ailleurs, si le Régent détestait un château qui lui rappelait les admonestations du feu Roi, Louis XV savait que son bisaïeul eût désiré de le voir élevé à Versailles « comme le lieu le plus propre, le plus commode (*sic*) et le plus magnifique que l'on pût souhaiter ». Or le jeune souverain veut imiter son glorieux prédécesseur : il ne fait donc, sept mois avant sa majorité, que réaliser un souhait de Louis XIV. Au reste, en ce cadre connu et que l'Europe admire, il pense gagner en prestige, en liberté et en autorité : le Roi de Versailles est d'une autre stature que celui des Tuileries.

Comme Louis XIV, Louis XV paraît fuir sa capitale : on décèle dans les deux cas une pointe d'agoraphobie. La localisation des actes royaux est parlante : Versailles sera le siège social de la royauté ; de 1722 à 1774, un lieu beaucoup plus souvent cité que Marly, Compiègne et Fontainebleau. Il est pourtant une différence entre les deux rois Bourbons. Versailles, demeure du Grand Roi (quand il ne séjourne pas à Fontainebleau, Trianon ou Marly), est aussi son œuvre, création attentive et permanente. Le vieux monarque était heureux et fier de l'achèvement de sa belle chapelle, mais il aurait voulu ne pas mourir sans avoir inauguré le salon d'Hercule. Louis XV est ici comme un locataire ou comme un invité, intimidé par les dimensions physiques et morales, n'ayant pas mesuré que parc et château appartenaient au public presque autant qu'au monarque ; craignant, en entreprenant des travaux, de grever le trésor royal et de piétiner d'une manière sacrilège l'ombre toujours visible du Roi-Soleil. Il fut donc respectueux de la splendide structure, se limita à des modifications intérieures ; enfin, il se fit des refuges intimes – cadres et gages de liberté –, tant à Versailles (les petits appartements au château, les Trianon dans le parc), que dans les petits châteaux d'Ile-de-France (la Muette, Saint-Hubert, etc.).

À ce prix, Versailles fut respecté. « Je n'aime pas, déclarait Louis XV, défaire ce que mes pères ont fait. » Ce pieux conservatisme n'interdit pas au jeune Roi – au contraire – d'achever ce que son aïeul n'avait pu finir. En 1725, les travaux reprennent donc, au salon d'Hercule, immense salle d'apparat séparant la chapelle des grands appartements. Il brillera du plus vif éclat, le 26 janvier 1739, en l'honneur du mariage de Madame Infante, fille de Louis XV. Le Roi s'enhardit aussi à faire construire ce qui n'avait été qu'un rêve de son prédécesseur : une grande et belle salle de spectacle. Ce sera le magnifique Opéra de Gabriel, médité vingt ans durant, construit en deux ans (1768-1770), la plus belle salle de l'Europe.

Louis XV n'attenta que deux fois à l'œuvre du Grand Roi. En 1752, il fit démolir le Grand Degré – dit aussi escalier des Ambassadeurs. Il ne servait plus depuis longtemps : *ultima ratio* de nombreux vandalismes. Plus tard il accepta la proposition de Gabriel, « le grand dessein ». Il s'agissait de reconstruire en pierre, à l'imitation du côté jardin, les façades brique et pierre du château, côté ville. Décidée en 1771, inachevée à la mort du Roi, l'aile Gabriel n'atténua pas – bien au contraire – l'aspect « gothique » (c'est-à-dire Louis XIII) des façades sur cour. L'indécis Louis XV s'était, comme il en sera coutumier, mal décidé ou décidé trop tard.

Le reste des modifications versaillaises au château avait eu pour but de loger la Reine dans un décor neuf et fort à la mode; de procurer un gîte princier aux Enfants de France (Louis et Marie Leczinska auront trop de filles, au gré des architectes); enfin de préserver la vie privée de Sa Majesté Louis XV. Cela comporta la création ou l'aménagement de cabinets. Les uns à l'usage du Roi, les autres destinés aux maîtresses en titre (Mailly, Pompadour, Du Barry), d'autres permettant les divertissements – soupers, théâtre, musique – d'une société choisie, dûment sélectionnée par le Roi et sa favorite du jour.

Ce que Louis XV laissera de mieux, c'est assurément le nouveau Trianon de Gabriel, le Petit Trianon (1762-1764), « chef-d'œuvre de grâce, de pureté et de mesure..., synthèse réussie de la noblesse du Grand Siècle et de l'élégance du temps des Lumières » (J.-F. Solnon).

La constitution *Unigenitus*

Le duc de Bourbon en 1723, le cardinal de Fleury en 1726 et – pourquoi ne pas le dire déjà ? – Louis XV en 1743, eurent à supporter le plus lourd de l'héritage louis-quatorzien : la bulle *Unigenitus*, fausse panacée destinée à imposer une nouvelle paix de l'Église ; en réalité redoutable bombe à retardement.

On reproche en général à Louis XIV trois erreurs : le ravage du Palatinat, la révocation de l'édit de Nantes, la destruction de Port-Royal. C'est oublier « le plus grand événement qu'il y ait eu dans l'Église depuis Jésus-Christ » (Colbert de Croissy) : la bulle ou constitution *Unigenitus*, réclamée au pape Clément XI par le Roi et obtenue le 8 septembre 1713. À la suite de Richelieu et de Mazarin, Louis XIV haïssait le jansénisme pour raisons politiques ; le jansénisme, ennemi de la raison d'État. Il y voyait aussi une hérésie, faute de bien connaître la Bible et saint Augustin. Après des années de persécutions, le vieux Roi requit l'aide du pape en vue de mettre fin à une interminable controverse. Rome, de son côté, vit là un moyen d'ébranler le gallicanisme, si la bulle en question devenait loi de l'Église et de l'État. Rien de ces deux plans ne s'accomplit.

Sitôt connue, la constitution indisposa les magistrats les plus respectés (le chancelier Pontchartrain, le procureur général d'Aguesseau), les évêques les plus scrupuleux (le cardinal de Noailles, le duc de Coislin, prince-évêque de

Metz) ou les plus courageux (Soanen, Colbert de Croissy, etc.), sans parler des docteurs de Sorbonne, des curés de Paris et d'une large portion du peuple catholique. Au lieu d'affaiblir le courant gallican, la bulle le renforça considérablement. Au lieu de « garder fidèlement et avec sûreté la vérité orthodoxe », ce que prétendait son pompeux préambule, la constitution, dénonçant une hérésie imaginaire, ne cessait elle-même de frôler (le mot est apaisant) l'hérésie.

Unigenitus visait les *Réflexions morales* de l'oratorien Pasquier Quesnel (1695), ouvrage de piété dont le succès avait été immense. C'était en fait un livre fortement pensé et médité, bien écrit, rompant avec le jansénisme trop raisonneur du Grand Arnauld et qui rejoignait l'édifiante spiritualité de l'abbé de Saint-Cyran. Les réflexions « morales » étaient des apostilles commentant un texte complet – en français – du Nouveau Testament. Ignorant volontairement les polémiques, la casuistique, la scolastique et même toute forme de théologie spéculative, Quesnel avait choisi la « théologie positive », c'est-à-dire une doctrine appuyée sur la Bible seule. Mgr Vialart de Herse, évêque de Châlons, avait chaleureusement recommandé l'œuvre de Quesnel sous sa première forme (1671) ; le futur cardinal de Noailles, approuvé l'édition de 1695.

La constitution, elle, diabolise les *Réflexions morales*. « Le pape y condamne cent une propositions, et quoique ces propositions semblent la plupart être tirées de l'Écriture et des Pères, et que dans leur sens naturel elles ne présentent que des pensées pieuses et chrétiennes, il les condamne comme *impies*, comme *fausses*, comme *blasphématoires*, comme *hérétiques*. Qui n'en eût été effrayé ? » se demandait l'abbé Le Gendre, chanoine de Notre-Dame.

Faire d'un tel texte une loi de l'État, sur réquisition de Rome, c'était heurter les maximes gallicanes du royaume, auxquelles nos pères étaient attachés et que n'aurait pas contestées saint Louis ou Philippe le Bel. Sembler marquer du sceau de l'infaillibilité cent une condamnations souvent moins évidentes que ce qu'elles prétendaient incriminer était un pari dangereux. Que penserions-nous d'une loi d'État avalisant le *Syllabus*? Ou reproduisant la condamnation du *Sillon*? Honnêtement, *Unigenitus* était aussi peu universelle, aussi strictement conjoncturelle que, plus tard, le *Syllabus* de Pie IX.

Toute une suite de propositions, concernant la grâce efficace (c'est-à-dire l'infinie bonté de Dieu, et son efficace), se trouvaient rejetées par la bulle. Condamnée (prop. 1) la phrase suivante : *Que reste-t-il à une âme, qui a perdu Dieu et sa grâce, sinon le péché et ses suites...* Condamnée cette deuxième proposition, pourtant parfaitement évangélique : *La grâce de J.-C., principe efficace de toute sorte de bien, est nécessaire pour toute bonne action... Sans elle non seulement on ne fait rien, mais on ne peut rien faire.* De nos jours, Bernanos eût été traité en hérétique pour avoir écrit : « Tout est grâce »; ne parlons pas de saint Augustin, beaucoup plus engagé que ne le fut Quesnel dans une apologie de la grâce. On s'étonnera de voir refuser la proposition 26 : *Point de grâce que par la foi.* La proposition 27 : *La foi est la première grâce et la source de toutes les autres.* La proposition 51 : *La foi justifie quand elle opère, mais elle n'opère que par la charité.* Toutes ces condamnations bizarres semblent à l'opposé de la doctrine de saint Paul (*Ephésiens* 2,8) : « C'est par la grâce que vous êtes sauvés en vertu de la foi; et cela ne vient pas de vous, puisque c'est un don de Dieu. Cela ne vient pas de nos œuvres, afin que nul ne s'en glorifie. » C'est ainsi qu'après avoir réfuté saint Augustin, le plus grand des Pères d'Occident, Clément XI se trouve implicitement condamner saint Paul.

Plusieurs anathèmes visent les propositions concernant la diffusion et la connaissance de la Bible. *Il est utile et nécessaire en tout temps, en tous lieux et à toutes sortes de personnes, d'étudier l'Écriture et d'en connaître l'esprit, la piété et les mystères* (prop. 79). Le P. Quesnel proteste contre l'interdiction particulière faite aux femmes de lire les saintes Écritures; c'est la proposition 83, elle est condamnée. Il recommande, le dimanche, *des lectures de piété, et surtout des saintes Écritures. C'est le lait du chrétien, que Dieu même, qui connaît son œuvre, lui a donné. Il est dangereux de l'en vouloir sevrer* (prop. 82).

Le P. Quesnel était en avance sur son temps : on va canoniser bientôt le fondateur de l'école biblique de Jérusalem !

À considérer d'une part les textes des *Réflexions morales* et de l'autre leur condamnation, on demeure pantois. Ce n'est plus le nombre des *appelants* (ceux qui refusent ou contestent *Unigenitus*) qui étonne, mais leur petit nombre. Comment la majorité des évêques a-t-elle pu se rallier finalement, plus ou moins, à cette constitution baroque, équivoque et notoirement bâclée ?

Équivoque ? Le texte romain s'est gardé de qualifier les propositions « chacune en particulier » ; c'est pourquoi le lecteur de la bulle « ne peut discerner celles qui sont hérétiques » de celles qui sont seulement captieuses ou dangereuses. L'abbé Le Gendre, ancien secrétaire de l'archevêque Harlay, en est persuadé : « Cette bulle n'était point née sous une heureuse étoile. » Restait à s'indigner au risque de côtoyer quelque schisme, ou à se rallier à la position soumise du même Le Gendre : « Je ne raisonne plus et me soumets aveuglément ; qui s'écarte de ce principe devient l'arbitre de sa foi et bientôt il ne croit plus rien. »

Plus les années passèrent, plus les positions se durcirent. Les jésuites et leurs amis ultramontains, tout comme les évêques ménagers du pouvoir établi, prenaient fait et cause pour la bulle au nom de l'unité catholique, de l'orthodoxie, de la vertu d'obéissance. Ses ennemis avaient, eux, eu le temps d'étudier les propositions condamnées et le texte improvisé qui prétendait justifier lesdites condamnations. L'exemple de la rétractation de l'évêque de Saint-Papoul en 1735 est tout à fait instructif. Jean-Charles de Ségur, grand seigneur, officier dans la maison du Roi avant d'entrer dans les ordres, avait été fait évêque de Saint-Papoul en 1723. On lui avait demandé d'approuver la bulle, il l'avait fait de confiance, instinctivement, à l'instar de nombre de ses collègues. Onze ans plus tard, mieux instruit en théologie positive, il regretta si vivement d'avoir reçu et appliqué (trop strictement, voire sévèrement) la constitution *Unigenitus*, qu'il décida de se démettre, fit par mandement amende honorable – le 26 février 1735 – et se retira près de Noyon « pour vivre dans l'obscurité, le reste de ses jours, avec le revenu d'une petite abbaye » (Barbier). Le 2 avril, un arrêt du Conseil condamna le mandement de ce prélat : l'affaire de Mgr de Ségur avait eu un retentissement national.

En ce temps, approuver ou refuser la constitution était un grave cas de conscience. On vit tous les cas de figures : rejet puis acceptation, acceptation puis rejet. Le cas de conscience s'imposait au moment de la collation des grades de théologie, au moment de l'acceptation d'un bénéfice ecclésiastique. Lorsqu'il fut parfois imposé pour bénéficier des derniers sacrements, nombre de chrétiens malades ou même agonisants connurent la plus inhumaine des épreuves. Si vous veniez de vous confesser à un prêtre soupçonné de jansénisme, vous risquiez de mourir sans viatique ni extrême-onction. Louis XV, en confiant à Mgr de Beaumont en 1746 le siège archiépiscopal de Paris, légalisa en quelque sorte l'usage de ces détestables « billets de confession » qui troublèrent les âmes et violèrent tant de consciences. Étrange politique, approuvée par un Roi dont la théologie morale était suspecte ; d'un prince qui lui-même n'avait communié qu'une seule fois depuis avril 1739...

Le nouveau jansénisme

Certains critiques pensent que le jansénisme, à force d'être condamné pour hérésie imaginaire, devint hérétique au XVIIIe siècle. C'est une vue trop simple, comme bien des jugements portés sur cette sensibilité d'une richesse inouïe. Au Grand Siècle, on appelait jansénisme la branche la plus fidèlement augustinienne de la contre-Réforme. De 1609 à 1709, Port-Royal avait été son lieu de ralliement, son étendard et son modèle. Sa théologie était difficilement condamnable (sauf à anathématiser des « propositions » artificielles que seuls les ignorants et les naïfs confondaient avec des citations littérales). Et on ne sait pourquoi Bossuet et Louis XIV s'acharnèrent contre sa morale, au nom d'une exemplaire et imaginaire « voie moyenne ». Où trouve-t-on dans les livres saints l'éloge d'une voie moyenne ? Jésus, au contraire, a réclamé l'impossible : « Soyez parfaits comme votre Père céleste est parfait. » Mais il est probable que l'austérité des moniales et des *messieurs* de Port-Royal irritait, comme peut agacer un reproche vivant.

Pour le reste, tout ici se rattachait, se ramenait aux doctrines et aux formules de saint Augustin, le plus étonnant des Pères d'Occident : gravité de la faute originelle, toute-puissance de la bonté paternelle de Dieu, que l'on nomme grâce, ou mieux encore : *grâce efficace.* La misère de l'homme sans Dieu – qu'aimait à souligner Pascal – conduit le chrétien à reconnaître son indignité et sa faiblesse, à s'abandonner à l'espérance, et à l'amour de Dieu. Dieu est si bon qu'il prédispose, prédestine les croyants au salut. Un salut immérité, mais obtenu par grâce en conséquence des mérites infinis du Christ, fils de Dieu et vrai Dieu, unique médiateur.

Dieu sait pourquoi, les historiens modernes, quelle que soit leur religion ou leur philosophie, trouvent dramatique, terrible, effrayante, cette doctrine du salut, qui fut celle de Paul et d'Augustin. Ce ne fut pas le cas de tous nos pères, puisque le jansénisme français du Grand Siècle recruta le plus profond penseur du temps (Pascal), le plus grand poète (Racine), le meilleur juriste (Domat), la plus talentueuse femme de lettres (Mme de Sévigné), le meilleur moraliste (Nicole), un des plus savants théologiens (Arnauld). Sans parler des amis du dehors, comme La Rochefoucauld, Retz, Mme de la Fayette; ou des nicodémites, tel Saint-Simon...

Ni les bulles romaines de condamnation, ni la destruction de Port-Royal-des-Champs, ni *Unigenitus* ne sont parvenus à éradiquer la sensibilité augustinienne et janséniste. Il est vrai que cette dernière ne cessa de se renouveler. Il y eut au XVIIe siècle un jansénisme spirituel et chaleureux, celui de l'abbé de Saint-Cyran. Non content d'animer l'augustinisme français, cet auteur édifiant fut, à la suite du cardinal de Bérulle, de 1629 à sa mort (1643), le chef du parti dévot, le guide de la contre-Réforme en France. Lui succéda l'augustinisme de combat et persuasion qu'immortalisa Blaise Pascal, des *Provinciales* aux *Pensées* : on ne saurait les séparer. Puis la vis sans fin des joutes théologiques dont le Grand Arnauld fut le coordonnateur. Le jansénisme n'y perdit point sa rigueur, mais beaucoup de sa chaleur. Le P. Quesnel, que le regretté René Taveneaux comparait si heureusement à Saint-Cyran, inaugura une quatrième version du port-royalisme français, transparente et vivace, évangélique et débordante de spiritualité. Hélas, *Unigenitus*, si légèrement applaudie par les jésuites, contraignit une large part des jansénistes à retourner dans les arguties interminables de la phase arnaldienne.

Dès lors le jansénisme français va présenter plusieurs visages. On trouvera tout à la fois des quesnéliens évangéliques, tel Mgr de Coislin, prince-évêque de Metz; des augustiniens plus gallicans que vraiment jansénistes, tel d'Aguesseau; des jansénistes politiques, parfois aussi courageux que l'abbé Pucelle, fougueux neveu de Catinat; des ascètes, tels l'évêque Soanen à Senez ou le diacre Paris en la paroisse Saint-Médard; enfin des illuminés, comme furent les célèbres et inquiétants *convulsionnaires* des années 1730. Mais aucun avatar n'eut l'importance, l'étendue et l'influence du courant gallican, rénové au contact de l'esprit janséniste. Les échanges, déjà perceptibles avant la publication de la bulle, ne cessèrent de se multiplier, les courants de s'interpénétrer. Prenons l'exemple d'*Unigenitus* : un robin moyen, même s'il connaît mal le jansénisme, conteste les articles de la bulle qui semblent incompatibles avec la loi d'indépendance (indépendance du royaume de France par rapport aux empiétements de Rome). Refusant quelques phrases, il rejoint les *appelants*. Allié des *appelants*, il est bientôt initié à la révolte des augustiniens contre l'injuste condamnation des articles sur la grâce efficace. Après six ou huit ans d'alliance, appuyés sur la solidarité parlementaire, le magistrat gallican et le magistrat janséniste se ressemblent, quand bien même ne se confondraient-ils pas.

Lorsque nous avons étudié jadis la société du parlement de Paris, il nous a été impossible de chiffrer avec précision, dans cette compagnie ombrageuse, les purs jansénistes non plus que les purs gallicans. À la vérité, la minorité agissante de cette cour souveraine fut composée de jansénisto-gallicans, ou de gallicano-jansénistes. Ils avaient fini par former une manière de parti unique, encadré par quelques fanatiques et quelques doctrinaires. Ce parti, pris dans l'engrenage d'un incessant conflit avec le Roi, se fit souvent si virulent qu'il compromit le jansénisme, le présenta sous un jour caricatural. Entre le visage crispé des convulsionnaires de Saint-Médard et le zèle outrancier d'un président de Meinières – que même le charme de Mme de Pompadour ne parvint à vraiment calmer –, les témoins étrangers ou simplement extérieurs aux querelles parlementaires n'avaient du jansénisme qu'une vue déformée. Au moment de l'affaire des jésuites (1761-1764), les « philosophes » les plus éloignés de l'orthodoxie catholique, les d'Alembert, les Voltaire, plaignaient les jésuites – jugés libéraux –, les préférant aux jansénistes ou à l'idée qu'ils se faisaient de ces derniers.

Des parlements indociles

Avec leurs qualités et surtout leurs défauts, ce sont les gallicano-jansénistes qui ont donné, sous Louis XV, à l'opposition parlementaire l'essentiel de sa force et de sa continuité. De 1715 à 1770, les cours souveraines et surtout le parlement de Paris, leur chef de file, n'ont cessé de grogner, remontrer, s'opposer au Roi, contester les arrêts du Conseil ou les édits, contraindre Louis XV à rédiger des lettres de jussion et à convoquer des lits de justice. Opposées à toute réforme, en théorie gardiennes de la constitution, en pratique surtout gardiennes des privilèges, ces cours, ne cessant d'empiéter sur le pouvoir législatif, ont détourné le souverain et ses gouvernements des problèmes et décisions les plus graves, pour les ramener à une politique politicienne, en attendant de provoquer (1766-1770) un affrontement décisif qui faillit les détruire.

De 1715 à 1753, ce furent les affaires religieuses qui, presque à elles seules, opposèrent le Parlement à l'État. Sous la Régence, nous l'avons dit, enivré par son retour sur le devant de la scène, le parlement de Paris, transféré à Pontoise cinq mois durant, s'était vu imposer le silence en matière religieuse. Mais, jusqu'à la mort du cardinal de Noailles en 1729, rien de trop grave ne marqua les rapports entre magistrats et gouvernement. La disparition du vieil archevêque de Paris – plus encore que son apparent ralliement à la bulle – modifia la donne.

En 1730, inspirée par le cardinal de Fleury, le Roi signait, le 24 mars, la fameuse déclaration qui faisait d'*Unigenitus* une loi de l'Église et *de l'État*. Le lit de justice du 3 avril l'imposait à un Parlement hostile. L'année suivante, deux arrêts du Conseil imposèrent un *silence respectueux* au sujet des affaires religieuses. Or c'est le moment où les *convulsionnaires* s'agitaient le plus sur la tombe du diacre Paris. La crise éclata bientôt.

Le 27 janvier 1732, le lieutenant de police ordonnait la fermeture du cimetière de Saint-Médard.

De par le Roi, défense à Dieu
De faire miracle en ce lieu.

Ce résumé de l'interdiction exigée par Fleury fut aussitôt affiché par un plaisantin à la porte de l'enclos paroissial. C'est dans cette atmosphère agitée qu'un mandement du nouvel archevêque de Paris, Mgr de Vintimille du Luc (27 avril), frappa d'excommunication tout lecteur des *Nouvelles ecclésiastiques*, gazette janséniste.

Paris s'en émut. La tension monta au Parlement, qui écoutait un conseiller clerc fort passionné, neveu du maréchal de Catinat, l'abbé Pucelle. Ce Démosthène (c'est ainsi que le nomme le président Hénault), « haut en couleur..., taillé en chef de parti », savait faire vibrer et même pleurer ses collègues, tant « son éloquence était ferme et véhémente... Il avait l'air pénétré ; d'une main, il frappait avec force sur son bureau et, de l'autre, il passait ses doigts dans ses cheveux, qui devenaient hérissés ». Les excès de langage de ce Démosthène-*appelant* lui valurent d'être arrêté le 14 mai. Le 16, selon une tactique qui allait devenir habituelle, le Parlement se mit en grève.

Cette *cessation de service* fut suivie, le 20 juin, par une démission collective, à laquelle répondit un lit de justice, le 3 septembre. Les magistrats des enquêtes et des requêtes furent exilés de septembre à novembre. Le Parlement rétabli ne fit sa rentrée que le 1er décembre. De fait, ni les magistrats, ni l'archevêque – pourtant moins antijanséniste que sa réputation – ne respectèrent longtemps la consigne gouvernementale du *silence respectueux*. Dès le printemps 1733, *constitutionnaires* et *appelants* revinrent à leurs escarmouches.

Une nouvelle étape débuta en 1746, avec la nomination de Mgr de Beaumont comme archevêque de Paris. Ce prélat était bien plus hostile que son prédécesseur aux thèses jansénistes. De 1749 à 1759, ce fut la pénible querelle des refus de sacrements aux prétendus jansénistes, l'exigence de billets de confession pour recevoir viatique et extrême-onction. Tout s'envenima lorsque M. Coffin, recteur de l'Université, mourut privé de sacrements le 20 juin 1749. Et la guerre d'usure redoubla, entre 1749 et 1751, lorsque Mgr de Beaumont – soutenu sur ce point par le Roi – arracha au parti janséniste l'administration de l'hôpital général, ancêtre de l'assistance publique. En novembre 1751, messieurs imposèrent au Roi et au public une nouvelle *cessation de service*. L'année suivante, un arrêt du Conseil confirma le caractère de loi de l'État de la bulle *Unigenitus*; en décembre, le Parlement, de plus en plus monté contre Monsieur de Paris, fit saisir le temporel de l'archevêché !

1753 fut une année décisive, qui vit l'aggravation et l'élargissement de l'opposition parlementaire, mais surtout sa politisation. C'est alors en effet que l'avocat Le Paige publia ses *Lettres historiques sur les fonctions essentielles du Parlement*..., « un ouvrage à prétentions historiques » qui obtint aussitôt « le succès le plus prodigieux dans les milieux robins » (M. Antoine). Non seulement l'auteur soutenait que les douze parlements de France n'en faisaient qu'un, mais il assurait que le Parlement, émanation de la nation, était antérieur à la monarchie franque ! Très vite cet ouvrage, complété en 1754, devint – malgré son absurdité historique et son manque de logique – la bible des opposants robins.

Dès janvier 1753, le ton montait dans les remontrances parlementaires inspirées – à juste titre, il faut en convenir – par l'abusive généralisation des refus de sacrements. Le 5 mai, ce fut une nouvelle *cessation de service*. Le 9 mai 1753, le Roi exila les magistrats des enquêtes et des requêtes : la punition dura seize mois ! Quant à la grand-chambre du Parlement, elle fut d'abord déplacée en corps à Pontoise, ensuite exilée à Soissons et remplacée par une chambre royale. Le Parlement ne fut rétabli dans son ensemble qu'en septembre 1754, d'ailleurs obligé d'observer en matière religieuse ce trop fameux *silence respectueux*, si difficile à garder.

En principe, la règle du silence s'appliquait aux deux camps. Désormais, ce furent les autorités ecclésiastiques qui la violèrent le plus : le 3 décembre, l'archevêque y gagna d'être exilé à Conflans. L'an 1755 vit se prolonger et s'amplifier la querelle : tantôt le Parlement pénalise des curés molinistes, tantôt le Roi sévit contre des évêques trop zélés. En mars, les magistrats refusaient de considérer *Unigenitus* comme règle de foi ; en avril, le Conseil cassait la décision parlementaire ; en mai et juin, l'assemblée du Clergé ne craignit point de violer le *silence respectueux* en faveur de la Bulle.

À la fin de 1756, Louis XV tint un lit de justice qui lui paraissait pouvoir mettre un terme à toute cette agitation : le 13 décembre, il offrait aux magistrats son pardon, en échange du respect de la règle de silence, et de l'interdiction des *cessations de service*. De fait il n'y eut de véritable trêve qu'à l'automne 1757, le Parlement rétabli et les évêques rappelés de leur exil En mars suivant, le parlement de Paris se vit rendre les affaires de l'hôpital général. De 1759 à 1764, les parlements de France eurent un os à ronger : la persécution des jésuites les occupa et les réjouit

En avril 1763 commençait en Bretagne un nouveau conflit opposant la justice à l'État : l'affaire d'Aiguillon-La Chalotais, grosse de menaces car elle vit bientôt, au nom de l'unité parlementaire prônée par Le Paige, un jeu de solidarités dangereuses d'un parlement l'autre, qui très vite alluma des incendies par toutes les provinces, en attendant de rendre le royaume presque ingouvernable.

Depuis 1753 le duc d'Aiguillon, neveu du maréchal de Richelieu, était commandant en chef de la Bretagne. Il eut moins de peine à lutter contre les Anglais durant la guerre, qu'à persuader le parlement local et les états de la province d'accepter les mesures fiscales du Roi. Au parlement, M. de la Chalotais, procureur général, anima une résistance qui tourna vite à l'obstruction (novembre 1763). En mai 1765, les officiers du parlement de Rennes démissionnèrent; en novembre, le Roi fit arrêter La Chalotais. En janvier 1766, le parlement de Bretagne était remplacé par une cour plus docile et moins nombreuse, qui fut surnommée « bailliage d'Aiguillon ».

Ce n'était qu'une trêve, ainsi que nous le verrons plus tard.

Le cardinal de Fleury

Étrange carrière, curieux caractère que ceux du cardinal de Fleury (1653-1743), précepteur et mentor du Roi. Immense fut son rôle, tant le Roi l'aima, lui fit confiance, lui obéit. Sa carrière, tardive, fut prodigieuse ; sa personnalité, complexe. « Avec son air doux, riant et modeste, affirme Saint-Simon, il était l'homme le plus superbe en dedans et le plus implacable. » « Il gouverna la France, renchérit Bernis, avec tout le pouvoir d'un premier ministre et toute la simplicité d'un favori modeste. » Vingt années durant, derrière un visage paisible et des propos de vieillard pacifique, se dissimula un ministre rusé à l'ambition extrême. Cette fermeté, cette volonté soutenue apparaissent mieux aujourd'hui. On voit transformer l'excès d'autorité d'un vieil entêté en « despotisme intelligent » (sinon éclairé), et il arrive que Fleury soit rangé parmi « les plus grands hommes d'État » de son temps.

C'était un habile homme. Pieux mais jugé frivole et mondain, il ne reçut d'abord qu'un modeste évêché, celui de Fréjus (1699-1715). Quoique admirateur de l'augustinisme, il ne mit pas un an avant d'approuver la bulle *Unigenitus*. En 1715, ayant conquis l'estime du vieux Roi, l'abbé de Fleury fut choisi pour être précepteur du futur Louis XV : il avait soixante-deux ans. Nous vîmes comment il conquit son pupille sur le plan affectif – étant à la fois père et grand-père – et intellectuel. Leur complicité dura vingt-huit ans et le Roi ne dissimula point ses pleurs à la mort du vieillard. L'entente s'était renforcée dès la Régence; entre 1723 et 1726, l'ancien évêque de Fréjus eut plus d'influence réelle que Monsieur le Duc [1], premier ministre de façade. De 1726 à 1743, son pouvoir put faire penser à celui de Richelieu ou de Mazarin.

Fleury décide à la place du Roi, ou dicte à Sa Majesté le choix à faire, la marche à suivre, les termes à employer. Il encourage son indécision et flatte son orgueil. Dès lors, par la faute du Cardinal, Louis XV « resta pratiquement en tutelle jusqu'à l'âge de trente-deux ans » (M. Antoine). On pourrait ajouter que, par la faiblesse du prince, Fleury régna près de vingt ans.

Jamais Louis XV n'osa vraiment soutenir une opinion non approuvée par son mentor. Ce dernier tranchait de tout : il avait interdit au Roi de parler de politique à la Reine. Plus tard, il imposa au couple royal l'exil de leurs filles à l'abbaye de Fontevrault. Tout passe par lui, tant il ressemble au sage Nestor, tant on le révère et tant il intimide. Correctif de semblable autoritarisme : Louis est ménagé et flatté par son vieux ministre dès qu'entrent en jeu les aspects extérieurs du prestige royal. Puisque le prince se plaît surtout dans ses petits appartements, il ne coûte rien de lui laisser jouer les Louis XIV le reste du temps...

Le Roi garde la liberté de sa vie privée. Non seulement Fleury ne moralise pas, feint d'ignorer ses écarts, mais tout laisse supposer qu'il y voit maint avantage. Ici le Cardinal pense et agit en principal ministre, non en prêtre.

Quand la mort du prélat met fin à cette cohabitation, le règne dure depuis vingt-huit ans; la dyarchie depuis vingt ans. Ces deux décennies ont alourdi et compliqué l'héritage. Curieusement, c'est sous la houlette d'un ministre pacifique qu'eurent lieu deux des trois guerres du règne. À l'intérieur, l'historiographie félicite le Cardinal pour son œuvre apaisante; et de citer la relative sagesse du Parlement, ainsi qu'une nouvelle « paix de l'Église ». En réalité, les parlements de Louis XV ressemblent aux volcans entre deux éruptions. Sur le plan religieux, Fleury sut endormir

1. Le duc de Bourbon, premier ministre de 1723 à 1726.

le patient, non le guérir. Avoir fait, en 1730, de la bulle *Unigenitus* une loi de l'État ne nous semble point une victoire. Au contraire, en légitimant ce texte contestable, le Cardinal commit une faute politique n'ayant d'égale que l'avoir sollicité de Rome au temps de Louis XIV.

Si utiles paraissent en politique l'autorité, la continuité et la paix – propices au bon fonctionnement de l'économie, à l'enrichissement, à la paix sociale –, on ne peut les juger que par comparaison et avec un recul suffisant. À l'intérieur, la fausse paix de l'Église de 1730, qui voit l'écrasement d'un grand parti, ne saurait être comparée à l'âge d'or (1668-1679) de la paix clémentine. Légaliser *Unigenitus* ne pouvait que durcir les antagonismes, sceller aussitôt l'alliance entre jansénistes et gallicans, préparer à long terme le temps des revanches : renvoi des jésuites, alliance des jansénistes avec les philosophes, constitution civile du Clergé.

À l'extérieur, Fleury acheta fort cher la paix franco-anglaise. Il a irrité l'Espagne, désarmé nos ports et nos côtes, accentué le déclin d'une belle marine de guerre. Il a retardé le Pacte de Famille, indisposé Marie-Thérèse d'Autriche, travaillé pour le roi de Prusse. Mais on en revient toujours à cette marine qui ne renaîtra véritablement que sous Louis XVI : le Cardinal « n'avait aucune vue de grand ministre, ni sur le commerce, ni sur la marine qui en fait la force, ni sur la cultivation (*sic*) et population » (Bernis).

Dieu merci, l'économie, pour se bien porter, n'a jamais eu besoin du dirigisme. C'est le contraire.

La France du Cardinal

Si la paix de l'Église de 1730 fut un leurre, si le Parlement – toujours ombrageux – reprit sa politique de harcèlement (il fut sanctionné en 1732 par un exil et plusieurs arrestations), on peut toutefois considérer la période cardinalice du règne comme un temps de paix.

Au sommet de l'État, les institutions héritées du Grand Siècle sont rodées : un Chancelier, un garde des Sceaux, quatre secrétaires d'État, un contrôleur général constituent le gouvernement apparent. Quelques « tiercelets de ministres », pour reprendre le mot de Saint-Simon, le prolongent et le complètent : le surintendant des postes, le directeur général des Bâtiments, les intendants des finances, le lieutenant général de police de Paris, etc. C'est une organisation que le temps et l'expérience ont affinée depuis 1661. Elle est pyramidale, ayant pour base les trente conseillers d'État et pour fondement les quatre-vingts maîtres des requêtes. L'empirisme y domine. Ainsi l'excès de mobilité inouï (on le verra après la mort du Cardinal) des contrôleurs généraux est presque automatiquement compensé par la présence active et la compétence reconnue des six intendants des finances.

En réalité, Fleury, s'il n'a pas bien formé le Roi aux affaires, lui a enseigné par l'exemple les bienfaits de la stabilité gouvernementale : il a mis fin à la disgrâce absurde du chancelier d'Aguesseau; il a conservé Bauyn d'Angervilliers à la Guerre pendant douze ans (Angervilliers mourut d'ailleurs en charge). Douze ans, ce fut aussi le bail du contrôleur Orry. Chauvelin, garde des Sceaux et ministre des affaires étrangères, resta dix ans en poste. Quant à M. de Maurepas, responsable de la marine et de la maison du Roi, il couvrit toute la période.

Cette stabilité, vertu sans prix pour l'exécution des programmes gouvernementaux et administratifs, nous la retrouvons dans les provinces, où les intendants de justice, police et finances exercent souvent de longs mandats. Cette stabilité prendra toute sa valeur par contraste avec les incessants remaniements du règne personnel de Louis XV (1743-1774). En dix-neuf ans, Fleury gouverne avec treize « ministres ». En trente et un ans, le Roi en emploiera quarante-trois...

La bonne santé des finances publiques plaide en faveur du Cardinal. Dodun, victime en 1726 de la disgrâce de Monsieur le Duc, avait eu le mérite de liquider le Système et ses suites; Le Peletier des Forts restaura « une politique financière traditionnelle », du moins au début de son mandat. Mais, soupçonné d'enrichissement illicite, il fut renvoyé en 1730. Alors débuta le long ministère de Philibert Orry, le nouveau Colbert, « artisan de l'équilibre et de la stabilité ». Comme Colbert, Orry cumula le Contrôle avec la direction générale des Bâtiments. Comme lui, il était assez peu courtisan. Comme lui, il dut braver l'impopularité. Orry entreprit avec succès de diminuer le déficit public considérable accumulé depuis la guerre de succession d'Espagne. Il bénéficiait de la stabilisation de la monnaie. Il chercha à rendre l'impôt plus juste en son assiette, plus simple en sa perception, mais dut en revenir au dixième. Parallèlement, Orry sut diminuer les charges publiques. Il développa le réseau routier, encouragea le commerce intérieur et colonial, entreprit un grand *audit* de l'économie du royaume, fut un directeur des Bâtiments efficace et prudent. À la veille de la guerre de succession d'Autriche, Orry avait réussi ce tour de force de présenter, deux années de suite, un budget aux recettes excédentaires.

Très impopulaire en son temps, le régime de perception des impôts indirects, jadis réglé par Colbert, avait atteint, sous le ministère d'Orry, une manière de perfection. La ferme générale obéissait depuis 1726 – tandis que la monnaie était consolidée – à un règlement strict qui avait tenté de régulariser les recettes attendues par le Roi, et de protéger les contribuables. Les fermiers généraux, administrateurs de cette importante institution d'économie mixte, n'étaient pas tous des Crésus. Nombre d'entre eux étaient des gestionnaires compétents (en même temps que des mécènes) et il est remarquable que Frédéric II engagea bientôt Helvetius pour accommoder le système fiscal de Prusse à la mode française.

Durant les années paisibles du ministère Fleury, on peut observer un enrichissement général de la population. Cette dernière d'ailleurs augmente, s'il est vrai qu'elle représente en 1720 23 200 000 habitants environ ; en 1730, 24 200 000 (J. Dupâquier). Il n'y a plus, contrairement au XVIIe siècle, de révoltes paysannes, et la propriété rurale progresse, quand bien même resterait-elle parcellaire.

La justice ne brille, elle, ni par sa modernité, ni par son humanité. Ces parlementaires qui se croient permis de donner des leçons au Roi et au gouvernement sont restés très répressifs et l'ordonnance criminelle de 1670 ne sera amendée que par Louis XVI à la veille même de la Révolution. Les erreurs judiciaires ne les troublent guère (l'affaire Calas en 1762, l'affaire Sirven en 1764 en témoigneront), ni les condamnations trop sévères (celles de Lally et du chevalier de la Barre en 1766). Ces messieurs aiment faire brûler sur la place publique des livres jugés subversifs, ce qui engagea Fleury à atténuer les rigueurs de la censure d'État.

Par contre, le retour en grâce du chancelier d'Aguesseau fut un bienfait. Ce grand homme, en effet, exerça « un véritable magistère moral sur toute la profession judiciaire » (J. de Viguerie). On lui doit quatre ordonnances de première importance, dont trois sous le ministère Fleury : en 1731 sur les donations, en 1735 sur les testaments, en 1737 sur les faux et usage de faux, en 1747 sur les substitutions. Un bureau de législation y avait travaillé sous la direction du Chancelier.

Mais on en revient toujours au contrôleur général Orry, si l'on veut apprécier ce paisible demi-règne du Bien-Aimé. De son ministère datent l'essor des ports de la façade atlantique, la mise en place d'une politique des ponts et chaussées (les Trudaine en seront les exécutants talentueux), les grandes enquêtes sur l'économie du royaume, enfin le premier recensement digne de ce nom (1744).

Cependant, ni d'Aguesseau ni Fleury ne tentèrent d'améliorer le sort des « nouveaux convertis », les quelque cinq cent mille calvinistes de la France de l'intérieur continuant – malgré la révocation de l'édit de Nantes – de pratiquer secrètement leur religion, au risque du bagne ou de la prison. « De 1715 à 1774, dix mille personnes subissent la persécution à cause de leur foi » (J. de Viguerie).

La France du Cardinal n'est pas le paradis terrestre.

La Lorraine promise

La grande réussite du Cardinal se rattache à la politique étrangère. C'est à tort que les manuels d'histoire attribuent à Choiseul la réunion de la Lorraine à la France (en 1766), puis celle de la Corse (1768). Trente ans avant ces dates, Fleury avait réglé la dévolution du duché de Lorraine (1738) – dont Stanislas Leczinski n'avait que le viager – et, par la convention de Versailles (1737), avait obtenu de Gênes un droit d'intervention en Corse dont le traité de 1768 ne sera que la suite logique.

Fleury se révéla excellent diplomate. Son âge, sa qualité de prélat, ses déclarations pacifiques rassuraient les chancelleries. Son réalisme, pourtant, l'entraîna à deux reprises en des conflits armés. De 1727 à 1737, il s'appuya sur Germain-Louis de Chauvelin, marquis de Grosbois, ministre et secrétaire d'État des affaires extérieures. Fleury et lui s'étaient répartis les rôles : Chauvelin avait pour tâche d'intimider, le Cardinal se réservait d'apaiser...

En 1725, le duc de Bourbon avait commis la maladresse de rompre unilatéralement les fiançailles de Louis XV avec la très jeune enfant de Philippe V, l'Infante-Reine, et de renvoyer cette princesse en Espagne. C'était inciter Madrid à se rapprocher de Vienne, ce que ne manqua pas de faire Philippe V. Quelques mois plus tard, Louis XV épousait Marie Leczinska, tandis qu'un « premier traité de Vienne », signé le 5 novembre, reliait Madrid à l'Autriche. L'année 1726 – celle qui donna tous pouvoirs à Fleury – vit la Russie se rapprocher de Charles VI. En résulta un front continental impressionnant : Espagne, Autriche, Russie. Nous avions, nous, pour alliés l'Angleterre et la Prusse, pays protestants, compagnons à la fidélité plus que problématique.

Mais ni le Cardinal ni Chauvelin n'étaient rassurés par la réconciliation de Philippe V avec Charles VI ; tandis que le siège de Gibraltar par les Espagnols (1727) mettait dans l'embarras une France qui souhaitait devenir moins solidaire de l'Angleterre et plus proche de Madrid. Fleury et Chauvelin entreprirent donc d'amuser le tapis du côté de Londres – où le ministre Walpole proclamait comme le Cardinal ses intentions pacifiques –, et d'amadouer le roi d'Espagne afin de regagner une amitié compromise.

1729 fut un tournant. Par le traité de Séville, l'Espagne, sous les auspices de Louis XV, prenait ses distances vis-à-vis de Vienne et se réconciliait avec la France et même l'Angleterre. Louis XV et la Grande-Bretagne reconnaissaient les droits de l'Infant don Carlos sur le duché de Parme. La même année, le jeune François de Lorraine, élevé à Vienne en compagnie de l'archiduchesse Marie-Thérèse, apprenait la mort de son père le duc Léopold. Il devenait donc François III, duc de Lorraine. La question de la Lorraine venait ainsi sur le devant de la scène européenne. En effet, Charles VI, n'ayant pas d'enfant mâle, n'était déjà pas assuré de pouvoir transmettre les États héréditaires de la maison d'Autriche (Autriche, Hongrie, Bohême, Belgique, Milanais, etc.). Sa *Pragmatique Sanction*, loi constitutionnelle de 1713, proclamant l'unité et l'indivisibilité de l'héritage, était loin d'avoir été reconnue par toutes les puissances. Quant à sa qualité d'Empereur, il n'en pouvait disposer. Si François, son futur gendre, devenait Empereur, jamais la France n'accepterait qu'il gardât en sus la Lorraine. D'autre part, on imagine mal l'empereur germanique rendant foi et hommage au roi de France au titre du duché de Bar. Voilà pourquoi la question de la Lorraine devenait si épineuse à terme. Ce ne fut pourtant pas la Lorraine mais la Pologne qui fournit le *casus belli*.

Le 1er février 1733 mourut le Saxon Auguste II, roi de Pologne. Encouragé par la France, Stanislas Leczinski – qui avait été roi de Pologne de 1704 à 1714 et qui, depuis 1725, avait Louis XV pour gendre – se rendit en son pays d'origine. Le 12 septembre, il était triomphalement proclamé roi par la diète. Mais l'armée russe fit mouvement et obtint le résultat recherché : le 24, une diète-croupion terrorisée accordait la couronne à Auguste III de Saxe. Le pauvre Stanislas n'eut plus qu'à se réfugier à Dantzig, cité fidèle. Ayant assuré ses arrières par l'alliance avec le roi de Sardaigne et la Bavière, Fleury fit alors déclarer la guerre par Louis XV à Charles VI, protecteur du Saxon (10 octobre). Quelques jours plus tard, le traité de l'Escurial confirmait le rétablissement de l'amitié franco-hispanique : l'Espagne aurait le droit de reprendre Gibraltar; don Carlos pourrait se tailler des domaines en Italie. Cependant, la France parvenait habilement à obtenir la neutralité britannique. C'était du grand art. Louis XV aurait dû mieux l'apprécier et en tirer un enseignement pour l'avenir.

L'année 1734 fut décevante en ce qui regardait Leczinski – Fleury ne fit en sa faveur qu'une démonstration navale inutile et une faible intervention terrestre symbolique –, contraint de fuir par la Prusse. Elle fut heureuse pour les armées françaises (malgré la mort des maréchaux de Berwick et Villars), maîtresses de Philippsburg et de la Lombardie. En 1735, tout se précipita. Dès le printemps, le roi Stanislas avait accepté l'idée de renoncer au trône de Pologne en échange du duché de la Lorraine : encore fallait-il obtenir l'approbation du duc François. Don Carlos avait été couronné à Parme. Enfin, le 3 octobre, les préliminaires de Vienne dessinaient déjà les contours d'une future paix de compromis : François III épouserait Marie-Thérèse, renoncerait à sa Lorraine, obtenant en échange le titre et les pouvoirs de grand-duc de Toscane. Don Carlos aurait les Deux-Siciles. Stanislas deviendrait duc de Lorraine. En novembre, la guerre était pratiquement terminée.

En 1736, toutes les parties en cause pouvaient se réjouir : les Russes avaient un voisin soumis en la personne d'Auguste III; Marie-Thérèse épousait son ami François de Lorraine; la paix – sur les bases des préliminaires de 1735 – agréait à Charles VI (avril et août), à l'Espagne (avril), à l'Empire (mai), au roi de Sardaigne (août). Seul François III se faisait prier.

Le gendre de l'Empereur finit par céder son duché de Lorraine le 13 février 1737 – quelques jours avant le renvoi du pauvre Chauvelin – avant de succéder en Toscane, le 9 juillet, au dernier des Médicis. Il fallut cependant attendre le 18 novembre... 1738 pour voir Stanislas reconnu duc de Lorraine, à titre viager, par toutes les puissances.

Parallèlement à ces affaires, Fleury eut l'intelligence et le flair de signer la convention de Versailles du 12 juillet 1737, liant Gênes et la France : la France interviendrait militairement en Corse, île en pleine anarchie et révoltée contre la république. Dès 1738, l'accord fut appliqué. Il est assuré que le destin de l'île dépendit de cette décision génoise. La conclusion de 1768 eût été inimaginable sans l'habile diplomatie du Cardinal. Quant à la Lorraine, la nomination de M. de la Galaizière, en qualité de chancelier du roi Stanislas, montrait à tous que le règne du *Philosophe Bienfaisant* ne serait qu'une période de transition avant la réunion à la France de cette province ombrageuse mais attachante

La chasse et les femmes

On entend souvent dire, aujourd'hui, que Louis XV fit avec soin son métier de Roi. Ce n'était pas l'avis de ses sujets, surtout après l'avènement de Mme de Pompadour. Le Bien-Aimé ne dissimulait point, en effet, deux obsessions – que l'on oserait dire parallèles –, la passion de la chasse et la quête du beau sexe. La première fut étrangement précoce; la seconde n'était plus un secret depuis 1736. En bref, le Roi ne pouvait imiter strictement Louis XIV, écartelé qu'il était entre le personnage de Nemrod et celui de don Juan. Le cardinal de Fleury le savait et gardait pour lui-même ses réflexions, les faiblesses du prince justifiant la présence et l'autorité d'un premier ministre.

La chasse en général fut toujours le plaisir des rois. Imitant les Valois et les dépassant, les Bourbons furent étrangement voués à cette noble distraction. Parlant du futur Louis XVI, âgé en 1770 de quinze ans et demi, le duc de Croÿ écrit : « Le goût dominant de M. le Dauphin se déclarait pour la chasse, non pour le plaisir de Cour, mais *le vrai goût de chasseur à forcer.* » D'où l'importance des équipages : vénerie, vautrait, louveterie, fauconnerie; les privilèges de leurs lieutenants et officiers.

Louis XV ne partageait pas la passion de son ancêtre Louis XIII. Deux chasses à vol par an lui suffisaient. Il fallait cela pour ne désespérer ni le duc de la Vallière et le marquis de Forget, capitaines du vol, ni M. l'abbé de Saint-

Hubert, au pays de Liège, qui chaque année offrait au roi de France des gerfauts. À l'opposé, Louis XV étonnait par son adresse à tirer. Un certain jour d'août 1741, près de Trianon, Sa Majesté abattit 105 pièces en 153 coups.

Mais le prince préférait sans nul doute la vénerie. Le courre était pour lui un sport, une science, une nécessité de caractère. Remarquable cavalier, poussant plus loin que Louis XIV son besoin d'air et d'exercice, le Bien-Aimé, infatigable, chassait jusqu'à six jours par semaine, et de longues heures durant. Il variait les courres : Versailles, Saint-Germain, Compiègne, Rambouillet, Verrières, Sénart, Fontainebleau. Il alternait les gibiers : cerf, daim, sanglier; alternant aussi les meutes. À elle seule, sa petite meute força 2 651 cerfs entre 1743 et 1767 (soit 110 l'an). Cette passion de la vénerie entraîna l'aménagement de chemins de chasse quadrillant les forêts d'Ile-de-France; l'embellissement d'une couronne de petits châteaux, comme la Muette ou Saint-Hubert; la commande au peintre Oudry de superbes scènes de vénerie et de « portraits » de chiens courants. Par contre, l'obsession de la chasse eut l'inconvénient d'accentuer la bougeotte du Roi, l'éloignant trop souvent et trop longtemps du beau château de Versailles.

La vénerie est à Louis XV ce que la fauconnerie fut à Louis XIII; plus qu'un art, une science. La correspondance du Roi avec le comte de Toulouse, son grand-oncle, et avec le maréchal de Noailles, est étonnante : Sa Majesté est informée de l'âge de ses limiers et de ses chiens courants. Elle en connaît les noms, les qualités, les manques. À la limite, Louis XV aurait pu se passer de grand veneur.

Au reste, il apparaît que cette obsession des grandes chasses fut une nécessité de son caractère. Écrasé par la stature de son prédécesseur, effrayé par le lourd programme échu à tout monarque absolu, Louis XV a besoin de se donner confiance. Il veut « se démontrer à lui-même ». Maître d'équipage, chef de chasse bientôt fort expérimenté, il se mesure, tente de se surpasser, se jauge. La chasse à courre atteste puis récompense sa volonté de puissance. Sa réussite au courre compense et fait oublier les insuffisances politiques du prince.

Sans doute en va-t-il de même sur d'autres terrains de chasse. Mais, ici, l'on doit distinguer entre le domaine des maîtresses déclarées (les sœurs Mailly de 1733 à 1744; Mme de Pompadour en 1745; Mme du Barry à la fin du règne), et les petites maîtresses, favorites d'un mois, d'une semaine ou d'un jour. Auprès des premières, l'attitude du Roi semblerait à un psychologue la conséquence des manques de la petite enfance. Louis XV, orphelin de parents et de grands-parents, a sûrement été marqué par l'absence d'une mère : la duchesse de Ventadour n'a pas totalement remplacé la duchesse de Bourgogne. C'est ainsi que les « grandes maîtresses » du prince – surtout la marquise de Pompadour – ont été pour lui l'image de la mère disparue. Il attend d'elles beaucoup. Il les consulte. Il leur soutire des conseils concernant ici le choix des hommes; là, celui des décisions – même politiques.

Tout autre est la relation de Louis XV avec les favorites d'un jour. Au temps du Parc-aux-Cerfs, entre 1751 et 1769, on imagine le prestige du prince à qui l'entremetteuse (Pompadour) ou l'entremetteur (le valet de chambre Le Bel) propose sans cesse une gentille « victime » volontaire. Désormais, il n'est plus question de timidité. Nous retrouvons, comme dans le cas des équipages de chasse, une volonté de puissance, le désir d'*éminer* (ce néologisme s'impose presque). Ici encore, un prince hésitant se voit pleinement dominant, libéré. Pour la « victime » volontaire, il est le Roi (*Sire, si vous n'étiez le Roi...*), le Bienfaiteur, le Tout-Puissant, une manière de héros. Il est Hercule ou Apollon. La religion seule l'empêche de se confondre avec Jupiter.

Voilà pourquoi, malgré le paradoxe, la chasse aux amours fugitives rejoint la chasse à courre, pour désorienter un Bien-Aimé fragile.

La monarchie française

Lorsque va disparaître le cardinal de Fleury, cédant enfin à son pupille la place et les fonctions de Roi, la monarchie à la française est tellement admirée, que Frédéric II de Hohenzollern, roi de Prusse depuis 1740, inaugure un style de gouvernement très voisin que les historiens nommeront, après Mme de Staël, despotisme éclairé. Mais ce n'est pas Louis XV que le Prussien admire, c'est Louis XIV. Il en résulte ce paradoxe : à Potsdam comme à Versailles, deux souverains notables – et provisoirement alliés – prolongeront, chacun à sa manière, un modèle politique français hérité du Grand Siècle.

En France, presque tout le monde est fier du régime en place. La monarchie est dite *absolue*, ce qui signifie alors *parfaite*; le pouvoir du souverain n'est pourtant pas sans limites (rien de commun avec le Grand Turc), il est sans liens. Ce n'est pas la même chose. Les racines religieuses du pouvoir en France – souvenir du baptême de Clovis, sacre de Pépin le Bref, pouvoir de guérir les scrofuleux, titre de *Roi Très-Chrétien*, ombre portée du grand saint Louis – ont, au long des siècles, rappelé aux juristes, aux théologiens et au peuple, le caractère sacré du pouvoir. En France, plus qu'ailleurs, la monarchie ressortit au droit divin. Même et surtout les protestants l'assurent. Calvin en a donné l'exemple, qui se référait à l'*Épître aux Romains* de saint Paul : « Il n'est point de pouvoir qui ne vienne de Dieu. » Bossuet, lui aussi, en était assuré : « Dieu établit les rois comme ses ministres, et règne par eux sur les peuples. »

Le Roi n'est qu'un délégué. Délégué de Dieu, dans l'esprit des croyants ; usufruitier de la Couronne, selon les *lois fondamentales* qui sont, alors, la constitution de la France. Cette double délégation, ce double usufruit interdisent au Roi de gouverner selon son bon plaisir. L'adage fondamental de notre droit public : *Une Foi, une Loi, un Roi*, en résume le cahier des charges. Si la Foi vient en tête, c'est afin de rappeler au monarque qu'il doit respecter la Loi de Dieu, le Décalogue et son prolongement le droit naturel. Si la Loi vient ensuite, précédant encore le souverain, c'est pour que ce dernier sache que les lois du royaume (ou lois fondamentales, telle la loi de succession) le dominent, le transcendent, et qu'il ne saurait légiférer à leur encontre. Le pouvoir législatif appartient au Roi, mais les actes royaux, lois du Roi, ne doivent contredire ni la Loi de Dieu, ni la loi naturelle, ni la constitution coutumière du royaume.

Dans la pratique, le régime français comporte mainte précaution capable d'empêcher un regrettable absolutisme. D'abord, la France est une société corporative. Les corps constitués – dont certains sont chers au Montesquieu de l'*Esprit des Lois* – sont l'Église comme structure juridique, les parlements et autres cours souveraines de justice, les états provinciaux (vivaces en Bretagne, Artois et Languedoc), les académies, les villes à privilèges, les corps de métiers, etc. D'ailleurs, les lois courantes ne sortent pas toutes rédigées du cerveau de Sa Majesté. Elles ont été discutées en petit comité lors du « travail du Roi », puis délibérées en Conseil. Souvent ce sont des arrêts du Conseil rebaptisés édits ou ordonnances. Par tradition, le roi de France gouverne en et par Conseil.

Depuis 1661, le Conseil est moulé dans une forme harmonieuse et efficace. Au sommet, il comporte des sections de gouvernement. La plus importante est dite conseil *d'en haut* (car elle se tient au premier étage du château) ou conseil des ministres. Elle réunit éventuellement des princes invités par le souverain et quelques personnages éminents, dits ministres d'État. Le Roi peut y admettre deux ou trois secrétaires d'État, dont toujours celui des affaires étrangères ; le contrôleur général ; éventuellement le garde des Sceaux. Au temps du Grand Roi, ce conseil des ministres traite « les affaires capitales de l'État », surtout la guerre et la paix. Saint-Simon affirme que Louis XIV n'a contredit la majorité de ses ministres que six fois en cinquante-quatre ans.

Une deuxième section porte le nom de conseil royal *des dépêches* : on y lit et discute la correspondance avec les intendants des provinces. Le Chancelier, les secrétaires d'État et le contrôleur général en sont membres.

Troisième dans le protocole, deuxième par son importance au temps de Louis XIV, vient le conseil royal des finances, en abrégé *conseil royal.* C'est Colbert qui en a obtenu la création, l'a animé sous la présidence de S.M., en a fait le moteur et le surveillant de toute l'économie. Le contrôleur des finances y anime les débats. À compter de 1730, un conseil royal *de commerce* sera inventé, destiné à réduire la compétence du conseil royal.

Parallèlement à ces sections gouvernementales s'active – le fauteuil du Roi ici presque toujours vide – un « conseil d'État privé, direction et finances », grande machine administrative, indispensable et complexe. En abrégé, *conseil privé.* La présidence effective y revient au Chancelier ou au garde des Sceaux. Y peuvent siéger les ministres, les secrétaires d'État et le contrôleu général, mais le travail juridique et technique est accompli par les trente conseillers d'État et ces quatre-vingts maîtres des requêtes que l'Europe nous envie ; une sorte d'E.N.A. avant l'E.N.A.

La compétence du conseil d'État est très large. Sous le nom de conseil privé, il exerce la « justice retenue » du Roi, surveille cours et tribunaux, arbitre les affaires contentieuses, exerce les fonctions de cour de cassation. Sous le titre de conseil d'État et des finances, il soulage le conseil royal, pour le contentieux notamment. Les bureaux du Conseil, les commissions ordinaires et extraordinaires font de même.

Telle est la machinerie de ces institutions centrales héritées du Roi-Soleil et de Jean-Baptiste Colbert. Elle transforme peu à peu la monarchie absolue française en monarchie administrative. Ses animateurs ont pris, au temps du ministère Fleury, d'assez inquiétantes habitudes d'indépendance. (Or un fonctionnaire indépendant est vite tenté de tourner au despote.) À Louis XV de redresser la barre, de bien comprendre le mode d'emploi du gouvernement comme de l'administration, et d'en contrôler la mécanique.

Un monarque paperassier

Non content d'avoir retardé le moment de gouverner en personne, Louis XV, en dépit du désir d'imiter un glorieux prédécesseur, paraît n'avoir pas compris son programme et son style. Dur est le métier de Roi. Louis XIV assure qu'il requiert « un grand travail » : « C'est toujours par là qu'on règne, pour cela qu'on règne. » Le prince consciencieux doit mettre « lui-même la main à l'ouvrage ». Le Grand Roi entendait : s'appliquer activement à gouverner. Il semble que Louis XV ait compris : entrer dans le moindre détail.

Mal initié par Fleury aux tâches du gouvernement, le Bien-Aimé a pris le parti de régir le royaume de sa table de travail. Il s'enferme volontiers en son cabinet, lit et relit des dossiers, les apostille, s'absorbe dans le détail au point d'en oublier les idées dominantes, écrit d'interminables lettres, se noie dans les paperasses. Il n'imite pas le meilleur côté du roi Philippe II, son ancêtre. Il croit diriger en personne un royaume de vingt-trois millions d'habitants, et n'utilise jamais les services de plus de deux secrétaires. Il imite Julien l'Apostat, et non pas Marc Aurèle. Les historiens attribuent ce défaut à la timidité de Louis XV. Nous y verrions quelque agoraphobie et beaucoup de paresse (il y eut toujours une façon paresseuse de plonger dans les détails).

Cette curieuse manière de privilégier l'analyse au détriment des idées générales, des grandes décisions et de l'action, se retrouve souvent dans le gouvernement de

Louis XV. Après avoir renvoyé son ministre des affaires étrangères Amelot de Chaillou, le 26 avril 1744 – comme si c'était urgent,

(Petit Amelot,
Ta langue se brouille
Barbouille, bredouille
Quand tu dis un mot...)

alors que le Cardinal l'avait supporté six ans de suite, le Roi crut bon d'être, durant sept mois, son propre secrétaire d'État. On doit à Louis XV une expérience plus surprenante encore. Après la disgrâce de l'excellent Machault d'Arnouville (1er février 1757), le Roi, ne voulant pas confier les sceaux de France au chancelier Lamoignon de Blancmesnil, résolut de les tenir lui-même, eut la patience de persévérer quatre ans et demi dans un emploi exercé de manière aussi insolite. Deux fois par mois au moins, l'audience du Sceau fut de la sorte présidée par Sa Majesté : on y scellait chaque fois plus de cent lettres patentes, et l'audience pouvait durer trois ou quatre heures !

Étrange abaissement d'un prince orgueilleux ! Une chose est certaine. Dès lors que Louis XV trouve le temps de regarder sceller plusieurs centaines d'actes royaux, il perd toute excuse lorsqu'il déplore, par ailleurs, le trop grand nombre de tenues du Conseil ou la longueur excessive des séances et des discours de ses ministres. On conçoit que Louis XV, dont la première participation à un conseil de gouvernement remontait à février 1720 (il avait tout juste dix ans) et que Fleury avait contraint d'assister à tous les conseils depuis 1723 (il a alors treize ans), ait éprouvé quelque lassitude lorsque l'ordre du jour était trop technique. On comprend moins cette sorte d'autopunition que représentèrent, ici un intérim parfaitement inutile, là une astreinte de plus de cinquante mois.

Le Roi et son Conseil

Les relations du Prince avec son Conseil ont, avec Louis XV, perdu leur style classique et colbertien, pour épouser une forme baroque. La structure – monumentale autant qu'harmonieuse – de l'institution paraît inchangée depuis 1661 ou presque. Ce n'est qu'une apparence.

En théorie, le Roi est requis cinq jours sur sept : il n'est libre que les lundis et les vendredis. Dans la pratique, il dispose aussi du jeudi, naguère réservé au « conseil de conscience » (disparu en 1732). Le conseil des ministres se tient le dimanche et le mercredi ; celui des dépêches, le samedi ; celui des finances, un mardi sur deux, alternant avec le conseil de commerce.

Louis XV ne néglige aucune des séances de ces conseils de gouvernement, mais, dès le début du ministère Fleury, il s'y ennuie. Depuis la disparition du Cardinal, il ne s'en cache même plus. Pareille attitude n'est pas faite pour stimuler le zèle des secrétaires d'État ou du contrôleur général. Le Roi est plus à l'aise au conseil d'en haut, moins technique. Il représente aux yeux de Louis XV le double héritage de Louis XIV et de Fleury. Mais Fleury trouvait le moyen de le diriger à lui seul, tandis que le Grand Roi avait su en faire le symbole de la complicité active d'un prince et de ses collaborateurs.

Désormais tout a changé, ou presque. Louis XV a un conseil d'en haut trop fourni. En 1745 huit personnes, en comptant Sa Majesté. D'une façon générale, le titre de ministre d'État est galvaudé. On trouve trop de figurants, comme le jeune duc d'Orléans dit « le Génovéfain », les deux maréchaux d'Estrées, le cardinal de Tencin. Ne parlons pas du comte de Saint-Séverin nommé ministre en 1748, ni du malchanceux maréchal de Soubise, invité au Conseil en 1759, moins de deux ans après le désastre de Rossbach !

Certes, le Roi pourrait s'appuyer sur les ministres chefs de département, meilleurs connaisseurs des dossiers, plus proches des réalités, mais l'instabilité ministérielle est telle, au long de ce règne étrange, qu'elle se prolonge forcément au conseil d'en haut. Louis XV a fait ministre le marquis d'Argenson le 19 novembre 1744, en même temps que secrétaire d'État aux affaires étrangères. Il ne le restera qu'un peu plus de deux ans, étant disgracié le 10 janvier 1747. Le contrôleur général Étienne de Silhouette, qui était loin d'être un médiocre, devint ministre le 19 juillet 1759, fut contraint à la démission le 21 novembre...

Dans ces conditions, le Conseil en général, celui des ministres en particulier, ressemblent souvent davantage à des organes de délibération qu'à des structures de décision. Trop souvent d'ailleurs la décision précède la délibération, par la faute d'institutions officieuses parasites, les comités (improprement dits *comités de ministres*). Après la disgrâce de Chauvelin en 1737, le cardinal de Fleury – qui, personnellement, ne s'intéressait qu'au conseil d'en haut – fit décider par Louis XV que les chefs de département pouvaient se réunir, hors la présence du Roi, pour préparer le travail du conseil des ministres ou de celui des dépêches.

Le correctif de cet usage abusif fut la fidélité du monarque à l'institution de la *Liasse* – ou « travail du Roi » –, ces tête-à-tête avec le prince où étaient conviés respectivement le Chancelier ou le garde des Sceaux, tel secrétaire d'État, le contrôleur général des finances, et enfin l'ecclésiastique qui proposait au Roi les personnes susceptibles d'être faites évêque ou d'obtenir quelque important bénéfice (on appelait cet homme « ministre de la Feuille »).

Le Roi et son Conseil

Si Louis XV s'est trop contenté de régner au lieu de gouverner, la faute n'en revient pas aux institutions, puisque celles-ci n'ont cessé de se roder et perfectionner depuis la génération de Colbert. La faute en incombe au caractère du prince. Son côté *Indifférent* de Watteau convenait mal à l'autorité – attendue par les juristes, espérée par le peuple – d'un monarque absolu.

La succession d'Autriche

Il était dit que le pacifique cardinal de Fleury ne profiterait pas longtemps de la paix, en Europe du moins. 1740 fut une année des plus inquiétantes. Elle vit d'abord la succession de Prusse, sans remous, elle, mais qui pesa sur le destin du continent. Frédéric-Guillaume Ier, prince Hohenzollern, surnommé le Roi-Sergent en sa double qualité de militaire presque maniaque et de matamore impénitent (on retrouvera ces traits en son lointain descendant, l'empereur Guillaume II), mourut le 31 mai. Il laissait à son fils Frédéric II, plus tard surnommé le Grand, un petit royaume de moins de deux millions et demi de sujets, mais aussi une armée de 80 000 hommes, et « un plus » (entendez : un trésor de guerre). Moins de sept mois ensuite, le nouveau roi – que son père jugeait efféminé, léger, dangereusement intellectuel (il était ami de Voltaire) – utilisait le trésor et les troupes disponibles pour envahir la Silésie autrichienne. C'était le 16 décembre. Il est vrai que dans l'intervalle était mort, le 20 octobre, le légitime maître de la Silésie, l'empereur Charles VI, dernier héritier mâle de la fameuse maison d'Autriche.

Se trouvait libre la couronne impériale, dépendant des Électeurs (les archevêques de Cologne, Trèves et Mayence, le comte Palatin du Rhin, les électeurs de Bavière, de Saxe, de Brandebourg et de Hanovre ; le neuvième étant le roi de Bohême, en l'espèce l'Empereur défunt). Restait l'héritage dynastique des Habsbourg :

Autriche, Hongrie, Bohême, Pays-Bas autrichiens, Milanais, etc. Charles VI avait cru le préserver, le réserver à sa fille Marie-Thérèse, grâce à la fameuse *Pragmatique Sanction* de 1713, désormais admise par presque toutes les chancelleries. Mais que disait-on en Europe ? On constatait que l'archiduchesse en question n'avait que vingt-trois ans. On pensait que son mari, François de Lorraine, devenu grand-duc de Toscane, n'avait rien d'une personnalité de premier plan. Plus d'un État rêvait du morcellement de la succession purement autrichienne.

Au début de 1741, le maréchal de Belle-Isle, ayant rang d'ambassadeur, représenta la France à la diète de Francfort. Le Roi et le ministre Amelot lui avaient donné pour mission de soutenir la candidature au titre d'Empereur de l'électeur de Bavière. Charles-Albert, âgé de quarante-quatre ans, était neveu par alliance du défunt Charles VI ; sa femme, l'archiduchesse Marie-Amélie, fille de l'empereur Joseph Ier, était la cousine germaine de Marie-Thérèse d'Autriche. Mais Belle-Isle, qui n'aimait pas les Habsbourg et souhaitait la guerre, outrepassa ses directives : il conclut un accord avec Frédéric II de Prusse.

« Après avoir déclenché la guerre, il est chargé de la faire » (J. de Viguerie). Assisté de troupes bavaroises, le petit-fils de Fouquet s'empare de Linz. Puis les Français marchent sur Prague, l'électeur de Bavière désirant absolument s'y faire couronner roi de Bohême. Durant la nuit du 25 au 26 novembre, Maurice de Saxe dirige l'escalade du rempart. L'avant-garde de cette avant-garde a pour chef le lieutenant-colonel Chevert, à qui l'on attribue le dialogue suivant, digne de Plutarque : « Tu vas grimper, dit-il à un brave sergent.

– Oui, mon colonel.

– La sentinelle tirera sur toi.

– Oui, mon colonel.

– Elle te manquera.

– Oui, mon colonel.

– Tu la tueras.

– Oui, mon colonel.

– Après cela, ne crains rien, nous arriverons tous. »

Tout cela se réalise, Prague tombe. Le comte de Saxe écrit

au chevalier de Folard : « Il n'y a pas d'exemple qu'une ville ait été emportée la nuit, l'épée à la main et sans pillage. » Cela permet à Charles-Albert de se faire couronner roi de Bohême.

L'année 1742 offre à l'électeur de Bavière la possibilité d'accéder aux plus grands honneurs : il devient Empereur en janvier, mais elle marque la fin des succès faciles, car les troupes de la reine de Hongrie reprennent Linz et pénètrent même dans Munich. En juin, Frédéric de Prusse a quitté l'alliance française ; en décembre, Belle-Isle fait retraite, abandonnant Prague aux régiments de Marie-Thérèse. On assure que son repli fut une réussite stratégique ; nous y perdîmes cependant près de 8 000 hommes. En 1743, lâché par la Prusse et traînant la Bavière comme un boulet, Louis XV affronte l'Autriche, la Saxe, les Provinces-Unies (Hollande), le roi de Sardaigne et les Hanovriens. (Fleury est mort le 29 janvier.) En juin, le maréchal de Noailles – qui depuis trois mois a été fait ministre – est écrasé à Dettingen par les coalisés ; en septembre, les troupes françaises en sont réduites à quitter l'Allemagne.

La situation se rétablit en 1744. Au printemps, la France se retrouve avec des alliés : la Suède, le Palatinat, le roi de Prusse pour qui n'existe pas de scrupule de conscience. Le 3 mai, Louis XV quitte Versailles pour rejoindre ses armées en Belgique. Maurice de Saxe estime que la présence de Sa Majesté a la valeur d'un renfort de 50 000 hommes... C'est le moment où le comte de Saxe s'emploie à discipliner ses troupes : en quelques mois, il les transforme, à l'admiration du maréchal de Noailles.

C'est aussi le temps où la maladie du Roi, à Metz, au mois d'août, faillit bouleverser la donne politique, troubla l'entourage, provoqua une mini conversion, eut pour effet le renvoi des sœurs Mailly ; enfin permit aux Français de montrer leur loyalisme, alors enthousiaste. Ils donnèrent au souverain le surnom de Bien-Aimé.

1745 va souligner la vanité de cette rude guerre : en janvier disparaît l'éphémère empereur Charles VII Albert ; le 13 octobre, François III de Lorraine devient Empereur. Entre ces deux dates se situe – heureusement pour la France – le glorieux épisode de Fontenoy.

Fontenoy

On ne sait plus toujours où placer Fontenoy, ce village belge bordant l'Escaut, situé à une lieue de Tournai, ville des anciens Francs, place chérie de Louis XIV. Mais qui ne connaît l'existence de la bataille de Fontenoy (11 mai 1745), composante assurée de notre patrimoine ? Avec son légendaire dialogue :

– *Messieurs les Français, tirez les premiers !*

– *À vous l'honneur !* (Il en existe vingt-trois versions), elle figurait jadis et naguère dans les manuels d'histoire, entre la belle conduite de Chevert au siège de Prague (1741) et le sacrifice du chevalier d'Assas et du sergent Dubois à Clostercamp (1760). Parfois se voyait le maréchal de Saxe dans la voiturette d'osier qui lui servait de litière lorsque les forces lui manquaient pour se tenir à cheval.

Légendaire, mythes et réalité ici sont fort anciens. Il ne fallut que deux jours à Voltaire, au reçu de lettres de l'armée de Flandre, pour brosser « un fort beau poëme » (c'est l'avocat Barbier qui nous le dit) célébrant une gloire bien supérieure au fameux passage du Rhin par Louis XIV. Des alexandrins, évoquant ceux de Boileau, rappelaient aux Français, *heureux par ses lois, et grands par sa vaillance*, les risques pris par Louis XV :

... votre Roi dans des plaines de sang
Voit la mort devant lui voler de rang en rang :

Tandis que de Tournay foudroyant les murailles,
Il suspend les assauts pour courir aux batailles...

Par Louis XV, mais aussi par le Dauphin. *Son fils, son digne fils, suit de si près ses pas...* Un an plus tard, exactement, Voltaire récompensé était reçu à l'Académie.

Et pourtant... Pourtant le célèbre « Messieurs les Français, tirez les premiers » ne contenait aucun symbole particulier. Politesse banale, il voulait tout simplement dire « qu'aucune des deux lignes ne tenait à se désarmer à la première distance de tir, peu favorable à l'efficacité du feu ». Pourtant, les combats – rudes et acharnés, tout le monde en a témoigné – de cette journée mémorable furent longtemps indécis, longtemps favorables aux ennemis. Les pertes, recalculées de sang-froid, furent importantes et presque égales : environ 7 000 hommes dans chaque camp.

Ces restrictions admises, les historiens continuent de voir en Fontenoy une rencontre exceptionnelle, un affrontement unique. Chacune des deux armées regroupait quelque 50 000 hommes; les Anglais ayant à leur tête le jeune duc de Cumberland, troisième fils du roi George II; les Français étant commandés par leur Roi, ce qui rappelait le temps des campagnes de Louis XIV.

Maison militaire comme troupes réglées, officiers et soldats, cavaliers et fantassins, carabiniers et grenadiers, chacun était honoré par ce voisinage royal. On se souvenait d'ailleurs de la campagne de 1744, des risques pris par un Roi « se fourrant dans toutes les sapes et prenant un furieux goût à ce métier ». Maurice de Saxe lui-même feignait de louer une présence illustre, mais redoutait un partage du commandement, des avis discordants, des ordres contradictoires, le risque de voir le Roi encerclé, prisonnier ou tué. Celui-ci, heureusement, comprenait la situation. Plus modeste qu'à Versailles, craignant de gêner le comte de Saxe, Louis XV avait dit aux généraux : « J'entends que M. le maréchal soit obéi par tout le monde. Ici, c'est lui qui commande et je suis le premier à donner l'exemple de l'obéissance. »

Accompagnaient le Roi, comme lui excités à l'approche du danger, le comte d'Argenson, ministre de la guerre, et

Mgr le Dauphin, volontaire de quinze ans. Il aurait fallu tenir ce dernier en lisières pour modérer son élan offensif. D'ailleurs, le Roi et son fils furent exposés dans la journée à la canonnade britannique.

Le duc de Cumberland, lui, tentait un coup de partie. Il arrivait à grande vitesse afin de dégager Tournai, important point d'appui que venaient d'investir les Français. Il disposait de forces considérables quoique hétérogènes : des Anglais et des Hanovriens, bien sûr, mais aussi des Hollandais et quelques Impériaux (Vienne laissait ses alliés défendre presque sans elle les Pays-Bas autrichiens...) Cette désinvolture est un des paradoxes de l'affaire. Autre paradoxe, Cumberland, qui n'avait rien d'un tacticien consommé, et n'avait peut-être même pas lu les traités du chevalier de Folard, lui empruntera ce 11 mai ses meilleures recettes.

Du côté français, les contradictions sont notables. Le comte de Saxe qui, aux batailles rangées, préfère les manœuvres ininterrompues, a aujourd'hui accepté, presque provoqué, l'affrontement. Ce maréchal qui, à l'instar de Turenne et du prince Eugène, est un ferme partisan de l'offensive, se trouve à Fontenoy en position défensive. D'Antoing, au bois de Barry, il a établi trois lignes parallèles fortement appuyées sur des retranchements, deux lignes d'infanterie, la troisième de cavalerie. La maison du Roi demeurait en réserve. Autre paradoxe, le comte de Saxe pensait que son ami Folard accordait dans ses livres une trop grande place à l'artillerie : or c'est à la canonnade qu'il devra le retournement de situation qui va déterminer la victoire.

Après un duel d'artillerie, commencé le matin de bonne heure, les Anglais jetèrent contre le centre des lignes françaises – moins bien protégé (le maréchal le reconnut plus tard) – une très forte « colonne », pour user d'un mot cher à Folard. De fait, si cette tactique rompait avec l'usage des affrontements de lignes à lignes, la colonne de Cumberland ressemblait plutôt à la phalange macédonienne, à un carré compact : c'était une masse de dix-huit bataillons qu'appuyait quelque artillerie. Sous ce coup de boutoir, les lignes françaises s'étaient ouvertes ; le régiment des gardes françaises, terriblement éprouvé. Pendant un court instant, si le front ne fut pas totalement rompu, il le dut à quelques batteries de campagne.

Maurice de Saxe fit renforcer aussitôt cette artillerie qui parvint à ouvrir une brèche dans la colonne ennemie. Elle suffit à laisser s'engouffrer la maison du Roi, impatiente de contre-attaquer, tandis que plusieurs brigades d'infanterie, reformées à la hâte, en soutenaient les flancs. Le corps à corps fut acharné. Les cavaliers chargeaient au sabre, les pages du Roi à l'épée, les fantassins à la baïonnette. Les deux adversaires rivalisaient de courage. Cependant, disloquées par la contre-attaque inattendue des troupes françaises, les unités alliées combattaient désormais sans ordre ni méthode. À la fin, la colonne ennemie « fut foudroyée et disparut ».

Le duc de Cumberland abandonna le champ de bataille – signe traditionnel de défaite – et fit retraite. Il avait perdu tout le bénéfice de son raid : Tournai se rendit le 22 mai, sa citadelle à la mi-juin. Quant au maréchal de Saxe, il écrivit à sa sœur : « Les Anglais ont été étrillés en chiens courants à Fontenoy. » À la fin de la journée, il avait dit à Louis XV : « Sire, j'ai assez vécu ; je ne souhaitais de vivre aujourd'hui que pour voir Votre Majesté victorieuse. » On sut que le Dauphin, contemplant le soir venu le théâtre de ces rudes combats, semblait heureux au spectacle de tant de cadavres ennemis. Il en oubliait sa piété foncière et sa gentillesse. Le Roi son père, alors, l'admonesta en ces termes : « Voyez ce que coûte une victoire. Le sang de nos ennemis est toujours le sang des hommes. La vraie gloire, c'est de l'épargner. » Magnifique discours, résumant le meilleur Louis XV. Il aurait mérité de remplacer dans les livres scolaires des mots imaginaires imbéciles, comme *Après moi, le déluge*.

Quant à la gloire de la bataille même, on balançait à la déterminer : comment la répartir entre le maréchal et son Roi ? Ce dernier eut l'honnêteté d'accepter l'idée d'un partage : « Nous devons, déclara-t-il, aux bonnes dispositions du maréchal de Saxe la victoire que nous venons de remporter. » Mais la phrase demeurait ambiguë, le monarque n'étant pas loin de s'attribuer la moitié du mérite. D'ailleurs, dans les compliments reçus par Louis XV, tel celui de la cour des aides (*Les conquêtes de Votre Majesté sont si rapides...*), le nom de Maurice de Saxe n'était ni présent, ni suggéré.

Le 20 mai, un *Te Deum* particulièrement solennel – « grande musique avec symphonie » – fut chanté à Notre-Dame de Paris. Barbier y releva la présence de soixante-dix membres du Parlement (ces robins ne respectent que la force) et de quarante évêques « à cause de l'assemblée du Clergé ». Le soir, il y eut « des illuminations dans Paris et du vin distribué au peuple... Cette affaire est une des plus importantes pour exciter la joie des Français ». La Reine écrit au comte d'Argenson : « Je désire que le Roi revienne, et que la paix se fasse. »

En attendant cette paix désirée, le vainqueur de Fontenoy fait tomber en Belgique toutes les places : Gand, Bruges, Audenarde, Termonde, Ostende, Nieuport. Il paraît que le Roi et le maréchal de Noailles accusent de lenteur l'étonnant poliorcète... Louis XV pourtant accomplit un geste. Le 25 août, il fait don à Maurice de Saxe du splendide domaine de Chambord, un présent qui honore donataire et donateur.

Le repos du guerrier

L'année 1745 vit, à Fontenoy en mai, l'apogée de gloire du Roi et du comte de Saxe. On eut ensuite, à Versailles le 14 septembre, le surprenant triomphe d'une dame sans « naissance » présentée à la Cour. Elle allait devenir la plus illustre favorite de Sa Majesté, Jeanne-Antoinette Poisson, dame Le Normant d'Étiolles (1721-1764), depuis peu faite marquise de Pompadour. Avec cette jeune personne pleine de charme, la finance opérait à Versailles une entrée peu discrète. Appartenaient en effet à ce milieu riche, ambitieux et cultivé, le père légal de la maîtresse du Roi, son père présumé – Pâris de Montmartel –, enfin son époux délaissé (elle était séparée de biens depuis le printemps). Ce *crescendo* du monde des fermiers généraux marquait aussi un *decrescendo* social dans les faveurs du monarque.

Depuis douze ans, en effet, Louis XV ne trompait la Reine – au stade des maîtresses avouées – que dans la haute noblesse. Homme d'habitudes, le Roi avait honoré de ses faveurs trois sœurs, choisies chez les Mailly, illustre maison picarde dont la filiation remontait à 1050 !

L'aînée, la comtesse de Mailly (1710-1751), née Mailly (elle avait épousé son oncle à la mode de Bretagne), avait exactement l'âge de son royal amant. Elle avait succédé en 1729 à sa mère en qualité de dame du palais de la Reine. « Elle n'était pas plus belle que Marie Leczinska : nez long, joues plates, grande bouche, yeux vifs, teint mat, voix rude » (M. Antoine), mais d'heureuses proportions, pleine d'esprit et apparemment dépourvue de desseins politiques. Entre 1733 et 1736 la liaison de Louis XV avec *Louise-Julie* de Mailly-Nesle, secrète, ne fut connue que du cardinal de Fleury indulgent et de la Reine fort irritée. En 1736, la disposition des logements de Versailles la fit visible ; l'année suivante, elle fut connue, dénoncée, critiquée, et même jugée « scandaleuse » le 15 décembre, en plein sermon ; ce qui ne l'empêcha pas de se survivre jusqu'à la fin de 1738.

1738 n'était point achevé que mademoiselle de Nesle (1712-1741) détrônait sa sœur. À Louise-Julie succédait *Pauline-Félicité.* Celle-ci était un laideron ambitieux au caractère très décidé ; contrairement à sa sœur aînée, non dépourvue de volonté politique ; mais ces traits ne gênèrent pas le Roi, tombé amoureux sur un coup de foudre. Il fit sa nouvelle maîtresse dame du palais de la Dauphine et la laissa épouser en septembre 1739 le comte de Vintimille du Luc. Le 2 septembre 1741, Pauline-Félicité mit pourtant au monde, à Versailles, un garçon, futur marquis du Luc (1741-1814), si ressemblant au Roi qu'il traîna sa vie durant le plaisant surnom de *Demi-Louis.* La comtesse de Vintimille cependant mourut le 8 septembre des suites de ses couches, après avoir été, dit-on, la plus aimée des amantes.

La troisième des sœurs Mailly, mademoiselle de Monchy (1717-1744), mariée depuis 1734 au marquis de la Tournelle, consola cependant assez vite le Roi. Elle se fit donner la place de dame du Palais à l'automne 1742, obtint de son amant le renvoi hors Cour – le 3 novembre 1742 – de Louise-Julie son aînée (revenue à Versailles en amie dès 1740), fut faite un an plus tard duchesse de Châteauroux. Cette Mailly n° 3, dotée d'une ambition comparable à celle de Pauline-Félicité, était vraiment jolie, à la différence de ses aînées. Elle avait pour prénoms *Marie-Anne.* Son règne aurait pu être d'assez longue durée, si le Roi ne l'avait emmenée près des armées en campagne et si elle n'avait été trop visible à Metz lorsque le Bien-Aimé sembla près de mourir. Louis, pressé par les gens d'Église, dut la chasser le 13 août 1744. Certes, le Roi, une fois tiré d'affaire, fit revenir sa belle le 25 novembre, mais celle-ci mourut le 8 décembre, n'ayant – assurent les contemporains – pas supporté son éviction d'août.

Comme à la mort de la comtesse de Vintimille, Louis XV, ayant perdu la duchesse de Châteauroux, ne chercha point à dissimuler son chagrin. Les mauvaises langues et les marieurs intéressés comprirent vite que le Roi chercherait pourtant à se consoler. Il y avait encore deux sœurs Mailly, dont l'une – Mme de Lauraguais – ne déplaisait pas à Sa Majesté. Mais la place convoitée de maîtresse en titre échut, nous le savons, à la jolie marquise de Pompadour.

La désolation du Roi n'avait véritablement duré que deux mois. Madame d'Étiolles devint sa maîtresse le 11 février 1745. On l'invita à la Cour au grand bal du 24 février. Le duc de Luynes notait la liaison de Louis XV le 10 mars. Un brevet du 9 juillet fit de Jeanne Poisson une marquise de Pompadour. La présentation du 14 septembre put choquer, ne surprit aucun courtisan. « Toute honte bue, comme on dit, [la Marquise] recevait chez elle toute la Cour, en faisait presque les honneurs » (Croÿ). En novembre, ce même duc de Croÿ notait : « M'étant mis au fait de l'état de la Cour, je sus que *le Roi s'abandonnait tout à fait à l'amour* qu'il avait pour Mme la marquise de Pompadour, qu'elle avait beaucoup de crédit et que tout le monde lui faisait sa cour. »

En janvier 1746, Croÿ était présenté à la favorite : « Elle me parut charmante de figure et de caractère. Elle était à sa toilette, et on ne peut pas plus jolie. » Entre autres qualités, Mme de Pompadour avait du tact. « Elle était très bien avec la Reine, ayant engagé le Roi à agir au mieux avec elle. » Parallèlement, on vit son crédit grandir sans cesse. *Elle ne faisait pas de politique, mais...* Elle ne conseillait pas le Roi dans des choix politiques, mais elle influençait directement son choix des hommes, ce qui revenait au même, donnait l'impression à la Cour que le Roi restait libre, donnait l'impression au Roi qu'il gouvernait par lui-même. Très vite, la Marquise eut plus de pouvoir que n'avait jamais eu, en trente-deux ans, Mme de Maintenon.

Elle sut ne pas lasser son amant. Le Roi passait des heures auprès d'elle chaque jour, la comblait de cadeaux, disposait sur sa recommandation des « postes, charges, pensions, honneurs ». Elle animait les soupers des petits cabinets, les chasses du Roi, le théâtre de société. « Dans son visage transparent et mobile, les yeux changeants reflétaient l'esprit et le cœur ; et par ses dons, elle avait porté la qualité de favorite à des hauteurs inaccessibles » (D. Gallet). Arraché à son indifférence, tiré de son ennui, on ne reconnaissait plus Louis XV. Le Roi était si amoureux qu'il en chassait moins, travaillait davantage. On le sentait moins hésitant, plus équilibré, plus accessible, « réconcilié avec lui-même ». Ce grand amour dura cinq ans.

La santé de la Marquise, ses migraines, ses fausses couches, son tempérament rien moins que chaleureux, firent ce que ni les critiques, ni les attaques, ni les pamphlets, ni les intrigues n'avaient obtenu : le Roi se lassa de sa liaison. Dès 1750, il trompa sa maîtresse comme il trompait sa femme. La chance de Mme de Pompadour, on oserait dire son génie, fut de conserver quatorze années de plus l'amitié et la confiance de Louis XV. Elle garda et même vit augmenter son immense crédit. Elle sut marquer de son influence les affaires publiques, orienter de son goût les dépenses et les commandes de la Cour et de la Ville.

Pour se maintenir, elle eut recours à des moyens plus que suspects. Huit des bâtards de Louis XV sont nés durant son « règne », entre 1754 et 1764, mais la Marquise était parvenue à ne jamais laisser la moindre concurrente conquérir le cœur de son royal amant. Elle redouta surtout les dames de la Cour (Narbonne-Lara, Choiseul-Beaupré, Coislin, etc.). Elle en fut réduite à pousser le Roi dans les bras des « petites maîtresses », à parrainer des rencontres éphémères éloignées de toute passion.

Elle devint de la sorte la marraine de la petite maison du Parc-aux-Cerfs où séjournaient les jeunes beautés de toute condition sociale qu'un valet de chambre discret introduisait au château, nuitamment, au gré de Sa Majesté. « Intendante des plaisirs particuliers du Roi », aidée par le maréchal de Richelieu et par les premiers valets du Roi, « entremetteurs-nés », elle parvint à ses fins. Mais ce manège, immoral et indigne du Roi Très-Chrétien, fut organisé avec tant de discrétion que les rumeurs les plus folles et scabreuses en furent la conséquence. Le duc de Croÿ dépeint le Parc-aux-Cerfs, dont il ignore tout, comme un sérail; Jules Michelet en fit une horrible maison de passe, admettant en ses salons des fillettes arrachées à leur famille. Ces sornettes traînent encore de nos jours. Elles transforment trop souvent en caricature l'image du Roi.

Bête comme la paix...

Dans l'élan de Fontenoy, les troupes françaises et espagnoles obtinrent d'abord plus d'un succès. Le 3 septembre 1745, le maréchal de Maillebois prenait Tortone ; le 27 septembre, il remportait la victoire de Bassignano. Mais « ces pointes hardies et hasardeuses », réalisées par des troupes moins aguerries et moins disciplinées que celles du maréchal de Saxe, ne répondaient pas à une stratégie cohérente. En 1746, la situation se retourna ; Piémontais et Impériaux retrouvaient le contrôle de l'Italie du Nord. À la fin décembre, les ennemis, ayant franchi le Var, occupaient une partie de la Provence. « Ce fut la seule brève invasion que le royaume ait connue entre 1713 et 1792. »

Dès janvier, le maréchal de Belle-Isle, aidé par Gênes, inaugurait une contre-offensive victorieuse. En Italie du Nord, 1747 rappelait la situation de 1745, mais Belle-Isle, tenu en échec par les Sardes en juillet, dut renoncer à envahir le Piémont.

Outre-mer, la France, bien que handicapée par la faiblesse de sa marine, parvint au long du conflit à faire jeu égal avec sa rivale anglaise. Les Britanniques nous prirent Louisbourg en Nouvelle-France (17 juin 1745) ; La Bourdonnais prit aux Anglais Madras aux grandes Indes (21 septembre 1746). Les deux places furent contre-échangées quand vint la paix.

C'est en Belgique, cependant, que se situèrent les événements décisifs. Le maréchal de Saxe avait utilisé l'été et l'automne de 1745 pour améliorer l'entraînement et la discipline de ses troupes. Ce qui fut sottement surnommé son « inaction de Gand » faisait partie d'un plan habile et concerté. Rompant avec l'usage du quartier d'hiver, le comte de Saxe lança son offensive le 15 janvier 1746. Il prit Bruxelles le 20 février, Anvers le 30 mars. Le 11 octobre, il affronta les Impériaux à Raucoux (Rocourt) près de Liège. La victoire avait été prédite dès la veille par Mme Favart, l'amie du maréchal :

Demain, bataille ! Jour de gloire !
Que dans les fastes de l'Histoire
Triomphe encor le nom français !

Ce fut un succès décisif, démonstration du bien-fondé de la tactique prônée par Folard. L'ennemi y perdit 10 000 hommes, les Français, 3 500. Le Roi présent y gagna du prestige.

Louis XV assista encore, l'année suivante, à la nouvelle victoire du comte de Saxe sur le duc de Cumberland à Lawfeld, le 2 juillet 1747. Ce fut une rude bataille d'infanterie, plus sanglante que la précédente. On y vit le maréchal charger, l'épée haute, à la tête du régiment du Roi. Celui que Frédéric II comparait – d'ailleurs sans hostilité – à Fabius Cunctator n'avait pas craint d'imiter aujourd'hui l'exemple des Condé ou des Villars.

Une telle suite de succès avait de quoi décourager Anglais et Impériaux. En septembre, le comte de Lowendal prenait d'assaut la place de Berg op Zoom. Au printemps suivant, c'est Maurice de Saxe qui s'emparait de Maestricht. « L'armée reconstituée par le maréchal s'était ainsi révélée à la hauteur de toutes les tâches » (Émile-G. Léonard).

La capitulation de Maestricht, le 7 mai, hâta la signature, à Aix-la-Chapelle le 18 octobre, d'un traité de paix générale. Ce texte favorisait Berlin. Nous avions « travaillé pour le roi de Prusse », ainsi qu'il fut dit sans tarder. La paix ménageait la cour de Turin : Louis XV rendait poliment Nice et la Savoie. Elle rassurait à demi Vienne :

Marie-Thérèse ne regagnait pas la Silésie perdue – une amputation difficile à pardonner au Hohenzollern –, mais voyait consolidé le titre impérial de François de Lorraine, son époux. Enfin le traité donnait satisfaction aux alliés de la France : l'Infant don Carlos gardait Naples, don Philippe gardait Parme.

La France avait pourtant accumulé victoires et faits d'armes. Elle occupait les Pays-Bas autrichiens (la Belgique), avait même envahi la Hollande. En mai, le maréchal de Saxe avait écrit : « Ce que je crois savoir et vous assurer est que les ennemis, en quelque nombre qu'ils viennent, ne peuvent plus pénétrer en ce pays-ci [les provinces belges], et qu'il me fâche de le rendre... Je vois, je sais que le roi de Prusse a pris la Silésie et qu'il l'a gardée et je voudrais que nous puissions faire de même... Il me paraît difficile, ou plutôt impossible, que l'on nous fasse rendre ce que nous tenons. »

Hélas, le comte de Saint-Séverin, plénipotentiaire de la cour de Versailles, avait, dès l'origine et au mépris des habitudes de la diplomatie, mis cartes sur table, répétant, disait-il, les paroles exactes du roi de France : « Sa Majesté très-chrétienne a *le souci de faire la paix non en marchand, mais en Roi.* »

Le Bien-Aimé oubliait de la sorte de la faire en vainqueur raisonnable. Son bisaïeul Louis XIV ou son futur ministre Choiseul eussent, à sa place, réclamé la totalité des Pays-Bas autrichiens, puis réduit leur prétention et obtenu, non « deux ou trois villes de Flandre » comme l'écrivit Voltaire, mais trois ou quatre provinces belges : la Flandre occidentale (Courtrai), le Hainaut (Tournai), le pays de Namur, peut-être un morceau de Luxembourg (Bastogne). Le réalisme politique aurait conduit à ne pas réclamer Liège, afin de ménager l'Empire ; ni Maestricht, pour amadouer la Hollande ; ni bien sûr Anvers et Ostende, crainte de provoquer Londres. Alors Louis XV serait devenu l'arbitre de l'Europe ; Aix-la-Chapelle aurait rappelé le glorieux traité de Nimègue, et non Ryswick en pire...

Or, non seulement le Bien-Aimé n'obtint rien, mais il eut la bonté de promettre aux Anglais de raser les fortifications de Dunkerque. Il eut la faiblesse d'expulser de France Charles-Édouard Stuart, prétendant malchanceux. Ce dernier point fut réalisé dans la désapprobation générale :

Peuple jadis si fier, aujourd'hui si servile,
Des princes malheureux vous n'êtes plus l'asile !

... Tant il est vrai que la France possédait une opinion publique non encore asservie aux lumières. Celle-ci n'attendit guère pour créer l'expression *Bête comme la paix*. Une fois de plus, l'intelligence du Roi, coupée du sens commun, s'emballait dans le vide.

Les occasions perdues

L'Histoire en général, celle de notre ancien régime en particulier, font admettre un axiome : les bonnes et durables réformes se doivent faire à froid. Surtout pas sous la pression des foules, des libelles, des corps constitués et de leurs remontrances aigres-douces. Si jamais Louis XV, au lieu de simples velléités, avait su cultiver en lui une volonté réformatrice, il ne fallait pas tarder ; surtout ne pas attendre le moment des crises. Nous faisons allusion à 1766 (le discours de la *Flagellation*) et à 1771 (l'expérience du *Triumvirat*).

Rien n'aurait pu mieux convenir que l'année 1748. Le climat général est paisible. « L'Europe entière, écrit Voltaire, ne vit guère luire de plus beaux jours que depuis la paix d'Aix-la-Chapelle, en 1748, jusque vers l'an 1755. Le commerce florissait de Pétersbourg jusqu'à Cadix ; les beaux-arts étaient partout en honneur ; on voyait entre toutes les nations une correspondance mutuelle ; l'Europe ressemblait à une grande famille réunie après ses différends. » En France, s'il a mal profité de nos victoires, le Roi a mesuré son réel courage et goûté le plaisir de la gloire. Il est le Bien-Aimé, il n'a pas encore – tant s'en faut – dilapidé son capital de popularité. Il est un monarque absolu. Son pouvoir est aussi grand que celui de son confrère le roi de Prusse, à qui tout réussit depuis 1740. Que dis-je ? Son pouvoir est supérieur, appuyé sur le prestige de la monarchie capétienne, sur le droit divin, sur la réussite récente du règne de Louis XIV.

Il est intelligent et capable de lucidité. Il sent – au moins confusément – que le royaume, si brillant, si riche, si glorieux apparaisse-t-il, souffre de trois maux en train de devenir endémiques : 1) l'excès des inégalités, 2) les déchirements religieux, 3) l'obstruction des parlements. Il pourrait chercher et trouver les remèdes, fort de son autorité et à la tête d'une équipe motivée. De cette équipe il a déjà quelques éléments : Machault d'Arnouville et le comte d'Argenson sont auprès de lui.

L'excès des inégalités. – En ce milieu du siècle, la France – comme l'Angleterre, comme la Hollande, les autres pays les plus évolués du continent –, possède une opinion publique. Celle-ci ne revendique pas encore la LIBERTÉ (une abstraction; alors que les libertés au pluriel sont des réalités concrètes, recherchées, enviées, étendues). Elle rêve de plus d'ÉGALITÉ. Or une réaction nobiliaire est visible. Elle a commencé avec la *polysynodie*; elle se manifeste dans cent blocages (corps ou collèges réservés à la noblesse; quasi-monopole des nobles, contredisant le caractère anoblissant de beaucoup d'offices; privilèges d'Église, etc.) qu'il serait urgent de voir condamnés et non plus encouragés par la Cour. S'il ne paraît guère possible de virer lof pour lof en ces matières, il semble urgent de créer un impôt unique – par exemple un *vingtième* – et de n'en dispenser personne, ni la noblesse, ni les membres du Clergé. De fait, Louis XV l'a presque compris. En choisissant Machault pour contrôleur général, il a trouvé le réformateur idoine. Reste à le soutenir sans jamais reculer...

Les déchirements religieux. – Ils couvent toujours. Le cardinal de Bernis se trompa en prétendant plus tard que Fleury avait vaincu le jansénisme. Il ne l'a vaincu ni chez d'Aguesseau, plus augustinien que la Robe qu'il préside, ni chez les oratoriens, ni dans la congrégation de Saint-Vanne, ni dans la congrégation de Saint-Maur, ni chez les curés parisiens, ni chez les prêtres de Champagne, ni chez les parlementaires dont le gallicanisme et le jansénisme sont si mêlés qu'ils n'en connaissent même plus les frontières. Et maintenant, si Louis XV ne fait rien, tout va recommencer. Le Roi a commis l'erreur de choisir pour archevêque de Paris Mgr de Beaumont, moliniste de choc; et les premiers refus de sacrements vont d'un instant à l'autre ranimer les outrances parlementaires.

La bulle *Unigenitus* ayant imprudemment été assimilée à une loi civile, il paraît difficile de faire machine arrière (d'autant qu'elle n'aurait jamais existé sans l'imprudence du vieux roi Louis XIV). Reste à n'en plus parler, ce que la législation a déjà recommandé plus d'une fois. Mais Louis XV – appuyé sur d'Aguesseau qui ne demanderait que cela – doit interdire absolument d'exiger des billets de confession et de refuser aux croyants les sacrements de l'Église. Si Mgr de Beaumont s'obstine, que le prince lui demande sa démission. S'il démissionne, que l'on déniche un ecclésiastique convenable, acquis à la théologie positive et issu de la bourgeoisie ou de la robe!

L'obstruction des parlements. – L'erreur du Régent fut de rendre au Parlement un droit presque entier de remontrance. La fermeté de Louis XIV avait abouti à un compromis tacite : le Roi avait en 1673 réduit la portée des remontrances (qui ne pouvaient être présentées qu'après enregistrement des actes royaux en cause), en échange de quoi il avait protégé ou augmenté les privilèges des magistrats, et hissé au sommet de la nation – au gouvernement et à la Cour – ce que la Robe comptait de meilleur. Aujourd'hui, en 1748 ou 1749, on verrait volontiers Louis XV imposant en lit de justice un édit solennel reproduisant les mesures restrictives de 1673. Une épreuve de force pourrait y puiser son origine. Si une telle réforme, concomitante des précédentes, était bien expliquée au grand nombre, elle ne pourrait que donner raison au Roi et à son coup d'État (c'est ainsi que Furetière nomme les coups d'autorité).

Imaginons réussi le coup d'autorité ci-dessus résumé, il faudrait, en 1750, trouver un autre type de communication que celui de la tradition parlementaire. Car enfin, le parlement de Paris n'a rien de commun avec celui de Londres. En Angleterre, les parlementaires sont plus ou moins honnêtement élus, mais ils sont élus; en France, il n'y a pas de raison que l'achat d'un office vous rende apte à orienter la politique. Mais, si vous cantonnez les parlements français dans un rôle de cours d'appel et dans une fonction de simple enregistrement, manquera l'expression des soucis ou désirs des élites et du peuple. Alors une structure est à créer ou à ressusciter ; mais laquelle ?

Depuis 1614, les états généraux ont mauvaise réputation. Ceux du moyen âge, ceux du XVIe siècle n'auront pas laissé un souvenir meilleur. Faut-il, comme pense le marquis d'Argenson (le Roi vient de le renvoyer), créer ou recréer des états provinciaux dans tout le royaume ? Les foucades des députés existant en Languedoc et en Bretagne, qui inquiètent le monarque et M. le contrôleur général, n'engagent pas à multiplier ces expériences délicates. Resterait la réunion d'une assemblée de notables, comme au temps de Richelieu. Ce serait un début. Suivant la qualité de ses travaux, la valeur de ses résultats, le Roi serait toujours à même, ou de s'en tenir à une seule expérience, ou de prévoir une consultation, sinon permanente, au moins régulière.

Louis XV va-t-il s'orienter dans le sens des réformes, celles-ci ou d'autres similaires ?

L'échec de Machault

Il est aujourd'hui reconnu que Jean-Baptiste de Machault d'Arnouville (1701-1794), fils du lieutenant de police, fut « un des grands ministres réformateurs » du règne. Le Dauphin († 1765) l'avait pressenti. Plus tard, Louis XVI en 1774 faillit en faire un premier ministre, avant de se décider en faveur du comte de Maurepas.

Machault, ancien intendant du Hainaut, n'attirait pas les sympathies. Il intimidait, imposait, parfois glaçait ses interlocuteurs ; était le digne et austère continuateur de Colbert, et d'Orry auquel il avait succédé en 1745 par la volonté de Sa Majesté et avec la bénédiction de Pâris-Duverney et de Mme de Pompadour. Dufort de Cheverny considérait Machault comme « une des meilleures têtes du royaume » et le Roi n'était sans doute pas éloigné d'y souscrire. Hélas, si Louis XV sut choisir cet homme d'État, assurer son ascension (Machault devint contrôleur général le 6 décembre 1745, ministre le 24 mai 1749, garde des Sceaux le 10 décembre 1750), il ne sut pas le soutenir : Machault dut abandonner le Contrôle le 28 juillet 1754, en échange du département de la marine. Il fut disgracié finalement, le 1er février 1757, en même temps que le comte d'Argenson, ministre de la guerre. Ainsi Louis XV se privait-il de son plus grand commis.

L'historiographie a pris l'habitude de faire l'exégèse des lettres de renvoi de ces deux personnalités gouvernementales ; et il est assuré que pareil examen aide à mieux connaître leur maître. À d'Argenson, Sa Majesté écrivait un texte des plus secs : « Votre service ne m'étant plus nécessaire, je vous ordonne de me remettre la démission de votre charge... et de vous retirer à votre terre des Ormes. » Au contraire, Machault eut droit à huit lignes vraiment affectueuses :

« Quoique je sois persuadé de votre probité et de la droiture de vos intentions, les circonstances présentes m'obligent de vous redemander mes sceaux et la démission de votre charge de secrétaire d'État de la marine ; soyez sûr de ma protection et de mon amitié. Si vous avez des grâces à demander pour vos enfants, vous pouvez le faire en tout temps. Il convient que vous restiez quelque temps à Arnouville. »

À quoi relier « les circonstances présentes » ainsi invoquées ? À l'animosité de Mme de Pompadour : la favorite avait cru comprendre, sur une « école » du ministre, que Machault avait voulu profiter de l'attentat de Damiens contre le Roi pour la faire chasser de la Cour. Mais aussi, et surtout, à un calcul du Roi : plus naïf que vraiment machiavélique, Louis XV avait pensé, par le renvoi de son ministre, calmer un peu les robins en révolte. Nous possédons ses aveux, la confession de son étrange faiblesse. À Madame Infante sa fille, le roi de France écrivit : « Ils [parlements et parlementaires] ont tant fait qu'*ils m'ont forcé* à renvoyer Machault, l'homme selon mon cœur ; je ne m'en consolerai jamais. » Il faudrait livrer ce thème de méditation aux écrivains ou enseignants qui nomment *absolutisme*, ou despotisme, la manière de gouverner des Bourbons.

En fait, la disgrâce de février 1757, injuste et absurde, triste et instructive, ne changeait pas grand-chose à la conduite des affaires. Le Roi avait fait pire, le 28 juillet 1754, lorsqu'il avait privé Machault du contrôle général. Ce transfert marquait l'échec de la plus grande tentative réformatrice d'un long règne. On devrait même, à notre sens, remonter plus haut encore, pour aboutir à une date plus parlante : celle du 23 décembre 1751, jour où Louis XV s'était désolidarisé de Machault d'Arnouville en refusant de soumettre au nouvel impôt les biens d'Église.

La grande idée du contrôleur général, en effet, avait été l'imposition unique. Au lieu de respecter les privilèges du Clergé et de la noblesse, ceux des magistrats et ceux des états provinciaux (Artois, Bretagne, Languedoc), et de continuer de soumettre au *dixième* les roturiers des pays d'élections, Machault prétendait assujettir tous et chacun à un même impôt nouveau, le *vingtième* (mai 1749). C'eût été une révolution copernicienne : économique, psychologique, sociale, laïque, morale, républicaine. Une égalité fiscale marquant la fin des privilèges et la fin de beaucoup d'inégalités structurelles. Mais quel rude programme ! La Cour était hostile, depuis les ducs jusqu'aux petits officiers commensaux. Le Parlement se cabrait : Machault parvint pourtant à le faire plier. « Les pays d'états ont résisté, écrivait Barbier en janvier 1751, et soutenu leurs privilèges ; mais il paraît qu'ils ont cédé, et que le *vingtième* s'y établit peu à peu... Le plus difficile est le Clergé, qui a refusé absolument en rompant l'assemblée, et protesté contre tout ce qui avait été fait. »

C'est sur le Clergé que le projet achoppa. Le Roi accepta d'abord d'exiger un inventaire des biens d'Église, préalable à la répartition et à la collecte de l'impôt ; mais il fut sensible à la révolte presque générale des clercs. On lui fit redouter le danger d'être parjure vis-à-vis des serments du sacre. On lui fit remarquer que les privilèges ecclésiastiques étaient la contrepartie légitime et comme la rémunération des lourdes charges publiques de l'Église : l'instruction des enfants et l'assistance de tous. On insinua que les mesures drastiques envisagées par Machault étaient une dangereuse concession à la « philosophie » déiste ou matérialiste, ennemie de la foi traditionnelle. Bref, on fit peur au Roi et on parvint bientôt à lui donner mauvaise conscience. Voilà comment Louis XV, exemptant du *vingtième* l'Église et ses biens, mit innocemment son veto au plan salvateur de l'ancien régime.

On a beaucoup trop monté en épingle le jour du 12 mai 1776, qui vit le renvoi de Turgot par Louis XVI. En réalité, parmi les « trente journées qui ont fait la France », nous placerions plus naturellement et plus logiquement ce 23 décembre 1751, véritable symbole des occasions gâchées.

Le renversement des alliances

À la fin d'août 1755, le comte de Starhemberg, ambassadeur d'Autriche, remettait à Mme de Pompadour une lettre de Marie-Thérèse à l'intention de Louis XV. La reine de Hongrie suggérait au Roi de désigner discrètement une personne susceptible de mettre au point, de concert avec M. de Starhemberg, un accord entre le royaume de France et la maison d'Autriche. Louis XV, sans enthousiasme – car ses ministres étaient plutôt hostiles à Vienne, et parce que Frédéric II restait encore notre allié –, désigna pour ces pourparlers secrets le jeune et talentueux abbé de Bernis, ami de la Marquise. Ce dernier s'efforçait de négocier activement mais d'éviter toute provocation envers le remuant roi de Prusse.

Les provocations, elles, venaient de l'Angleterre qui, depuis plus d'un an, traitait le Canada français en pays ennemi. À Versailles, à Paris, on sentait que la guerre serait bientôt inévitable. À Vienne aussi, pour d'autres raisons. Étant donné la supériorité maritime des Anglais, la France avait deux stratégies possibles : envahir les Pays-Bas autrichiens et la Hollande pour menacer les ports britanniques, ou s'emparer de l'électorat de Hanovre, possession personnelle du roi d'Angleterre. Dans le premier cas, Louis XV se serait brouillé définitivement avec Vienne ; dans le second cas, la Prusse se serait sentie menacée.

Frédéric II, le parvenu de la monarchie européenne, le roi stratège qui inquiétait tout le continent, n'avait pas, envers la France, les scrupules de Louis XV envers lui. Inquiet du traité anglo-russe du 30 septembre 1755, il se rapprocha très vite de Londres et signa le 16 janvier 1756 le traité de Westminster, dirigé à la fois contre la Russie (on lui fermait la porte de l'Empire) et contre la France (Frédéric s'engageait à protéger le Hanovre menacé par les plans de guerre français).

Pendant ce temps, la tension montait sur les deux rives de la Manche. L'entreprise de l'amiral Boscawen contre la Nouvelle-France n'était guère tolérable. Louis XV adressa à ce sujet un ultimatum à Londres (21 décembre 1755), auquel le roi d'Angleterre n'opposa qu'une réponse négative (13 janvier 1756). Le rapprochement avec Marie-Thérèse avait cessé d'être une hypothèse – mettre fin sur un coup de dés à deux cents ans de détestation héréditaire –, pour devenir une nécessité impérative. En résulta le premier traité de Versailles.

Ce texte, souhaité à Vienne par le célèbre chancelier Kaunitz, négocié par Starhemberg dans le secret, signé le 1er mai 1756, scellait la première étape d'un véritable renversement des alliances. Louis XV avait abandonné scrupules et réticences, considérant que le pacte de Westminster était la preuve de la trahison du roi de Prusse. Toutefois l'entente nouvelle entre Versailles et Vienne était seulement défensive, ne concernait pas le conflit franco-britannique. La France viendrait au secours de l'Impératrice-Reine si, par exemple, le roi de Prusse envahissait la Hongrie ; mais elle ne soutiendrait pas cette princesse, s'il advenait que Vienne attaquât Frédéric II dans l'espoir de regagner la Silésie perdue.

Les événements firent bientôt précipiter les choses. L'attaque de Frédéric II contre la Saxe eut pour résultat la signature du deuxième traité de Versailles (1er mai 1757). On passait alors au stade d'une alliance offensive. Louis XV promettait une aide directe et des subsides, et s'engageait à aider la reine de Hongrie à reconquérir sa chère Silésie. Si la Silésie était recouvrée, un morceau de Belgique serait, par voie de récompense, séparé des territoires héréditaires de la maison d'Autriche et donné à l'Infant don Philippe, gendre de Louis XV.

Rien de tout cela ne fut réalisé. La Silésie resta prussienne, la Belgique resta autrichienne, le Hanovre resta propriété des rois d'Angleterre. Quant aux Français, ils ne furent jamais convaincus des bienfaits de l'alliance autrichienne. Même le mariage du Dauphin avec l'archiduchesse Marie-Antoinette en 1770, « ce mariage si important pour le bonheur de l'humanité », écrivait le duc de Croÿ, ne suffit point à apaiser les sensibilités. L'histoire de la Révolution en témoigna.

Affrontements coloniaux

Nous sommes, en dépit de la décolonisation, si attachés au rayonnement de l'ancien empire colonial, que *nous imaginons volontiers un empire d'avant l'Empire*, antérieur au XIXe siècle, négligé par les Bourbons. Or il n'y eut ni empire, ni politique d'ensemble (les colonies de la Couronne dépendaient du ministère de la marine; les compagnies commerciales, du contrôle général), ni doctrine globale, à l'exception du « pacte colonial » ou règle de l'*exclusif.* Il tenait en une phrase à la Colbert : « Les colonies ne produisent que pour la métropole, ne consomment que ses produits, ne doivent commercer qu'avec la métropole, sous pavillon national » (H. Blet) ; application simple et logique de l'économie mercantile. Il n'en existait pas d'autre, avant que s'imposât cette *rara avis* que l'on nomme libéralisme économique.

Le Roi et les ministres s'intéressaient surtout aux territoires à rentabilité immédiate, les Antilles en premier lieu : Martinique, Guadeloupe, Saint-Domingue. En 1740, ces dernières comptaient environ 310 000 âmes, dont quelque 250 000 esclaves noirs. La nécessité – économique – d'une main-d'œuvre africaine reliait le système caraïbe au Sénégal, à Gorée et indirectement à Nantes où la Traite (avec 10 000 Noirs transportés d'Afrique aux Antilles en 1751) formait le cinquième de l'armement.

Deux colonies, éloignées et contrastées, eurent en commun d'alimenter des controverses à la Cour et à la

Ville, et de susciter jalousie et hostilité des Anglais. Il s'agissait, à l'Orient lointain, des comptoirs de l'Inde ; au Ponant, du Canada.

À Pondichéry, Dupleix, gouverneur général pour la compagnie des Indes depuis 1742, a résisté victorieusement à l'amiral anglais Boscawen pendant les dernières semaines de la guerre de succession d'Autriche. Sa dispute avec La Bourdonnais, gouverneur des îles Mascareignes et homme de mer, lui a fait mesurer la fragilité des appuis maritimes en un pays si éloigné de la métropole et d'ailleurs surclassé par les vaisseaux britanniques. Dès 1748, Dupleix a fait le raisonnement suivant : Le Roi et la Compagnie attendent de nous des profits. Mais ici, pas de profit sans sécurité ; pas de sécurité sans l'active complicité des princes de l'Inde. Négligeant les remontrances des directeurs métropolitains, Dupleix anima une « politique pour le commerce », opposée à la devise mercantile du « commerce sans politique ». Cette stratégie fut bientôt synonyme d'expansion : elle conduisit à contrôler de vastes territoires ; mais la Compagnie en avait-elle les moyens ? Son armée ne dépassait pas 2 000 hommes, avec il est vrai une artillerie opérationnelle, et aussi des cipayes valeureux et des cavaliers indigènes. En 1751, aidé de princes alliés ou vassaux, Dupleix put imposer au Dekkan et au Carnatic une sorte de protectorat français. Il regroupait environ trente millions d'âmes.

Ce ne fut qu'un château de cartes, car les entreprises françaises entraînèrent sans tarder une rude et efficace riposte anglaise. Malgré son courage, Dupleix le visionnaire fut défait. Paris s'empressa de le remplacer. À la fin de 1754, Godeheu, son successeur, traitait avec le gouverneur britannique : la France renonçait à sa politique d'impérialisme indirect.

Le *Canada* était un monde très différent. Il était insuffisamment peuplé : 23 000 habitants en 1713, moins de 70 000 en 1763 ; alors que les treize colonies anglaises d'Amérique comptaient déjà environ 300 000 colons dès la paix d'Utrecht. Et pourtant ce Canada français couvrait d'immenses espaces : le bassin du Saint-Laurent, la région des Grands Lacs, enfin un Far West sans limites ; théoriquement soudés à la *Louisiane* (du nom de Louis XIV), c'est-à-dire au bassin moyen et inférieur du fleuve Mississipi. Le Canada, colonie de la Couronne, était une terre de peuplement, mais aussi une « colonie chrétienne » préoccupée par l'évangélisation, riche en missions. Son nom la reliait au royaume : *la Nouvelle-France.*

Malgré leur supériorité démographique, les treize colonies anglaises avaient le sentiment d'être encerclées, coupées de l'ouest du Nouveau Monde. C'est ainsi qu'en pleine paix des colons britanniques prétendirent reculer les frontières de leur récente acquisition, l'Acadie. Pendant la guerre, les Anglais s'emparèrent de Louisbourg en 1745, ne le rendirent qu'à la paix.

Le traité d'Aix-la-Chapelle (1748) ne pacifia pas la frontière. C'est pourquoi, las des entreprises britanniques dans le bassin de l'Ohio, le nouveau gouverneur du Canada y fit bâtir le fort Duquesne (1752). S'ensuivit la construction rivale – par Washington, officier virginien – d'un fort Nécessité. Mais surtout, la tension augmenta avec le meurtre difficilement excusable d'un parlementaire français, M. de Jumonville. Il fut bientôt vengé par son frère Villiers, qui contraignit Washington à faire amende honorable et à capituler (1754).

La frontière anglo-française d'Amérique était devenue une poudrière ; d'ailleurs, au début de l'année 1755, le cabinet de Londres se préparait à la guerre à peu près au grand jour. En avril, il donna à l'amiral Boscawen une mission impitoyable : s'embosser au large du Saint-Laurent et arraisonner tous navires français venant de haute mer, vaisseaux de guerre ou transports de troupes. En cas de refus, les bâtiments récalcitrants seraient pris ou coulés. Sur une division de cinq vaisseaux de ligne envoyés par Louis XV vers Québec, deux furent pris le 10 juin par l'escadre de Boscawen. Cet acte de piraterie n'était que la préface d'un plan général d'invasion du Canada, découvert à la même époque près de fort Duquesne : pendant le blocus du Saint-Laurent, la Nouvelle-France devait être attaquée, sans déclaration de guerre, par quatre corps de troupes britanniques ! La France, à bout de patience, adressa un ultimatum à

Londres. Son rejet, le 13 janvier suivant, équivalait à l'état de guerre.

L'affrontement, au début, nous fut assez favorable. Au Canada, à peine débarqué, le marquis de Montcalm accumula les succès. En Méditerranée – grande audace de Louis XV ! –, La Galissonnière appareillait de Toulon, le 10 avril 1756, à la tête de douze vaisseaux et cinq frégates. Cette escadre assurait la protection de 176 bâtiments transportant 12 000 hommes aux ordres du maréchal de Richelieu que secondait le comte de Maillebois. Il s'agissait de prendre Minorque aux Anglais. Le débarquement en cette île se fit le 18 avril et Richelieu progressa assez aisément en direction de Port-Mahon. L'opération était protégée par La Galissonnière, en croisière à proximité conformément à ses instructions.

Le 20 mai, l'amiral anglais Byng se présenta dans les eaux de Minorque. Son escadre était exactement comparable à celle des Français, mais ni Byng ni La Galissonnière n'avaient pour mission de rechercher une bataille rangée : le premier amenait des renforts et vit qu'il ne pourrait les débarquer ; le second devait économiser ses vaisseaux, pour couvrir M. de Richelieu et le ramener à Toulon après conquête de l'île. La rencontre, « qui immortalisa La Galissonnière, ne fut [donc] qu'une assez modeste canonnade » (M. Vergé-Franceschi). Byng fit retraite dès la fin du combat. Il paya de sa vie son manque d'initiative et de courage, car le roi d'Angleterre n'avait rien d'un prince libéral. Au contraire, si La Galissonnière n'était mort à Nemours, sur le chemin du retour, il aurait reçu de Louis XV un bâton de maréchal tout prêt.

Cependant Richelieu, après avoir occupé Port-Mahon et assiégé six semaines le redoutable fort Saint-Philippe, emporta ce dernier d'assaut le 28 juin, obtenant le lendemain la capitulation de l'île. Minorque nous fut utile en 1763, comme monnaie d'échange, mais les Anglais ne nous pardonnèrent pas de sitôt cet affront maritime et terrestre. À Paris, au contraire, la chute de Mahon avait provoqué une « grande joie » ; paraissait « une nouvelle bien importante pour la nation » (Barbier), rien ne valant les victoires pour susciter ou ranimer le patriotisme guerrier.

La guerre de sept ans

Le conflit entraîné par la succession de Pologne avait valu au cardinal de Fleury la promesse du rattachement à terme de la Lorraine. Les combats de la succession d'Autriche n'avaient guère favorisé que la Prusse frédéricienne. La guerre de sept ans, elle, n'apportera au royaume que mécomptes et humiliations.

On l'a dite *inutile*. Était-elle évitable ? Évidemment non ! Au moment où elle éclate officiellement (Louis XV déclare la guerre à l'Angleterre le 9 juin 1756), elle dure, outre-mer, depuis quelque deux ans : nul ne pouvait y mettre un terme à vue humaine. En Europe, les événements se précipitèrent, qui entraînèrent la France en un second front, malgré qu'elle en eût. Certes, le premier traité de Versailles n'était que défensif, mais l'invasion de la Saxe par Frédéric II, à la fin d'août, conduisit tout naturellement au second traité d'alliance offensive franco-autrichien. Louis XV et Bernis avaient attaché le sort du royaume à un système d'équilibre continental excluant toute tentative d'hégémonie prussienne. Tant au point de vue politique que militaire, la bonne stratégie – liant les deux conflits – consistait pour la France, on le sait, à tenter de s'emparer du Hanovre, le fief des rois d'Angleterre.

Lorsque débutent en 1757 les premières opérations militaires sur le continent, la France fait illusion. C'est un grand royaume, riche et peuplé. Son armée dépasse en nombre celle de Marie-Thérèse, celle de Frédéric II, et bien entendu l'armée anglaise, même renforcée par les Hanovriens. Mais le nombre de soldats n'est qu'un paramètre entre plusieurs. L'armée de Frédéric II est bien plus homogène que celle de Louis XV ; reposant largement sur un recrutement national ; encadrée par une noblesse motivée ; commandée par de bons capitaines ; tous soumis au meilleur général du siècle, le roi de Prusse. Frédéric est l'héritier du chevalier de Folard et du comte de Saxe – double garantie ; il annonce la stratégie offensive de Napoléon ; il réunit en sa personne autorité politique et commandement militaire, accord heureux et rare que célébrera Clausewitz.

Du côté français, Louis XV n'a pas de chef d'état-major. Le maréchal de Noailles a pris ses distances ; le Roi se méfie du prince de Conti ; le ministre de la guerre Paulmy ne vaut pas son oncle Argenson ; c'est finalement Mme de Pompadour qui donne les conseils, en liaison avec Pâris-Duverney, maître de la logistique. Lorsque Belle-Isle (1758-1761) puis Choiseul hériteront du département de la guerre, ils n'auront pas loisir de tout réformer, soumis qu'ils seront à l'événement.

Nous avons trop d'officiers généraux (c'est une mauvaise habitude héritée de Louis XIV) ; trop de maréchaux au talents inégaux (seul le duc de Broglie subit une défaite mais compta trois victoires). Richelieu, « génie brillant et audacieux » (Voltaire), s'est emparé de Mahon, a conquis le Hanovre – en le pillant quelque peu –, obtenu la capitulation de Cumberland à Closterseven, mais il déteste d'Estrées (le vainqueur de Hastenbeck) qui le lui rend bien. Quant à Soubise, il ne supporte pas d'avoir à obéir à d'Estrées. Après Hastenbeck, le comte de Maillebois, chef d'état-major, critiquera d'Estrées, son chef direct. Les deux frères Broglie, le duc et le comte, se détestent ; Contades et Broglie s'accusent l'un l'autre ; Broglie et Soubise ne veulent pas se réunir pour engager la bataille ensemble, etc.

Les soldats sont loin de la discipline jadis imposée par le maréchal de Saxe ; l'armée compte trop de passe-volants (soldats fantômes) et trop de miliciens (braves gens ni formés, ni bien encadrés).

Le patriotisme n'est plus toujours de mise. En pleine guerre, Voltaire ne se gêne guère pour correspondre avec notre ennemi le roi de Prusse : ils se moquent ensemble des mésaventures du maréchal de Soubise ! Au reste, en ce temps, le patriotisme se distingue parfois mal du loyalisme monarchique. Or ce dernier est devenu si faible, si ténu qu'on le devine à peine. On le vit bien le 5 janvier 1757 – et dans les semaines qui suivirent –, lorsque le Roi fut agressé à Versailles, à coups de canif par un nommé Damiens, régicide malhabile. « On a remarqué à Paris, nota le marquis d'Argenson, que les bons bourgeois ont marqué beaucoup de douleur de cet attentat, mais que *le peuple est resté muet.* »

Dans de pareilles conditions, on comprend l'évolution décevante d'une guerre que tant de querelles personnelles firent parfois tourner à l'absurde. Après la bataille de Hastenbeck (26 juillet) et la capitulation de Closterseven (8 septembre), la partie semblait gagnée. Plutôt que perdre à jamais le Hanovre, le roi d'Angleterre pouvait être amené à conclure une paix séparée. Hélas pour Louis XV, Frédéric II, négligeant le Hanovre, fonça vers la Saxe et défit sans grande peine à Rossbach [1] une armée coalisée, mal préparée et mal encadrée. Sous le commandement du prince de Soubise se côtoyaient les contingents des Cercles (armée de l'Empire, non de l'Empereur) et de régiments français bien moins opérationnels que ceux du maréchal de Richelieu. Rossbach avait eu lieu le 5 novembre ; un mois plus tard, le roi de Prusse l'emportait sur les Impériaux (armée de l'Empereur). Le roi d'Angleterre en fut tout soulagé : il s'empressa de déclarer caduque la capitulation de Closterseven.

Au début de mars 1758, le maréchal de Belle-Isle devint secrétaire d'État de la guerre. C'était un homme de grande valeur, un soldat couvert de gloire ; l'opinion en attendait beaucoup. Mais la tâche était presque surhumaine. Le nouveau ministre voulait à la fois contrôler la stratégie et améliorer les armées : il fallait veiller à la campagne d'Allemagne, améliorer les défenses côtières, faire des

1. Près Leipzig.

économies, supprimer des postes parasites, améliorer le recrutement, l'encadrement, la discipline et la condition du soldat. Belle-Isle s'y lança avec hardiesse.

En face, Frédéric II, maître de la Silésie et de la Saxe, contenait les assauts des Russes et des Impériaux. William Pitt avait fait remplacer Cumberland par Ferdinand de Brunswick. Ce dernier contraignit les troupes du comte de Clermont à reculer jusqu'au Rhin, et les défit à Crefeld le 23 juin. En même temps, en Normandie et surtout en Bretagne, les Anglais tentaient de débarquer : un harcèlement incessant.

À la colonie, ce fut pire. En 1758 nous perdîmes Saint-Louis du Sénégal, Gorée ; et au mois de juillet Louisbourg, porte du Canada. À la fin de l'année, le premier soin de Choiseul-Stainville – remplaçant Bernis aux affaires étrangères – fut d'obtenir de Vienne un troisième traité d'alliance, plus restrictif, permettant à la France de concentrer avant tout ses efforts dans l'affrontement colonial avec l'Angleterre. Pourtant, le pire était encore à venir.

1759 : l'année terrible

Le Roi est dépassé. – Au milieu exact de ce que le duc de Croÿ nomme une guerre « presque sans sujet » – entendons la guerre de sept ans –, Louis XV se montre tel qu'en lui-même. Lent à réagir contre la subversion intérieure : le parlement de Besançon est en révolte ouverte au moins depuis le 9 août 1758 ; il n'est vraiment sanctionné qu'entre janvier et mars de l'année suivante. Huit autres parlements, prônant une imaginaire « union des classes » (tous les parlements de France n'en auraient fait qu'un, avec vocation de contrôler le pouvoir législatif), ayant soutenu la rébellion de la Franche-Comté, le Roi se contente – ou presque – de les réprimander le 8 avril ! Ce n'était qu'un début. Les refus de sacrements se poursuivent. Or, au lieu de les interdire une fois pour toutes – au nom de la raison, du bon sens, de la tolérance et de la charité chrétienne additionnés – Louis XV fait revenir d'exil l'archevêque de Paris, parrain de ces sottises.

Le conseil d'en haut est pauvre en talents ; il n'a que deux hommes forts, Belle-Isle et Choiseul. Au lieu de l'étoffer vraiment, le Roi ne trouve à y introduire, le 18 février, que son ami le maréchal de Soubise, déconsidéré depuis Rossbach... L'opinion publique se fait critique et ombrageuse ; elle est surtout parisienne ; il conviendrait d'amadouer la véritable capitale, de reconquérir Paris ; or c'est le moment choisi par le souverain pour faire construire à Versailles (non à Paris) un ministère de la guerre tout neuf, hautement utilitaire !

La guerre pourtant continue, « presque sans sujet » en Europe où Broglie gagne une bataille et Contades en perd une ; désormais décisive sur mer, cruciale à la colonie.

De toute l'année aucun navire de la marine royale ne peut amener le moindre renfort en Nouvelle-France. La Martinique a échappé aux Anglais ; non la Guadeloupe, provisoirement perdue. Le marquis de Montcalm est mort le 14 septembre, Québec est tombé le 18. Le Canada est à coup sûr déjà presque perdu. Les nouvelles des Indes, moins précises et fort lentes à venir, font état des difficultés et des échecs de M. de Lally. Et voilà que, lorsque l'année s'achève, Louis XV et le royaume se retrouvent dépourvus de marine.

La destruction de ce corps – que jadis Louis XIV, Colbert et Seignelay avaient porté au premier rang dans le monde – se fait en deux temps. À la mi-août, à hauteur de Lagos, l'amiral anglais Boscawen écrase notre escadre du Levant, mal commandée par M. de la Clue-Sabran. Puis, en novembre, au large cette fois de Belle-Île, c'est le maréchal de Conflans, vice-amiral, qui est défait par Hawke. Comme son glorieux homonyme de La Hougue, le *Soleil Royal*, superbe vaisseau de 80 pièces de canon, brûle lamentablement. Nous avons perdu maintenant, par ce désastre dit des Cardinaux, la grande escadre du Ponant, qui était destinée à soutenir un débarquement en Angleterre. Ces échecs, ces malheurs accumulés ne peuvent, bien sûr, laisser le Roi indifférent.

Mais Louis XV, s'il est patriote, n'a ni la lucidité, ni l'énergie, ni la volonté obstinée de Louis XIV. Il marque son intérêt pour les armées par deux mesures ponctuelles : le 10 mars, en créant l'ordre du *mérite militaire*, imité de celui de Saint-Louis mais destiné, celui-ci, aux officiers protestants au service de la France (pourquoi n'y avoir pas songé quatorze années plus tôt à la grande époque du comte de Saxe ?) ; le 18 décembre, en faisant maréchal l'habile duc de Broglie.

Au reste, heureuse ou décevante, rien ne coûte aussi cher que la guerre. Maurice de Saxe l'a dit et répété,

Louis XV en a l'expérience. Dans le cas présent, il ne craint pas de recourir aux moyens extraordinaires. Imitant les décisions de son bisaïeul (1689 et 1709), le Roi envoie à l'hôtel des monnaies, le 26 octobre, sa vaisselle d'or et d'argent, incitant ses sujets fortunés à suivre cet exemple. Cependant rien de plus assuré que les moyens traditionnels, ceux de la fiscalité de guerre. Jamais le royaume n'eut si besoin d'un ministre compétent, d'un argentier efficace. Or, aujourd'hui, même inquiet, même averti, Louis XV ne parvient pas à se faire une raison. En cette année d'immense péril, où rien ne remplacerait la stabilité, où rien ne devrait mettre en cause la continuité (fût-ce avec un décideur médiocre), la France voit se succéder trois contrôleurs généraux. Jusqu'au 4 mars, le ministre se nomme Boullongne. À cette date le Roi lui donne pour successeur au Contrôle le sieur Étienne de Silhouette ; le 21 novembre, M. de Silhouette en disgrâce cède la place à Bertin.

Cette insupportable bougeotte ministérielle, qui ronge le pouvoir royal, affaiblissant le principe monarchique, ne pouvait échapper à l'opinion française et étrangère. Les dirigeants anglais s'en faisaient une joie chronique. En ses *Mémoires*, le président Hénault, ami de la Reine, écrit avec bon sens : « C'était un spectacle fort amusant. M. de Séchelles avait quitté pour sa mauvaise santé. Son gendre Moras lui succéda ; il eut encore la marine pardessus le marché, et il décampa. M. de Massiac ne fit qu'apparaître dans la marine ; *tout cela n'était qu'un sable mouvant.* Sommes-nous en terre ferme ? M. Berryer à la marine, et M. Silhouette aux finances (1759) ? Et ce qui est à remarquer, c'est que, excepté MM. Orry et de Breteuil, tous ces hommes-là vivent encore, et qu'il n'y a pas de prince en Europe qui ne dût nous les envier. »

Ce Silhouette, au nom aujourd'hui trompeur, n'avait rien du figurant ridicule. Il fut bien reçu du peuple, détesté des privilégiés abusifs. Suscité par lui, l'édit du 20 septembre établissait une *subvention générale*, impôt unique et universel rêvé par Vauban ; mais, deux mois plus tard, inquiet des réactions des grands, des nobles et des robins, Louis XV remerciait un réformateur trop hardi, apparemment tombé dans le même piège que Machault d'Arnouville.

Comme si tant de déboires n'avaient pas suffi à marquer l'an 1759 de leur empreinte, il fallut que le Roi, le 31 décembre, contribuât au dangereux courant dit de *réaction nobiliaire* : il imposa un règlement rendant plus difficile à la noblesse moyenne l'accès aux honneurs de la Cour. Désormais, pour être présenté au Roi et à la famille royale, monter dans les carrosses de Sa Majesté et l'accompagner à la chasse, on devra prouver une noblesse pure, remontant au moins à l'an 1400 ! Seuls les ministres et leurs descendants directs éviteront un tel barrage. De quoi faire sourire la marquise de Pompadour.

La paix

Lorsque débute l'année 1760, le roi d'Angleterre George II et son ministre Pitt ont toutes les raisons d'être optimistes : ils ont mis la main sur la Guadeloupe, tenu en échec Lally et les troupes françaises aux grandes Indes, pris Québec. Ils savent que le Canada ne pourra résister longtemps à leurs coups de boutoir. Ils ont provisoirement perdu Minorque mais ont mesuré la force de Gibraltar, leur irremplaçable point d'appui méditerranéen. À la mort de George II, le 25 octobre, la situation reste mouvante et incertaine sur le continent – les Français ont tout de même vaincu Ferdinand de Brunswick à Corbach (10 juillet) et à Clostercamp (16 octobre) ; les Russes sont entrés à Berlin le 9 octobre –, mais l'Angleterre triomphe outre-mer. La capitulation de Montréal, le 8 septembre, marque la fin de toute résistance en Nouvelle-France. Pondichéry est assiégé depuis le 15 août. Sa chute n'est qu'une question de semaines, pense-t-on à Londres.

1761 est une année décisive. Le nouveau roi d'Angleterre, George III, petit-fils de George II, se sent totalement britannique ; il n'est presque plus hanovrien, donc bien moins affecté par les problèmes continentaux. Sa préoccupation première concerne marine et colonies. À cet égard, les événements ont tout lieu de le satisfaire. Il faudra nombre d'années à la France pour reconstituer une flotte de combat redoutable. En outre, Pondichéry a dû capituler le 15 janvier, après une résistance de cinq mois

En février, c'est Mahé qui tombe. Au mois de juin, marins et soldats britanniques s'emparent en France de Belle-Île ; aux Antilles, de la Dominique. Lorsque William Pitt démissionne, le 5 octobre, le jeune roi d'Angleterre n'a plus aucune raison d'intensifier la guerre, ni même de la prolonger.

En Allemagne, les généraux de Louis XV continuent de se chamailler, comme ils en ont pris l'habitude en 1757. Soubise et le maréchal de Broglie sont particulièrement nerveux ; cela n'arrange pas le moral des armées. Cependant Choiseul – qui hérite des départements de la guerre et de la marine – n'a abandonné le ministère des affaires étrangères qu'après avoir signé, le 15 août, le fameux Pacte de Famille, réunissant pour une politique commune les princes capétiens souverains en France, en Espagne, à Naples et à Parme. C'était, dans l'esprit de Choiseul, une garantie de paix, car ce grand seigneur à la formation militaire faisait en ce temps passer la raison avant son patriotisme foncier. À ses yeux, la meilleure manière de préparer la revanche du royaume sur l'Angleterre était d'éviter la prolongation, inutile et peut-être dangereuse, de l'interminable conflit. L'événement de 1762 confirma ses craintes : l'Espagne, entrée en guerre pour nous aider, perdit très vite Cuba et Manille, et nous, la Martinique. Ces déconvenues engagèrent la France à accepter les préliminaires de paix de Fontainebleau (3 novembre 1762), puis le douloureux traité de Paris du 10 février suivant.

Dans l'espace caraïbe, le royaume de Louis XV abandonnait la Dominique, la Grenade, Saint-Vincent, Tabago ; récupérant heureusement Guadeloupe et Martinique. Sur le continent nord-américain, la France cédait ses immenses territoires : Canada, Cap-Breton, vallée de l'Ohio, rive gauche du Mississipi, une aubaine pour l'Angleterre et ses colons. Elle faisait don de la Louisiane à l'Espagne pour la consoler de l'abandon de la Floride. Nous gardions Saint-Pierre et Miquelon, lestés d'un droit de pêche sur les bancs de Terre-Neuve. Ailleurs, les conditions étaient aussi rudes. Pour reprendre Belle-Île, nous rendions Minorque. En Afrique, on nous restituait Gorée mais non le Sénégal.

En Inde, nous récupérions seulement cinq anciens comptoirs : Chandernagor, Yanaon, Pondichéry, Karikal et Mahé.

Cinq jours plus tard était signé le traité de Hubertsbourg. Le *statu quo* appliqué au continent européen consacrait pour Marie-Thérèse l'abandon de la Silésie; pour Frédéric de Prusse, l'entrée de son royaume dans le club envié des grandes puissances militaires.

Il est de tradition de pleurer à chaudes larmes lorsque se trouve évoqué le traité de Paris, mais Louis XV avait fait son possible, naguère, pour défendre la Nouvelle-France, victime de la faiblesse (et des tribulations) de notre marine de guerre, de la nécessité de financer l'entretien dispendieux de grandes armées en terre d'Empire, et surtout du décalage entre sa population – clairsemée – et celle des treize colonies anglaises, ses voisines. S'il s'agissait de pleurer, le Bien-Aimé l'avait fait dès l'annonce de la chute de Québec.

En 1763, ni la marine française, ni les armées du Roi n'auraient eu les moyens financiers, matériels et humains indispensables pour une hypothétique reconquête du Canada. Mieux que Louis XV pourtant, Frédéric II tira sans tarder les leçons de la guerre. Les Français, écrivit-il, n'auraient jamais dû « se mêler des troubles de l'Allemagne. L'espèce de guerre qu'ils faisaient aux Anglais était maritime; ils prirent le change et négligèrent cet objet principal, pour courir après un objet étranger qui proprement ne les regardait pas ». Ce fut trop d'un si vaste double front. L'intervention continentale avait coûté très cher. Les écoles de généraux prétentieux « qui se croyaient des Turenne » firent le reste; Maurice de Saxe n'était plus là pour forcer le destin.

Cela dit, en termes d'économie la Martinique et la Guadeloupe rapportaient plus que tout le Canada. Saint-Domingue, que marins et colons avaient su défendre et conserver, produisait le meilleur sucre du monde. Le total de ses Antilles faisait de la France le plus grand exportateur de sucre du siècle. Même les droits conservés sur les pêches de Terre-Neuve avaient de l'importance : les

Anglais ne tardèrent pas à regretter une dynamique concurrence.

Les contemporains n'ont pas eu de la paix de 1763 la vision tragique qui sera entretenue par l'historiographie nationale. Un homme aussi intelligent et attentif que le duc de Croÿ a négligé d'en faire le moindre commentaire en son *Journal.* L'effort financier des grands corps intermédiaires pour aider Choiseul à refaire la marine royale [1] montre deux choses. Si étonnant que cela puisse sembler, un patriotisme avait survécu dans le royaume aux déconvenues des armées du Roi. Et, d'autre part, ce n'est pas un pays ruiné qui se résolvait à la paix, mais un pays riche, entreprenant, obligé de *céder provisoirement* à son rival britannique *la première place dans le monde.*

1. Cf. *infra*, le chapitre intitulé *Les Choiseul.*

Une France dynamique

L'abbé de Véri, qui n'aimait pas Louis XV, nous a laissé d'*une France malgré-le-Roi* un portrait largement positif. « Nul pays sur le globe, de cette étendue, écrit-il, n'a autant d'hommes, de richesses et de denrées, d'industrie en manufactures, de circulation intérieure et de commerce au dehors. » Le contexte nous montre qu'il plaçait pourtant avant celle du royaume de France l'industrie britannique. (En 1789, nous aurons retrouvé la première place européenne pour l'économie, comme pour la puissance militaire, et Véri l'observera peut-être, lui qui vivra jusqu'en 1799.)

« Je regarde, continuait Véri, le règne de Louis XV comme l'époque la plus heureuse de notre histoire. » Or ce mémorialiste, en ses jugements, ne faisait point abstraction des guerres. L'exemple de la guerre de sept ans lui paraît flagrant : « Pendant tout ce temps-là, les denrées ne diminuèrent point de valeur ; l'affermage des terres et des vignes augmenta graduellement comme en temps de paix, et les paysans fermiers payèrent exactement. Je fis annuellement ces observations sur mes propres possessions et sur celles de mes voisins. »Véri pense que cette guerre avait porté dans le Saint Empire « plus de cent millions pour les armées », mais que « la supériorité du commerce rapporta toutes ces sommes en France ». Seuls les hommes de réflexion et les personnes bien informées pouvaient en juger : Véri remarque que ces réalités n'empêchaient pas le peuple de se plaindre, ni les plumitifs de se faire l'écho de leurs plaintes.

Suivait ce résumé, qui échappa sûrement à Jules Michelet comme à Ernest Lavisse : « Jamais la France n'a été si riche et si abondante en toutes sortes de *manufactures*, si ornée par la foule de ses *savants*, si *bien cultivée* dans les campagnes et *si peuplée* en habitants que sous le règne de Louis XV. » En 1763, la révolution industrielle n'ayant pas commencé outre-Manche, les manufactures de France rivalisaient sans peine avec leurs concurrentes anglaises. Chez nous, les ateliers petits et moyens étaient surtout nombreux, mais les industries de pointe connaissaient déjà une concentration croissante, indice de modernité. On observait aussi des concentrations mixtes : par exemple, à Abbeville, les Van Robais, toujours aussi dynamiques, employaient dans leurs grands ateliers quelque 1 800 ouvriers, mais 10 000 artisans à domicile faisaient partie de leur mouvance.

Nos campagnes, que Véri trouvait si bien cultivées, intéressaient désormais les agronomes, ainsi que les « économistes » connus plus tard sous le nom de *physiocrates*. Ces derniers se faisaient connaître par leurs écrits : *L'Ami des Hommes* par le marquis de Mirabeau (1756), *Tableau économique* par le docteur Quesnay (1758). Ils influencèrent le contrôleur général Bertin, à qui le Roi s'apprêtait à confier un cinquième poste de secrétaire d'État (inédit), le 14 décembre 1763. L'honnête Bertin, que les plaisants vont surnommer « le petit ministre », fut en somme – si l'on oublie de compter Sully – le premier en date des ministres de l'agriculture. Déjà, un arrêt du Conseil du 1er mars 1761 avait créé en France une « société royale d'agriculture », avec bureaux à Meaux, Beauvais, Paris et Sens. Cet intérêt des pouvoirs publics envers les campagnes ne doit pas faire croire à une modernisation générale des modes et méthodes de culture, mais il est évident qu'il fut un élément moteur non négligeable.

L'abbé de Véri est frappé par l'importance de la population et ses progrès. Il est sûr qu'« il n'y a richesse que d'hommes » et que c'est un élément de force pour la

France d'être trois fois plus peuplée que l'Angleterre. Mais la démographie, sous Louis XV, n'en était qu'à ses balbutiements. L'accroissement de la population française – 24 600 000 âmes vers 1740, 25 700 000 environ en 1760 – était moins rapide que celui de la Russie, celui de la Suède et même celui de la Grande-Bretagne.

Le *Journal* de Véri souligne avec raison « un autre bienfait inestimable..., fruit du règne de Louis XV : c'est la sûreté des villes et des routes. Sept ou huit cents hommes dans Paris, sous le nom de guet, et 3 700 cavaliers de la maréchaussée répandus dans les provinces, font la sûreté des chemins et des rues... Nul bienfait domestique ne vaut celui de la sécurité domestique : sachons en jouir et en rendre grâces à l'autorité publique... ».

Avec un mépris pour « la canaille » vraiment égal à celui d'un Voltaire, Véri oublie de vanter les progrès réels de l'instruction publique sous ce règne. L'étude systématique des signatures sur les registres paroissiaux permet aujourd'hui de les mesurer. L'instruction des filles, notamment, comble une partie de son retard – surtout grâce à l'Église et aux fondations pieuses –, tandis que l'éducation de la Vierge par sainte Anne est devenue un thème pédagogique favori des retables.

Par contre, le *Journal* de l'abbé n'a pas tort d'évoquer « la foule des savants ». Seule la *Royal Society* de Londres pourrait rivaliser, par exemple en 1763, avec l'académie des sciences à Paris. Y figuraient alors les mathématiciens Bezout, Daniel Bernouilli, Borda, d'Alembert ; les naturalistes Buffon et Daubenton ; le géodésien et naturaliste La Condamine ; le botaniste Jussieu ; l'astronome, géographe et cartographe Cassini de Thury ; l'inventeur et mécanicien Vaucanson ; l'économiste Quesnay ; le chirurgien Tenon ; l'ingénieur naval et agronome Duhamel du Monceau.

Il est regrettable que Véri ait négligé de citer les embellissements des villes, la richesse des ports atlantiques – surtout Bordeaux et Nantes –, de nous faire pénétrer dans les académies d'art. À l'académie royale de peinture et de sculpture, vous rencontreriez Pierre, Dumont le Romain, Van Loo, Nattier, Cochin, Natoire, Chardin, Lemoyne,

Pajou, Tocqué, La Tour, Coustou, Pigalle, Vernet. À l'académie d'architecture : Gabriel, Coustou, Blondel, Perronet, Soufflot. Tant il est vrai qu'en France, alors, la richesse des talents complète la richesse tout court.

On dirait que le royaume, sur son territoire continental épargné, n'a pas été vraiment éprouvé ni marqué par la guerre.

La persécution des jésuites

Soixante ans seulement, deux générations d'hommes, séparent la bulle *Unigenitus* (1713) – triomphe ambigu des molinistes acharnés contre Port-Royal – de l'abolition de la compagnie de Jésus par Clément XIV (21 juillet 1773). La roche Tarpéienne est près du Capitole. Entre ces deux dates, la persécution des jésuites dans la France de Louis XV joua un rôle décisif. La chronologie en témoigne : le Très-Chrétien signa en novembre 1764 l'ordonnance supprimant dans son royaume la compagnie de Jésus, suivi en 1767 par le Roi Catholique et le roi de Naples, en 1768 par le duc de Parme. Le *Pacte de Famille* a connu une application contestable et paradoxale, réunissant dans une mesure anticléricale les nations méditerranéennes de la contre-Réforme.

En cette affaire, Louis XV « s'est incliné devant la volonté des parlements » (J. de Viguerie), alors que, deux ans plus tard, lors de la *Flagellation*, il trouvera la force de les morigéner. Le Roi, parlant des religieux sanctionnés, n'a pas craint de dire : « Je les renvoie contre mon gré » ; il a craint de venir au secours d'une compagnie jouant dans son royaume un rôle capital. Les jésuites de France étaient 3 500, répartis en 150 établissements. Leurs 85 collèges étaient, à juste titre, considérés comme les meilleurs – malgré la concurrence des oratoriens et des doctrinaires. Ils entretenaient l'humanisme chrétien. Ils cultivaient l'humanisme tout court : Voltaire et Diderot comptaient parmi leurs anciens élèves. Ils animaient des confréries, catéchisaient, s'occupaient d'apologétique, éditaient les *Mémoires de Trévoux*, avaient en charge près de trente séminaires diocésains. Depuis leur apparente victoire sur le jansénisme, ils semblaient irremplaçables.

Les ennuis de la Compagnie avaient débuté à l'étranger. Le marquis de Pombal les avait fait chasser du Portugal en septembre 1759. Ce geste réjouit les « philosophes » français; il n'avait pourtant nulle attache avec les idées nouvelles. Pombal avait obéi aux impératifs du *régalisme* : il trouvait que la société de Jésus était devenue comme un État dans l'État, lui reprochait de recevoir des directives de Rome; il était irrité par les jésuites du Paraguay, reproches vivants en face des colonisateurs du Brésil. Quoi qu'il en soit, le précédent portugais fut vite connu en France, médité et commenté par les *longues robes* à travers des parlements majoritairement gallicans et souvent jansénistes.

Survint la malencontreuse affaire La Valette. Le supérieur des missions antillaises, le P. de la Valette, ayant pris trop de risques dans un négoce colonial, se trouva en cessation de paiement en 1760. Ses principaux créanciers portèrent plainte et les juges consuls de Marseille considérèrent que la société de Jésus était engagée dans l'affaire, donc solidaire de la dette. Les jésuites eurent l'imprudence, au lieu de payer discrètement, de faire appel. Le résultat ne se fit guère attendre. Le Parlement condamna les jésuites et profita de l'occasion pour se faire remettre les *constitutions* de la Compagnie afin de les soumettre à un examen critique. Les parlements de province ayant fait de même, ce fut à qui dénoncerait les atteintes portées, par l'institut des fils de Loyola, aux libertés gallicanes, et l'on vit fermer peu à peu des dizaines de collèges. À la limite, l'édit de novembre 1764 ne fut pas le sommet d'une escalade, mais une conclusion relativement tempérée après trois ans de harcèlement systématique.

Le Roi, nous l'avons dit, laissa faire à contre-cœur. La Reine, Mesdames et le Dauphin étaient dans le camp des religieux persécutés. Les Choiseul, dont ce n'était pas l'affaire, avaient au contraire pris parti contre les jésuites, un peu par philosophie, un peu par solidarité nobiliaire (des passerelles invisibles commencent à rapprocher la Robe et la noblesse de cour), et surtout pour y gagner la sympathie ou au moins la neutralité des parlements. L'affaire des jésuites a rapproché les jansénistes des philosophes, alliance illogique et dangereuse qui va se prolonger jusqu'au temps de la Révolution.

Le renvoi des jésuites – ils seront accueillis en Prusse et en Russie – atteignit l'Église de France, non seulement dans ses privilèges mais dans sa vitalité et son rayonnement. Louis XV aurait mieux fait d'écouter son fils le Dauphin, plutôt que Choiseul et Mme de Pompadour. Même sans consulter, il eût dû méditer sur les conséquences structurelles de l'union du Trône et de l'Autel. Depuis Bossuet, depuis que théologiens et juristes ont laissé se mêler la notion de monarchie absolue et celle de droit divin, le Roi était condamné à être solidaire de l'Église. (Au fond, la chose est beaucoup plus ancienne, ainsi qu'en témoignent les serments solennels du sacre.) Diminuant l'Église de France, le renvoi des jésuites ne pouvait qu'affaiblir la royauté, ou du moins la monarchie. Il est d'ailleurs évident – Jean de Viguerie le souligne avec raison – que, dans la triste affaire des jésuites, Louis XV s'est, dans la meilleure hypothèse, conduit « en roi constitutionnel et non en Roi absolu ».

Madame de Pompadour s'efface

Commencée sous le signe de la musique (le jeune Mozart a composé à Paris deux sonates pour clavecin et violon dédiées à Madame Victoire, fille de Louis XV), l'année 1764 fut marquée, en avril, par le *Dies irae* chanté mélancoliquement à Notre-Dame de Versailles devant le cercueil de la meilleure amie du Roi. Ce dernier, obéissant à l'étiquette, n'avait pu se déplacer ; il aperçut toutefois, de son balcon, le convoi funèbre de la Marquise – pour laquelle il avait ordonné une pompe « ducale » –, disant à son premier valet de chambre :

– *Voilà les seuls devoirs que j'aie pu lui rendre. Pensez, une amie de vingt ans !*

La liaison de Louis XV avec Mme de Pompadour remontait en effet à la mi-février 1745. Cinq ans d'amour parfait et quatorze ans d'amitié profonde faisaient au moins dix-neuf ans d'une complicité rare. « En général, écrivit le duc de Croÿ, elle fut regrettée, étant bonne et ayant fait du bien à presque tous ceux qui s'étaient adressés à elle. Ainsi finit *un des plus longs règnes qui se soient jamais vus.* »

Il est vrai que Louis XV, si désireux d'imiter Louis XIV, n'avait pas lu les sages réflexions écrites par son bisaïeul en marge des *Mémoires pour l'année 1667* : « Comme le Prince devrait toujours être un parfait modèle de vertu, il serait bon qu'on se garantît absolument des faiblesses communes au reste des hommes, d'autant plus qu'il est assuré qu'elles ne sauraient demeurer cachées. » Le temps consacré à l'amour est « pris au préjudice » des affaires publiques. On en pourrait dire autant, dans le cas du Bien-Aimé, du temps consacré à la chasse à courre. Mais l'amour est une occupation dangereuse, car les peuples ne peuvent s'empêcher de juger leur souverain, et l'indulgence ne prévaut pas toujours.

Surtout, si le Roi « abandonne son cœur », reste-t-il « maître de son esprit » ? Se rend-il pas vulnérable ? En effet, « on attaque le cœur d'un prince comme une place ». Or une favorite adroite « s'attache d'abord à éloigner tout ce qui n'est pas dans ses intérêts ; elle donne du soupçon des uns et du dégoût des autres, afin qu'elle seule et ses amis soient favorablement écoutés ». Le Roi-Soleil insistait sur ce thème, comme s'il avait deviné combien ses rapports avec Mme de Maintenon seraient délicats à régler : « Dès lors que vous donnez la liberté à une femme de vous parler des choses importantes, il est impossible qu'elles ne nous fassent faillir. »

À défaut de ces phrases pleines de sagesse, Louis XV aurait pu et dû méditer l'histoire du règne précédent. Ni Mlle de la Vallière, ni Mme de Montespan n'ont détourné leur amant du soin des affaires. Ni l'une ni l'autre n'ont orienté la politique. Quant à la marquise de Maintenon, plus tard, elle n'y parvint, avoua-t-elle, que trois fois en trente ans et d'ailleurs s'en repentit. On n'en saurait dire autant de Mme de Pompadour.

Ces réserves faites, on doit aussi se méfier des termes employés. Par exemple, ni Mme de Maintenon, ni la marquise de Pompadour ne justifient leur surnom, trop complaisamment usité, de « reines non couronnées ». Chez nous, en effet, la Reine jouit d'honneurs et privilèges qui ne pouvaient échoir à ces dames, la première en raison du caractère secret de son mariage, la seconde parce que la Reine – Marie Leczinska – était vivante. En France, la Reine doit avant tout assurer la descendance dynastique ; autre privilège interdit à Françoise d'Aubigné comme à la dame Le Normant d'Étiolles... En outre, sauf en cas de Régence, la reine de France n'est pas censée se mêler des affaires. Il a fallu la faiblesse de caractère du Bien-Aimé pour que soit accordé à la maîtresse cela même qu'on a (logiquement) refusé à la Reine.

Nos pères ont donc contemplé et jugé le spectacle irritant de trop de nominations et de renvois, indépendants parfois des besoins du royaume ou de la raison d'État, mais paraissant dictés par les humeurs volontiers capricieuses de la belle Marquise. Elle a fait choisir – ou monter d'un degré – sept ou huit ministres. C'est beaucoup, même si les choix paraissent heureux. Ce furent en 1750, Machault d'Arnouville (il était déjà en place au gouvernement); en 1757, Boullongne (le choix ne s'imposait pas); en 1757, le futur cardinal de Bernis; en 1758, Berryer et M. de Choiseul-Stainville; en 1759, Bertin; en 1761, Choiseul-Praslin (cousin éloigné mais complice de Stainville); en 1763, Maupeou le père. Le scandale, ici, ne réside pas vraiment dans la sélection effective, mais dans le fait que le Roi n'ait choisi qu'après avoir consulté son amie.

Si la favorite de Sa Majesté a facilité plusieurs importantes carrières, elle en a cassé d'autres et le royaume en a pâti. Avec une légèreté inouïe, Croÿ résume ainsi les disgrâces en question : « Elle n'avait jamais fait renvoyer que les trois ou quatre ministres qui avaient voulu la supplanter ou voler hautement de leurs propres ailes » ! La réalité est plus gênante. On a fait disgracier brutalement Maurepas en 1749. En 1757, ce sera le tour de deux hommes remarquables : l'excellent comte d'Argenson, et l'admirable Machault d'Arnouville (qui, apparemment avait cessé de lui plaire et qu'estimait fort Sa Majesté). L'année suivante, c'est le cardinal de Bernis, dont la faveur fut donc bien éphémère.

Croÿ – encore lui –, pourtant ami du Roi, a la naïveté de révéler l'importance politique de la Marquise, dévoilant par la même occasion la faiblesse du monarque. Pour ce grand seigneur, la disparition de Mme de Pompadour « était *presque le plus grand événement qui pût arriver en France*; d'un côté, il fallait *voir sur qui tomberait la confiance totale du Roi, car il fallait quelqu'un qui pût le déterminer* pour le choix des grâces et des emplois, et cela pouvait changer tout le système de la Cour. De l'autre, c'était elle qui avait fait et qui soutenait l'alliance de la maison d'Autriche. Ainsi cela pouvait mener à nous rebrouiller avec la reine de Hongrie et à nous procurer la guerre, malgré l'extrême besoin de paix ».

M. Michel Antoine n'hésite pas à faire de la Marquise « le mauvais génie » de Louis XV. Le mot nous semble excessif. On le remplacerait volontiers par égérie. Toutefois, pourquoi un souverain absolu aurait-il besoin d'une égérie ? Le roi Numa de la légende ne consultait Égérie que la nuit tombée, comme s'il avait redouté les sarcasmes de ses sujets. Pourquoi le chef d'une monarchie administrative aurait-il recours à une conseillère extérieure, alors que son Conseil passait à juste titre pour le plus compétent du monde ?

Par contre, la marquise de Pompadour a tenu un rôle heureux dans le domaine de la civilisation française et européenne. Elle n'aurait pas dû jouer les égéries, mais nul ne lui reproche d'avoir imité Mécène.

Mécène en falbalas

On a bien trop l'habitude de nommer mécénat toutes les formes de protection des sciences, arts et lettres. C'est oublier que Mécène était un riche particulier, non un homme d'État, et que l'empereur Auguste n'eut pas toujours besoin de Mécène pour parrainer la culture. C'est pourquoi nous avons été amené à créer le mot d'*augustat*. Dans le cas présent, deux protections parallèles sont observables – qui se recoupent quelquefois, notamment en matière d'architecture –, l'*augustat* de Louis XV, surtout intéressé par les sciences (encouragement à l'académie des sciences, à l'académie de marine qu'il fait royale, à l'académie de chirurgie qui est sa création ; expéditions scientifiques en Laponie ou dans les Andes, etc.) ; le *mécénat* de Mme de Pompadour, surtout orienté vers les belles-lettres et les beaux-arts.

Le Roi n'aimant pas les vers, le Roi se méfiant des hommes de lettres et détestant la « philosophie » – en 1760, il met son veto à l'élection académique de Diderot –, c'est tout naturellement que la Marquise devient protectrice officieuse de la littérature française. Elle est connaisseur, n'ayant pas attendu d'être admise à la Cour pour frayer avec des écrivains et hanter les salons intellectuels de la capitale. Le jeune abbé de Bernis lui a soufflé que c'est aux écrivains que Louis XIV dut son surnom de Grand.

Voltaire considère Mme de Pompadour comme de son parti, et s'il devient en 1746 historiographe de Sa Majesté et académicien, ce n'est pas le fruit du hasard. Cependant, lorsque l'écrivain s'expatrie, choisit la Prusse, est fait chambellan de Frédéric II, puis tente d'introduire Diderot à l'Académie, la favorite du Roi, prudente, prend ses distances. Ses autres amis écrivains sont moins compromettants : l'abbé de Bernis, académicien dès l'âge de vingt-neuf ans ; le docteur Quesnay, chef de file des physiocrates, et son disciple Dupont de Nemours ; Duclos et Marmontel, qui naviguent à l'estime entre l'*Encyclopédie* et les modérés. Duclos fréquente les « philosophes », tout en avouant que les plus fanatiques seraient capables de « l'envoyer à confesse ». Marmontel, académicien en 1763, s'applique, en véritable équilibriste, à n'être classé dans aucun des camps opposés. Pour lui permettre d'oublier l'échec de sa tragédie *Cléopâtre*, Jeanne Poisson le fait entrer dans l'administration des bâtiments du Roi.

La Marquise protège aussi les deux Crébillon. Elle fait du fils un censeur royal, en dépit de sa réputation de conteur scabreux. Le vieux Crébillon père reçoit grâce à elle une pension. On rapporte que, venant remercier sa bienfaitrice, il la trouve souffrante et alitée. Au moment où il lui baise la main, survient Louis XV. « Ah, madame, le Roi nous a surpris, je suis perdu ! » Sa Majesté en voulut bien sourire.

À Malesherbes, Mme de Pompadour a écrit : « J'aime les talents et les lettres, et ce sera toujours pour moi un grand plaisir que de contribuer au bonheur de ceux qui les cultivent. » À la frontière des lettres et des arts, la Marquise entretient les meilleures relations avec les collectionneurs, curieux et amateurs. Ce fut le cas avec La Live de Jully, honoraire de l'académie de peinture : elle le fit nommer introducteur des ambassadeurs. Ce fut le cas avec le comte de Caylus, archéologue et académicien, ennemi des philosophes.

Danielle Gallet pense que nulle femme en France n'a mieux que la Marquise exercé « le gouvernement des arts », au moins depuis Marie de Médicis. Elle ne gouverne pas toujours mais parfois préside et souvent oriente. Tantôt elle décide et agit par elle-même ; tantôt elle paraît sous-traiter, déléguer son souci de mécénat ; tantôt enfin, elle s'associe au Roi. *Mécénat* et *augustat* alors se confondent.

À titre personnel, Mme de Pompadour est cliente, surtout en matière de peinture, mais aussi de sculpture et d'arts décoratifs. Ses commandes sont importantes, connues ; elles créent des courants, suscitent ou encouragent des modes. Si elle achète dans la célèbre boutique de Lazare Duvaux un secrétaire estampillé B.V.R.B. (Bernard Van Risen Burgh), tout Paris en parle, non moins que du délicieux « bidet de bois de rose avec des fleurs de bois de violette » destiné à son château de Bellevue. La Cour et la Ville savent aussi que la favorite ne cesse de commander des commodes à la grecque. Migeon et Œben sont ses ébénistes préférés.

Parmi les peintres, son favori fut Boucher, un véritable ami. Il travailla mainte fois pour la Marquise, exécutant à son intention une suite chinoise, peignant la *Toilette de Vénus* et aussi *Vénus consolant l'Amour*. Mais elle encouragea Vien, qui fit pour lui plaire une *Visitation*, Cochin qui lui dessina un *Panorama de Rome*, et bien d'autres. D'ailleurs nombre d'artistes prirent Mme de Pompadour pour modèle direct ou indirect : Nattier en fit sa *Diane*, Van Loo la représenta *Sultane en pantalon bouffant.*

Les sculpteurs ne furent pas en reste. La favorite fut la *Pomone* de Lemoyne, l'*Amitié* de Pigalle, la *Musique* de Falconet, la *Diane* de Tassaert, l'*Abondance* d'Adam. Il n'y eut guère, parmi les artistes, que le pastelliste ombrageux Quentin de la Tour, pour retarder des rendez-vous de pose.

Madame de Pompadour influença les arts et le goût de son temps par le truchement du ministère de la culture, qu'on appelait à cette époque direction générale des Bâtiments. En effet, elle fit de son oncle M. de Tournehem le successeur d'Orry à la tête de ce département (1745). D'Abel Poisson, un survivancier (1747) puis un titulaire de l'office (1751-1773). Abel était frère de la Marquise. Nous le connaissons aujourd'hui sous le nom de marquis de Marigny. Au temps de son ascension sociale, il s'était fait

Une représentation peu connue du jeune Roi. A sa prestance et à sa beauté, Louis XV joignait une évidente majesté. *(Peinture du XVIIIe siècle, château de Chambord. G. Dagli Orti.)*

Le lit de justice du 12 septembre 1715 initiait le jeune Louis XV à « son métier de Roi », mais rendait au Parlement sa superbe. *(Peinture de Dumesnil, château de Versailles. G. Dagli Orti.)*

Un jeune prince entouré de ses maîtres. Contrairement à son bisaïeul, Louis XV reçut une instruction de grande qualité. *(Peinture du XVIIIe siècle, musée Carnavalet. G. Dagli Orti.)*

Marie Leczinska: une grande Reine, sous-estimée par son époux, injustement méconnue par l'historiographie. *(Peinture de Van Loo, château de Versailles. G. Dagli Orti.)*

La marquise de Pompadour, née Poisson, « Mécène en falbalas », favorite dont le « règne » fut déterminant, vingt ans durant. *(Portrait par Quentin de La Tour, musée du Louvre. G. Dagli Orti.)*

Le cardinal de Fleury, mentor de Louis XV. Il fut aimé du Roi. Il alliait la souplesse de Mazarin à la fermeté de Richelieu. *(Peinture de Hyacinthe Rigaud, musée de Metz. G. Dagli Orti.)*

Machault d'Arnouville, choisi puis abandonné par son maître, fut - au sentiment même de Louis XV - son meilleur ministre. *(Peinture du XVIIIe siècle, château de Versailles. Lauros-Giraudon.)*

Le duc de Choiseul, ministre plus connu que Machault, fut douze ans durant un grand commis brillant, à l'œuvre inégale. *(Peinture de Van Loo. G. Dagli Orti.)*

La célèbre bataille de Fontenoy (11 mai 1745). Cette victoire de Maurice de Saxe fit beaucoup pour la gloire du Roi. *(Peinture par Pierre Lenfant, château de Versailles. G. Dagli Orti.)*

Maurice, comte de Saxe, noble condottiere et fameux tacticien, maréchal général, fut surnommé « le rempart de la France ». *(Pastel de Quentin de la Tour, musée de Saint-Quentin. Giraudon.)*

Image populaire et naïve du marquis de Montcalm, glorieux et infortuné défenseur de la Nouvelle France. *(Lauros-Giraudon.)*

A Ferney, M. de Voltaire, seigneur des lieux, comte de Tournay, joue les despotes éclairés. N'est-il pas le promoteur d'un tel régime ? *(Nantes, musée des Beaux-Arts. G. Dagli Orti.)*

A Paris, en 1755, dans le salon connu de Mme Geoffrin, une assemblée attentive écoute *L'Orphelin de Chine*, tragédie de Voltaire. *(Peinture de Lemonnier, musée de Rouen. Giraudon.)*

Caricaturée par la polémique ancienne et moderne, la vraie Madame du Barry, favorite du vieux Roi, était belle, douce, discrète. *(Buste par Pajou, Paris, musée du Louvre. G. Dagli Orti.)*

Les appartements de la comtesse du Barry, furent, non loin de ceux du Roi et par sa volonté, un laboratoire des progrès du décor intérieur. *(Château de Versailles. G. Dagli Orti.)*

proprio motu « marquis de Vandières », titre que les chansonniers avaient aussitôt transformé en « marquis d'avant-hier ». Mme de Pompadour fit envoyer Abel à Rome, à l'académie de France, entre 1749 et 1751, en compagnie de l'abbé Le Blanc et du jeune architecte Soufflot. Ces trois années de formation firent de Vandières un connaisseur. Il découvrit Herculanum et Pompéi, admira la Renaissance, fut ravi par l'architecture de Palladio. Il revint d'Italie toujours brutal et arriviste, mais plein d'idées et de projets, ambassadeur ou plutôt précurseur du néo-classicisme.

Sa direction générale des Bâtiments, qui s'étendit sur plus de vingt ans, fut tout à fait remarquable. Associé à sa sœur, Marigny épaula Soufflot et Vien ; à lui seul, il encouragea ou protégea Chardin, Doyen, Pigalle, Joseph Vernet. Nous allions oublier Boucher, Pierre et Van Loo. Il fit donner à Natoire la direction de l'académie de France à Rome ; ordonna la reprise des travaux du Louvre ; obtint que la nouvelle église Sainte-Geneviève serait construite par Soufflot. Au goût par trop féminin de sa sœur, Marigny opposait la nostalgie du Grand Siècle : il s'efforça de remettre en honneur la grande peinture d'histoire jadis illustrée par Le Brun.

Une troisième influence de la Marquise se vit dans le domaine où *mécénat* et *augustat* se rapprochaient, se recoupaient, c'est-à-dire pour certains arts mineurs et en ce qui regarde l'architecture. Dans le premier cas, le Roi et la favorite associèrent leurs efforts en faveur de la manufacture de porcelaine de Vincennes, royale par la volonté de Louis XV, déménagée à Sèvres à compter de 1753 avec le soutien décisif de la Marquise.

Du côté de l'architecture, on a trop tendance à négliger les interventions de Mme de Pompadour. Elle eut à réparer et embellir le grand Trianon, l'hôtel d'Évreux (notre palais de l'Élysée), qu'elle posséda de 1753 à sa mort et qu'elle fit décorer par l'architecte Lassurance, le château de Bellevue, autre cadeau de Sa Majesté. Elle joua un rôle décisif – en collaboration avec le Roi et Jacques-Ange Gabriel – dans les projets remarquables de l'école militaire de Paris et du Petit Trianon. L'école militaire, comme institution, était en grande partie son œuvre, et elle participa financièrement aussi au chantier; le Petit Trianon lui était destiné. Elle mourut bien avant son achèvement; c'est pourquoi le nom de ce merveilleux petit palais évoque pour le public le visage de la reine Marie-Antoinette et non celui de Jeanne Le Normant d'Étiolles, l'amie du Bien-Aimé.

Un roi trop secret

Pour nos contemporains, l'étrange roi Louis XV ressemble à un bouchon que ballotte le flot; son règne, à une fuite en avant. L'un et l'autre, livrés à quelque impitoyable destin. Le Roi se ménagea-t-il jamais le temps d'une méditation politique globale? Le chrétien songeait-il à pratiquer, comme en son enfance pieuse, l'examen de conscience recommandé par l'Église? L'homme s'analysait-il, entre deux journées de courre, entre deux maîtresses? Ce fut peut-être vrai en 1741, après la mort de Mme de Vintimille, en 1744 à Metz lorsque la mort parut menacer le Roi, en 1757 quand Damiens tenta un régicide. Dans ce dernier cas, plusieurs témoignages suggèrent le désarroi du souverain, apparemment songeur et fort troublé. Une quatrième crise, en 1764, avec la disparition de la marquise de Pompadour – *« une amie de vingt ans »* – fut peut-être épreuve de vérité.

À défaut de confessions royales, l'historien peut s'enhardir à brosser le portrait du Prince, prenant ici la précaution de privilégier les jugements des amis (Luynes, Croÿ, Cheverny) pour éviter polémiques et faux témoignages. Ces jugements ont le mérite de ne pas chercher à idéaliser Louis XV. Ils s'appliquent surtout au prince qui règne – et non à celui qui gouverne si peu – mais ne négligent pas « le particulier ». Ils ne sauraient tout révéler d'« un caractère caché », faire le portrait définitif d'un prince si « difficile à dépeindre » (Luynes), un homme qui ne veut pas livrer son secret.

PORTRAIT DE LOUIS XV

Il avait une mémoire, présence et justesse d'esprit uniques. Il ne dit jamais rien de faux et pensa toujours juste... Il était doux, excellent père et parent, et le plus honnête particulier du monde. Il était instruit dans les sciences... mais avec la plus grande modestie,... une qualité qui fut poussée au vice, chez lui. Voyant toujours plus juste que les autres, il croyait toujours avoir tort... Il n'a jamais rien dit de méchant ni de dur volontairement... S'il n'avait pas, suivant le monde actuel, beaucoup d'esprit, il l'avait singulièrement juste et le meilleur bon sens.

Il était de la plus grande bravoure, mais d'une bravoure trop modeste... Il ne lui manquait que d'oser décider par lui-même, et de ne pas, toujours par modestie, tourner à l'avis des autres, tandis qu'il voyait mieux qu'eux. LOUIS XIV FUT TROP FIER, ET LUI TROP PEU.

Outre sa modestie outrée, son principal et seul vice fut les femmes... Il croyait qu'il n'y avait que ses maîtresses qui l'aimassent assez pour lui dire la vérité... De là il se laissa mener par elles, ce qui contribua à perdre les finances, et ce qui a fait le mauvais de son règne... Voilà des ombres bien malheureuses à un tableau qui était fait pour être beau.

Le duc de Croÿ

Ce Roi impossible à cerner est un être malaisé à émouvoir, à intéresser, à réjouir. On ignore ce qui peut éveiller sa sensibilité, tant il semble habitué à dissimuler, habile à se masquer. Quelquefois par méchanceté peut-être, en général par défiance de lui-même. C'est un homme qui s'ennuie et traîne avec langueur cet ennui. Il s'ennuie parce qu'il est blasé : son métier l'importune ; l'étiquette l'irrite (il ne la respecte que par fidélité à l'image du Grand Roi) ; Versailles le fatigue (qu'il fuit à Marly, à Compiègne, à Rambouillet, à Fontainebleau, à la Muette, à Choisy). Souvent, parler l'ennuie. Aussi, cet homme cultivé et disert retarde souvent ses réponses, oublie la phrase gentille que son sourire semble annoncer, paraît embarrassé après la harangue toute faite de quelque ambassadeur, se montre froid à contre-temps devant un gentilhomme qui se présente ou prend congé et s'attend à mille grâces. Le Roi s'ennuie aussi en famille. Il a injustement jugé sa femme dont la dévotion l'agace et la compagnie lui pèse. Il trouve le Dauphin bigot, guindé, monotone. Il aime ses filles, mais leur désir de le convertir l'importune. C'est un homme blasé, c'est un prince ennuyé.

En résulte beaucoup de froideur apparente, bien des « moments de tristesse » (Luynes) et d'humeur. Son tempérament, nous dit-on, « n'est ni vif ni gai », plutôt tourné vers l'atrabilaire. Louis a vraiment un côté Alceste couronné. Il ne faut pas toujours en chercher les raisons, sauf à tout ramener à la cyclothymie. Quand son esprit est en paix, l'impassibilité du Roi témoigne seulement de « sa force accoutumée », ressortit à un flegme quasi professionnel, rappelle son goût du secret (peu de souverains ont entretenu des agents secrets chargés de faire trébucher leurs envoyés officiels). Quand tel n'est point le cas, s'exprime parfois une méchanceté inquiétante.

Une anecdote, contée par Dufort de Cheverny, introducteur des ambassadeurs, admirateur et presque ami du monarque, laisse perplexe les psychologues. Un certain M. d'Arboulin, ami de la marquise de Pompadour et administrateur général des postes, d'ailleurs oncle de Bougainville, amusait le Roi par sa « tournure originale et singulièrement aimable ». Or, un jour, à Versailles, en présence de la Marquise, il dit à S. M. qu'il « a eu un accès de goutte aux deux orteils, et qu'il est à peine rétabli. Le Roi parle d'autre chose, s'égaye avec d'autres intimes ; enfin il s'approche de Darboulin en lui tournant le dos, et appuie ses deux talons sur chacun de ses pieds, en lui demandant si c'est là qu'il a eu la goutte. L'accès était à peine fini, et Darboulin ressentit une douleur incroyable... ». Le commentaire de Cheverny mérite d'être cité : « *Le Roi ne se mettait à la place de personne*, il n'avait jamais eu la goutte, et il ne réfléchissait pas sur la douleur qu'il pouvait causer.

Il n'avait cru faire qu'une plaisanterie, comme un enfant... » Ce serait donc de l'humour Bourbon, de style quelque peu paysan. Jadis Louis XIV, avant d'annoncer à un de ses fidèles une récompense, une promotion, aimait le torturer quelques minutes en paraissant hostile à ses humbles demandes. Plus tard Louis XVI trouvera plaisant, à la chasse, de faire donner des chevaux rétifs aux gentilshommes bretons, surtout aux marins.

La torture imposée au pauvre d'Arboulin nous semble autrement grave. Louis XV n'est plus un enfant ; on assure qu'il « ne parle jamais sans raison » ; Mme de Pompadour est présente, qui a ménagé la rencontre. Cette affaire ne peut ni se justifier, ni s'expliquer, à moins d'évoquer – *ultima ratio* – la mauvaise éducation du fils orphelin du duc de Bourgogne. Il n'y a pas eu d'ailleurs que cet incident. Les contemporains du Bien-Aimé assurent qu'il a, du moins en paroles, un penchant quelque peu sadique, aimant interroger lourdement sur les maladies, leurs symptômes, leur déroulement, leurs effets ; sur les opérations subies ; sur les morts, sur la mort. Un jour, à Compiègne, comme Cheverny en ce mois de juillet 1754 ignorait la maladie de M. de Saint-Contest, son protecteur et ami, il accourait sans méfiance à la cérémonie du lever de Sa Majesté. Or le Roi l'aborda en ces termes : « Dufort, *on a ouvert Saint-Contest* ; savez-vous qu'il avait un squirrhe au foie ? »

Il y a en Louis XV un côté inhumain. Non seulement il paraît insensible à la mort, mais il l'est parfois aussi à l'amitié ou à la fidélité. La manière dont il écarte ses meilleurs serviteurs – le comte d'Argenson, Machault d'Arnouville – laisse rêveur, surtout quand on la compare à la patience de Louis XIV envers les jeunes ministres malhabiles, à sa gentillesse envers les vieux ministres méritants. On assure que l'ingratitude est presque une vertu royale ; c'est un axiome discutable.

Ces froideurs, ces gaffes, ces malices multipliées ne furent peut-être qu'un prolongement, l'exagération d'un égocentrisme, royal mais peu édifiant. Comme le comte du Chayla, en décembre 1754, était tombé mort d'apoplexie,

« sa perruque loin de lui », au lever de Sa Majesté, à quelques mètres de Louis XV, ce dernier appela le comte d'Argenson et lui dit seulement : « D'Argenson, M. du Chayla vient de quitter sa perruque »... Or Du Chayla n'était pas un polisson, figurant ou indifférent, mais un chevalier du Saint-Esprit, lieutenant général des armées et directeur de la cavalerie !

En contrepoint, les contemporains assurent que le Roi, s'il est mauvais époux, n'en est pas moins bon père, respecté du Dauphin, aimé de Mesdames de France, ses filles. Capable d'être un ami sûr, bien que le seul témoin de ce jugement fût sans doute le maréchal de Soubise. On ne peut appeler amis les commensaux des soupers des petits cabinets, le duc d'Aumont, le duc de Duras, le comte de Maillebois, le maréchal de Richelieu, le marquis de Mirepoix, le comte de Brionne et autres, mais il est assuré que le Roi se montrait envers eux gai, jovial, plaisant, indulgent, ainsi qu'avec les officiers de son cabinet. Cependant, la « coterie du Roi », ouverte à trop d'ambitions, n'eut jamais le charme discret, la solidarité vraie, du grave « cercle de la Reine ».

Tous comptes faits, Louis XV apparaît en général « très aimable dans son intérieur » (Cheverny), surtout durant les voyages et dans les petits châteaux, tel Choisy où il semble qu'un hobereau chasseur reçoit en pantoufles de vieux amis... Contrairement à ce qu'on imaginerait, le Roi, qui aimait tant les femmes, les traitait moins bien que les domestiques de sa Maison, que les dîneurs des cabinets, que les officiers de marine. Il n'eut d'égards qu'envers ses maîtresses « officielles », « institutionnelles » : les sœurs Mailly, Mme de Pompadour, demain la comtesse du Barry. Il ne respectait personne : Dufort de Cheverny, qui aimait son épouse et ne voulait jouer ni les Montespan, ni les Du Barry, venait toujours seul à la Cour. Louis XV n'avait aucun tact, aucune délicatesse particulière. « Le Roi aime les femmes, écrit le duc de Luynes, et cependant n'a nulle galanterie dans l'esprit. »

Les autres traits du Roi sont sa conviction religieuse profonde (il ne lui manque, pour être bon chrétien, que de renoncer à l'adultère et de brider sa concupiscence), son patriotisme hérité de Louis XIV et de Louis XIII, sa mémoire complétant une instruction sérieuse et une culture variée, son goût artistique, son courage physique, et quelques autres qualités moins apparentes.

Plusieurs contemporains, Luynes en tête, l'ont donné pour timide. Nous ne partageons pas ce sentiment. Roi de cinq ans, il a, pour jouer, fait changer la date d'un lit de justice ; roi de neuf ans, nous l'avons vu parrainer toutes ses académies. Louis n'est pas timide, mais agréablement paresseux. Le cardinal de Fleury l'a très mal initié aux affaires (n'est pas Mazarin qui veut), le cantonnant dans un rôle de pure décoration, écartant de lui les décisions importantes, le transformant peu à peu en roi fainéant. En résulta une difficulté à choisir, à trancher, à imposer, à soutenir, à perpétuer. Dans les étapes suivantes, notamment pendant le « règne » de la Marquise, Louis XV entretint lui-même sa tendance à l'hésitation, cultiva certaine vertu (?) d'indifférence. Cela fut pris à tort pour de la timidité... Le contresens a la vie dure.

Tels sont les pièces du dossier, les éléments du puzzle.

Ludovicus bifrons

Si Louis XV paraît secret, c'est peut-être le résultat d'une sorte de schizophrénie. Il n'a jamais caché sa volonté d'imiter Louis XIV : être le digne continuateur de ce bisaïeul. Mais la nature l'a voulu plus faible, et le cardinal de Fleury l'a fait hésitant. D'où un résultat : le Bien-Aimé ne fut ni un Louis XIV *bis*, ni un Louis XV intégral. Il a été ce *Ludovicus bifrons* dont les personnalités, complémentaires et alternées, déconcertèrent les contemporains, la postérité et les historiens. Là pourtant se trouvait la grille de décryptage, au total très simple, de la sensibilité et de l'action d'un souverain énigmatique.

Un Louis XIV anachronique. – Louis XV n'oublia jamais les directives données, un certain 26 août 1715 dans sa chambre de malade, par un vieux Roi agonisant à un jeune Dauphin attentif : « *Mignon, vous allez être un grand Roi...* » *Grand Roi* était un programme. *Grand Roi* était aussi le surnom de Louis XIV. Dès son avènement, dès l'âge de cinq ans, Louis obéit point par point. On lui a dit d'être soumis à la duchesse sa gouvernante ; il fit mieux, aimant de tout son cœur sa *maman Ventadour*. On lui a dit d'obéir au maréchal de Villeroy, il s'appliqua à supporter son autoritarisme et ses manies. On lui a choisi pour précepteur l'abbé de Fleury ; il lui resta affectueusement attaché durant plus d'un quart de siècle. Dans le cas particulier, c'était se soumettre doublement à la volonté du vieux Roi, qui avait recommandé à son successeur de ne pas aimer la guerre : Fleury, en effet, se voulut toujours pacifique.

Imiter et prolonger le Grand Roi, c'était, bien sûr, vivre à Versailles, l'aimer, l'entretenir. On connaît la déclaration sans ambages de Louis : « Je n'aime pas défaire ce que mes pères ont fait. » Et de ne pratiquer aucun vandalisme, de respecter au maximum les structures et les formes du palais. Le décor changea peu, le décorum à peu près pas. À l'actif du Bien-Aimé le duc de Lévis mettra « l'observation exacte des bienséances de cour, le maintien des formes antiques et de l'appareil qui entoure le trône ». Comme Louis XIV, Louis XV sut user des grands appartements pour les célébrations, les pompes et les divertissements. Comme lui, il régla sa vie publique, du lever au coucher, avec son protocole, sa hiérarchie, ses privilèges. Comme le vieux Roi, il assista chaque jour à la messe. Comme lui, il arbitra les querelles de préséances. Il rendit même plus stricts et plus difficiles les honneurs de la Cour. Comme Louis XIV, il eut la Cour la plus cérémonieuse de l'Europe, mais un moindre nombre de jours par an.

Comme Louis XIV, Louis XV aima Marly et pratiqua Fontainebleau à l'automne. Comme lui, il intimida les nobles étrangers, rois, princes, légats, ambassadeurs. L'un et l'autre ont consacré beaucoup de temps aux affaires publiques, présidant les sections gouvernementales du Conseil, travaillant tête à tête avec les ministres, recevant les diplomates, encourageant ou admonestant les serviteurs de l'État, édictant lois et règlements, convoquant des lits de justice. Chacun eut son style, sa manière de figurer ou de parler. Louis XIV fut plus fier, mais aussi plus humain et d'humeur plus égale. Il montra plus de zèle à gouverner. Les deux, pourtant, s'appliquèrent à régner, orientant et incarnant cette royauté absolue qui plus tard fut appelée monarchie administrative.

Un style Louis XV. – On croirait parfois que Louis XIV, incarnant la monarchie absolue, en fit un instrument parfait, presque impossible à perfectionner et des plus difficiles à gérer. Il est à peu près sûr que Louis XV eût préféré ne pas avoir à régner (encore moins à gouverner) et que seul son sens du devoir l'y contraignit. Son fils le Dauphin, son petit-fils le malheureux Louis XVI, élevés dans l'esprit du *Télémaque*, avouèrent ouvertement, l'un et l'autre, leur répugnance à exercer l'autorité suprême. En son temps le Bien-Aimé avait trouvé un compromis : à défaut d'égaler Louis le Grand, se faire *Ludovicus bifrons*. Dufort de Cheverny a bien résumé l'écartèlement de ce monarque. Il « *aimait*, nous dit-il, *le particulier par goût* », il « *sentait que sa place exigeait le contraire* ». Particulier – c'est là ce que nous appelons style Louis XV –, il évite de toujours être Roi. Il abandonne plusieurs prérogatives régaliennes, comme le toucher des écrouelles (et oublie qu'on peut interpréter ce fait, né d'un scrupule, comme une concession aux « lumières »). Il préside le Conseil, plutôt qu'il ne le dirige. Il oublie que son bisaïeul a vivement condamné toute forme de ministériat.

Si Louis XV ne peut renoncer à être Roi – d'ailleurs les lois fondamentales interdisent toute abdication ou renonciation –, il se ménage, dans l'espace et le temps, des plages de détente, où il vit en simple gentilhomme. Les grands voyages n'y réussissent qu'à demi : Compiègne, Fontainebleau et même Marly; mais les déplacements dans les petits châteaux sont pain bénit. À Saint-Hubert, à Choisy, à la Muette, *the happy few* ont affaire avec un prince en vacances qui n'a plus rien d'intimidant et dont ils oublient qu'on le croit parfois timide. Le Louis XV rencontré à la Muette, au soir d'une chasse à courre, ne ressemble plus du tout à Louis XIV.

On assiste à des transformations comparables, à Versailles même, dans la vie quotidienne. Si les grands appartements ne peuvent qu'évoquer le souvenir de Louis le Grand, il suffit à son successeur de passer dans les petits cabinets pour devenir simple particulier, gentilhomme accessible, convive plaisant, spectateur attentif d'un théâtre de société, auditeur d'une pièce de chant ou d'une mélodie de chambre, amant ou ami comblé de la belle et spirituelle marquise de Pompadour. Tout ici dépend de l'étage et des heures de la journée. Versailles est un théâtre à machines, comme on disait alors, et le maître de céans a eu l'habileté d'en faire le cadre alternatif de sa double existence. En effet les maîtresses en titre y ont leur place, semi-discrète... Il y a deux demeures, deux façons de vivre, deux étiquettes (l'une bon enfant), deux protocoles (les privilégiés des petits cabinets sont traités en égaux : les ducs n'ont plus le pas sur les vicomtes). Cela n'est peut-être pas moral, mais c'est utile et adroit. À Versailles, le premier étage est royal; le second est aimable, aristocratique et discret.

Le mélange des genres. – La journée du Roi illustrerait, si nécessaire, le double rôle du maître de Versailles. Au matin, le lever de Sa Majesté, en soirée le coucher ayant pour cadre la belle chambre inconfortable où mourut le Roi-Soleil, prolongeant presque exactement les habitudes solennelles du règne précédent. La hiérarchie des *entrées* est respectée; et de même, le soir, le privilège du *bougeoir* (un duc de Croÿ y attache du prix). Mais les courtisans savent que Louis XV ne couche pas dans son appartement d'apparat : il est venu en robe de chambre, traversant le cabinet du Conseil, de la pièce intime où il a dormi. Ils ont également noté l'irrégularité des horaires royaux. Alors que Louis XIV se levait à heure fixe, quels que soient le temps et les circonstances, son successeur fixe chaque soir, en pleine improvisation, l'heure de son futur réveil.

L'emploi du temps de la matinée ressemble fort aux programmes louis-quatorziens : la messe d'abord, le Conseil ensuite, alterné avec la *Liasse* ou travail de S.M. Le dîner ne débute pas avant deux heures. Les après-midi de Louis XV, presque tous consacrés à la chasse, sont moins studieux et moins équilibrés que ceux de son devancier; mais une place est libre, en général de six à neuf, pour un éventuel travail avec les ministres. Le soir, il y a – pas toujours – souper au grand couvert, avant le coucher solennel déjà évoqué. Les divertissements de cour sont volontiers réglés (concert, le lundi et le samedi; jeu, les vendredis et dimanches; tragédie, le jeudi; comédie, les mardis et mercredis).

Mais, dès qu'il le souhaite ou qu'il le peut – surtout durant les courts voyages –, Louis XV remplace le grand couvert par des petits soupers. Ce peut être à Fontainebleau, à Compiègne, à Choisy; mais aussi dans les cabinets de Versailles. Et la comédie française ou italienne, par les représentations d'amateurs des mêmes petits cabinets; Mme de Pompadour tenant le rôle d'ordinatrice.

Ces alternances, ces balancements, traduisent les hésitations constantes et les contradictions perpétuelles du Roi.

Le cercle de la Reine

Le mariage du roi de France avec la fille d'un roi polonais sans royaume avait, en son temps, étonné tout le monde. L'échec relatif de cette union parut ne surprendre personne. N'ayant « aucune part des affaires et du gouvernement » – comme Fleury l'avait décidé pour le Roi –, la Reine avait constamment vécu, à Versailles, à l'écart des intrigues. Ses seules interventions étaient modestes et raisonnables : faire nommer brigadier un colonel de ses entours... Elle n'aimait ni l'étiquette, ni l'excès de pompes et de représentation, en quoi elle rejoignait souvent la sensibilité de son époux, mais – comme lui et sans doute mieux que lui – n'avait cessé de jouer le rôle qu'exigeait sa place.

En France, on attend surtout de la Reine qu'elle assure l'avenir de la dynastie régnante. Sur ce point, la fille du bon roi Stanislas avait fait plus que son devoir : en l'espace de onze ans elle donna le jour à dix enfants, dont un Dauphin. Depuis 1738, Louis XV perdit l'habitude de l'honorer. Alors que Louis XIV ne se retirait jamais sans dire bonsoir à sa femme, le Bien-Aimé, qui gardait dit Croÿ « d'assez bonnes manières », se contentait de la voir un moment à l'heure du souper. Marie souffrait la chose « en femme vertueuse ».

La Cour avait observé la patience de la Reine envers les sœurs Mailly, puis à l'égard de Mme de Pompadour. Louis XV paraissait trouver normale cette inversion des rôles (« Vous êtes la maîtresse », avait dit un jour la Reine à l'une des favorites). Tout laisse croire qu'il était *in petto* conscient de sa faiblesse, mais nul ne savait mieux que lui cacher ses sentiments. Le crime de Marie était d'ennuyer Louis. La résignation de l'intéressée augmentait le porte-à-faux : la Reine, par surcroît, devenait pour son époux un reproche vivant.

Accumulant les raisons d'être triste, cette princesse s'était fait depuis longtemps déjà une réputation de mélancolie incurable, qui déteignait sur son entourage. La coterie ou cercle de la Reine semblait des plus austères à un Dufort de Cheverny : le duc de Luynes – auteur des *Mémoires* –, la duchesse, née Brulart ; quelques vieux militaires tels le comte d'Affry ou le marquis de Razilly ; la duchesse de Villars, dite *Papette* ; le comte d'Argenson, avant sa disgrâce politique, ministre que la Reine appelait *Cadet* ; enfin trois ou quatre gens de lettres.

Il y avait le comte de Tressan, surnommé *Mouton*, l'académicien Paradis de Moncrif, dit *la Griffe*, lecteur de la Reine ; à l'occasion Helvetius, que n'hésita point à protéger une reine fort dévote (il lui semblait de bonne compagnie et avait épousé une héritière de chevalerie lorraine) ; brochant sur le tout...

...Hénault, fameux par vos soupers
Et par votre Chronologie.

Ce personnage semblait résumer le règne ; il réunissait et réconciliait à lui seul la Cour et la Ville. Il venait de la finance, incarnait la grande robe, président honoraire au Parlement. Irremplaçable à Paris, pilier des salons, amant de la marquise du Deffand, il était maintenant indispensable à la Cour. Ami de Voltaire, aujourd'hui converti, il servait la Reine en qualité de surintendant. Comme Moncrif, Hénault appartenait à l'Académie.

En ses *Mémoires*, le *Président* (son titre lui servait de surnom) a décrit en détail la vie quotidienne de Marie Leczinska. Elle « ne vit point au hasard, écrit-il ; ses journées sont réglées et remplies au point que, quoiqu'elle en passe une grande partie toute seule, elle est toujours gagnée par le temps ».

C'est une princesse fort pieuse. Les méchantes langues lui prêtent une dévotion de fermière. De fait, cette piété n'est ni fanatique, ni agressive. Elle est d'époque, elle est baroque. Marie garde à portée de main sa *Belle Mignonne*, une tête de mort destinée à lui rappeler ses fins dernières. La matinée de la reine de France « se passe dans les prières, des lectures morales, une visite chez le Roi, et puis quelque délassement », naguère guitare, clavecin ou vielle, désormais peinture. Les initiés savent qu'elle apprit sans maître ; Hénault est tout fier d'avoir reçu trois toiles en cadeau. À midi et demi, Marie fait sa toilette, avant d'entendre la messe et de passer à table.

Autour de la Reine, le dîner réunit dix à douze dames que l'on traite avec obligeance, sans échange de banalités. Le repas terminé, Marie rejoint ses cabinets, abandonne son maintien royal, se mue en « particulière ». Devant quelques familiers, tel Hénault, elle achève une tapisserie en conversant, parle de ses lectures, les commente, les discute. Depuis Marguerite de Navarre on n'a jamais vu reine de France aussi cultivée. En histoire, par exemple, elle a tout lu, aussi bien en français qu'en polonais, en italien ou en allemand, car elle parle quatre langues et davantage.

De six à neuf, on se réunit chez elle pour le *cavagnol*. Le jeu est innocent, modéré. Madame Adélaïde et ses sœurs y font une apparition, ainsi que le Dauphin et la Dauphine. Pour le reste, se rencontrent ici les dévots et « les dames *Validés* de la Cour » (c'est tout juste si Cheverny ne parle pas de vieux débris). La séance levée, Marie Leczinska soupe : avant 1758, chez Luynes – qui la servait en personne –, depuis la mort du duc, chez elle à son petit couvert. En fin de soirée, cinq ou six familiers reforment le cercle de Sa Majesté, dans les appartements de la duchesse de Luynes, mais la Reine donne le signal de la dispersion à minuit et demi sans faute.

Marie Leczinska, nous dit le président Hénault, « pardonne tout, elle excuse tout ». Elle est bonne, simple, douce et affable. Le Président oublie de dire qu'elle écrit comme Voltaire. En voici un échantillon, le début d'une lettre au comte d'Argenson, alors (juin 1745) à l'armée de Flandre en compagnie du Roi et du Dauphin :

« Vous êtes charmant, Cadet, de m'avoir mandé des nouvelles du Roi. Dieu soit loué de sa bonne santé et la lui conserve. J'ai reçu vos deux lettres du même jour et je suis bien sensible à votre attention, car je sens très bien qu'elle pourrait être convenable, sans être aussi exacte. Soyez bien sûr que je discerne très bien le devoir et l'amitié. Je suis contente en Reine du premier, et on ne peut plus touchée du dernier... » Cette Polonaise, assure Pierre de Nolhac, « écrit et pense à la française ». « Ses lettres, dit Hénault, se ressentent de la noblesse de son âme et de la gaieté de son caractère. »

Le président Hénault, qui connaît l'histoire de France, affirme que nous n'avons pas eu de meilleure Reine sauf à revenir à Blanche de Castille. Louis XV ne regarde pas si loin, ne remonte pas si haut : sa femme l'ennuie. Il tente de ne pas le montrer. Il est presque gentil. Il est au moins poli.

Mesdames de France

Sur les dix enfants légitimes de Louis XV, huit furent des filles, dont deux mortes en bas âge. Une seule se maria. Mesdames de France constituèrent une charmante cohorte – plus que les Grâces, moins que les Muses – donnant à Versailles un aspect jusqu'alors inconnu, surtout entre 1748 et 1752.

Le 14 août 1727, la Reine Marie accoucha de jumelles. L'aînée fut nommée Élisabeth et devint Madame Première, puis Madame Infante quand on la maria, à l'âge de douze ans, à son oncle Philippe, Infant d'Espagne, futur duc de Parme. Le Roi pleura à son départ (1739), qui l'avait surnommée *Babet.* Aussi énergique que don Philippe semblait falot, elle garda la nostalgie de la France et revint séjourner à Versailles, en 1749, 1753 et 1757-1759 ; elle y mourut.

Sa jumelle, Madame Henriette ou Madame Seconde, eut une vie plus brève encore, disparue prématurément en 1752. Elle aurait désiré épouser le duc de Chartres, mais le cardinal de Fleury se méfiait des Orléans et le veto du ministre entraîna un veto royal.

Madame Adélaïde, Madame Quatrième, sixième enfant de Marie Leczinska, née en 1732, morte en exil en 1800, était par la Reine jugée « vive et toujours gaie ». Nattier, qui la peignit en 1745, 1751, 1756, 1758, l'a sans doute embellie. Adélaïde, excellente cavalière, avait un côté garçon manqué, mais « l'air noble, les yeux vifs », « une physionomie animée et intéressante, tous les moyens de rendre un homme heureux; elle avait des talents et les cultivait » (Cheverny). Le Roi aimait sa conversation et lui témoignait une véritable amitié. De son côté, Madame Adélaïde adorait son frère le Dauphin dont elle connaissait les idées, les sentiments et les projets. Dieu sait pourquoi Madame Quatrième avait été surnommée *Loque* par son père.

Madame Victoire (1733-1799), future abbesse de Fontevrault, avait été envoyée – en même temps que ses trois sœurs plus jeunes – en cette fameuse abbaye du Saumurois dès l'âge de cinq ans et y demeura dix années. En effet, au printemps de 1738, le cardinal de Fleury avait fait remarquer au Roi qu'il eût été trop onéreux de constituer une « maison » pour chacune de Mesdames. *Coche* (c'était ainsi que Louis XV la surnommait) ne revint donc à Versailles qu'en 1748, date à laquelle, le vieux Cardinal disparu, le Roi se décida à rapatrier ses filles exilées et à commander en son palais de beaux appartements à leur intention.

Graille – Madame Sophie – (1734-1782) venait ensuite, éduquée elle aussi à Fontevrault jusqu'en 1750, restant douze ans sans voir père et mère. Revint à Versailles avec elle Madame Louise (*Chiffe* pour son père), future carmélite à Saint-Denis où elle mourut en 1787, à l'âge de cinquante ans, en odeur de sainteté.

Cette curieuse organisation éducative ne donna point de trop mauvais résultats. Mesdames furent très bien élevées. À Versailles, ensuite, elles eurent des maîtres, surtout pour la musique, chant, guitare, clavecin; elles vécurent dans un décor charmant et confortable; elles pratiquèrent l'équitation; elles étaient heureuses quand diminuaient les contraintes de l'étiquette, par exemple à Bellevue. Cependant les relations du Roi et de Mesdames n'étaient ni simples, ni uniformes.

Le Roi les protège trop. Il les tient en charte privée. Il impose, ici, une volonté que l'on trouve rarement au Conseil. C'est Louis XV, et personne d'autre, qui autorise Madame Adélaïde à se mettre du rouge! C'est lui qui, en 1761, envoie à Notre-Dame de Paris Sophie et Louise : elles ont vingt-sept et vingt-quatre ans et n'ont encore jamais vu la capitale ! En 1768, le duc de Croÿ assure que le Roi est « le meilleur des pères ». Il est vrai que Louis XV apprécie les qualités de ses filles : le courage et la bonhomie de Madame Infante, la grâce de Madame Henriette, la vivacité et la culture de Madame Adélaïde, le calme et la douceur de Madame Victoire, la timidité attendrissante de Madame Sophie, la sagesse et la piété de Madame Louise. Il pleure beaucoup à la mort d'Henriette et de Babet. Oui, il les aime.

Il les aime mais ne se préoccupe guère de leur bonheur. Les prétextes ne manquent pas pour oublier de les marier. L'étiquette qui leur est imposée est terriblement pesante. « Mesdames menaient la vie la plus triste et la plus uniforme possible, écrit Dufort de Cheverny. Tous les jours en habit de cour, pour aller chez le Roi et l'accompagner à la messe, elles venaient chez elles attendre un dîner où elles représentaient en public ; elles se déshabillaient ensuite pour reprendre la même robe de cour, et se trouver au débotté du Roi, et ensuite au jeu de la Reine. »

« Ces exigences de l'étiquette côtoient le ridicule », remarque Jean-François Solnon, historien de la Cour. L'amour du Roi pour sa progéniture est un amour baroque et cyclothymique. Il est sincère, mais égoïste. Dans le cas du cérémonial lever-coucher, Louis XV finit d'ailleurs par en deviner l'excès et en assouplit quelque peu les rites.

Mesdames sont du parti dévot mais, délicates, elles parlent et agissent comme si elles ignoraient la vie privée du Roi. Elles souhaitent sa conversion, prient pour lui, mais l'épargnent et le respectent. À elle seule, la carmélite de Saint-Denis a peut-être obtenu l'absolution de Louis XV. Le Roi l'espère sans doute, qui connaît la doctrine catholique de la communion des saints, la réversibilité des mérites. Ce qui nous semble paradoxe demeure une réalité vivante en ce temps des lumières qui est encore celui de la contre-Réforme.

Un pieux Dauphin

Quatrième enfant de Louis XV, le Dauphin, Louis de France, né en 1729, était plus jeune que Madame Infante ; plus âgé qu'Adélaïde, son amie et confidente. L'historiographie aime à le comparer au Grand Dauphin, en fait volontiers un soleil de janvier, paralysé par la personnalité de son père. Mais, puisque l'on sait aujourd'hui que le Grand Dauphin fut un prince assez remarquable, seulement victime des calomnies de Saint-Simon, on souhaiterait que soit mieux connu et compris le fils du Bien-Aimé.

Comme le Grand Dauphin, Louis de France fils de Louis XV sembla un peu lourdaud ; comme lui il grossit trop ; mais, contrairement à cet ancêtre et contrairement au Roi son père, il ne posséda pas leur passion de la chasse. La culture de Louis XV avait orienté le Roi vers les sciences ; le Dauphin son fils, plus intellectuel, savant malgré sa réserve et sa modestie, pencha du côté des belles-lettres. Il eut les connaissances d'un humaniste, ne négligeant ni la littérature classique, ni les langues (surtout l'anglais), ni l'Histoire. Sa conversation, jamais pédante, était suivie et plaisante ; le Dauphin était disert et savant tout à la fois. Particulièrement tourné vers le droit romain et la jurisprudence, il avait adopté les thèses de Grotius et de Pufendorf sur le droit des gens et le droit naturel. Il en fit d'ailleurs des mémoires et des essais, presque tous détruits à la veille de sa mort.

Louis XV aimait son fils, mais ne se hâta point de l'initier au métier de Roi. On ne l'admit au conseil des dépêches qu'en 1750 – sans le droit de parler –, au conseil des ministres en 1757 après l'attentat de Damiens. Le Dauphin était ici victime d'une méfiance injustifiée. Le Roi ne pouvait douter des connaissances de son fils, non plus qu'ignorer son bon sens. Au Conseil, le fils se montra toujours respectueux du Roi son père, n'en pensant pas moins quelquefois, comme en ce qui regardait la vie privée de Sa Majesté ou l'influence excessive de Mme de Pompadour.

En effet, tel Marie Leczinska, sa mère, ou Mesdames de France, ses sœurs, le Dauphin s'efforça toujours de respecter le Roi, de ne pas le juger, priant en secret pour sa conversion, se gardant de moraliser sans mandat. La piété, bientôt remarquable, du Dauphin orientait pourtant ses sentiments personnels comme sa vision des affaires publiques. Louis pensait que son père ne luttait pas assez – c'est une litote – contre la vague du philosophisme. La persécution des jésuites fit plus que l'affliger : en 1764, le Dauphin dit nettement au duc de Choiseul qu'il tenterait tout pour défendre la Compagnie. Sa tentative fit long feu. Au reste, le jeune héritier du trône continuait de rester fidèle à son programme de réserve et d'attente : un Dauphin n'avait pas pour vocation d'animer un parti, de soutenir quelque cabale, encore moins de se poser en chef de l'opposition.

Le fils de Louis XV, bon époux et bon père, se maria deux fois. Il épousa en 1745 sa jeune tante, l'Infante Marie-Thérèse d'Espagne, qui mourut en juillet de l'année suivante, laissant un époux désolé, presque désespéré. La raison d'État le fit remarier pourtant très vite. Le 9 février 1747, l'héritier du trône de France épousait à Versailles la nièce du maréchal de Saxe : Marie-Josèphe, fille de Frédéric-Auguste II, électeur de Saxe, roi de Pologne, « joli laideron » au dire de Croÿ, princesse à l'« humeur impérieuse et revêche » selon Cheverny. Le Dauphin, bientôt amoureux de sa femme, et la Dauphine, au début volontiers jalouse, étaient pieux l'un et l'autre. Ils constituèrent un ménage édifiant, une famille modèle, eurent huit enfants, s'attachèrent à leur éducation, préférant une vie calme et ordonnée au tourbillon des fêtes comme au libertinage.

Malheureusement, le Dauphin – lui-même imbu des théories du *Télémaque* – se laissa imposer par le Roi, pour gouverneur de ses fils, le duc de la Vauguyon, officier héroïque mais piètre philosophe et médiocre politique, attaché aux rêveries de Fénelon. Le duc de Bourgogne (1751-1761) n'en fut pas changé, mais son cadet Berry – futur Louis XVI – en fut plus qu'imprégné. Chemin faisant, ce dernier hérita aussi, semble-t-il, de la répugnance à régner qui avait handicapé son grand-père, hanté son père.

Louis, dauphin de Viennois, mourut à Fontainebleau le 20 décembre 1765, un an après Mme de Pompadour. Sa dernière maladie, une tuberculose au stade final, l'avait tenu trois mois entre la vie et la mort. Il périt « dans des souffrances affreuses, que sa résignation et sa patience rendaient plus touchantes » (Croÿ), regretté de la Cour, des honnêtes gens, des soldats, et d'abord de la famille royale. Le Roi avait, huit jours durant, fait venir près de lui Cassini pour parler science et échapper un peu à sa douleur. Mesdames et la Reine ne cachaient pas leur immense peine ; surtout Madame Adélaïde, confidente privilégiée du mourant.

À son confesseur en larmes le Dauphin avait dit ces mots : « Est-ce à moi à vous soutenir ? Je n'ose prier pour ma guérison, car je craindrais que ce soit aller contre les décrets de Dieu ! »

Un tour du monde français

La guerre aide souvent les inventeurs et les explorateurs, et a fait plus d'une fois progresser la science. Celle de la succession d'Autriche permit à un Britannique, le capitaine Anson, de réaliser le douzième tour du monde sans changement de navire (1740-1744), tout en combattant l'Espagnol : il rapporta jusqu'à Londres les riches dépouilles d'un galion.

Mais on conçoit que la paix puisse animer l'esprit d'entreprise et, dans le cas de la rivalité franco-britannique, créer une fructueuse émulation. On le vit après le traité de Paris (1763). Du côté anglais, tout était prêt. Organisée par Anson, victorieuse de sa rivale française en 1759, la *Navy* qui, à sa valeur intrinsèque, joignait l'avantage d'être sans cesse à flot, jamais désarmée, prête à assumer les charges et les risques de croisières de long cours et d'exploration, ne demandait qu'à augmenter le prestige dû à ses victoires. La *Royal Society*, de son côté, était prête à parrainer toutes les tentatives à but scientifique.

En France, le ministère de la marine, sorti de sa torpeur, est devenu dynamique. Choiseul-Stainville ne l'a quitté, en avril 1766, qu'après avoir fait édicter un nouveau code (25 mars), grande ordonnance complétant et corrigeant celle de Colbert et Seignelay (1689). Son cousin Choiseul-Praslin souhaite prolonger ces efforts réparateurs. Si l'Angleterre veut maintenir sa primauté, les Choiseul sentent le besoin de faire retrouver à la marine royale une large part d'un prestige évanoui. Il est urgent, leur semble-t-il, d'effacer le souvenir de nos défaites. Comme au temps de Maurepas, des expéditions scientifiques seraient les bienvenues. L'académie de marine, reconnue à Brest depuis 1752, l'académie des sciences toujours aussi active, le Roi lui-même partagent ce sentiment.

En effet, Louis XV continue de se passionner pour les sciences. S'il n'aime pas la guerre, s'il remâche trop les fameuses admonestations de son prédécesseur, il ne mésestime pas la gloire. Explorer le monde, perfectionner l'hydrographie, la géographie, la cartographie, l'ethnologie (vingt ans avant qu'apparaisse le mot), la botanique, l'astronomie et la physique lui semble un magnifique programme. Et puis, si Anglais et Français songent à découvrir des îles enchanteresses, la France, plus que sa rivale, aimerait bien rencontrer quelque jour un continent nouveau (ce que voudra faire très exactement M. de Kerguelen en 1772), contenant des richesses naturelles, pouvant être habité et colonisé ; donc capable de faire oublier la perte des colonies d'Amérique.

Enfin, Angleterre et France veulent exercer leurs états-majors et leurs équipages, en même temps que découvrir, route faisant, des escales propices, d'éventuels points d'appui, des *aiguades*, lieux de *rafraîchissement* pour navires ou escadres. C'est du côté des mers du Sud que se tournent les regards, que s'affinent les espoirs.

Les Anglais ont une longueur d'avance. Wallis quitte la Grande-Bretagne en 1766. Il aborde plusieurs des Touamotou. En 1767, il découvre Tahiti et l'appelle : « île du roi George III » (ce roi se voulait l'émule de Henri le Navigateur).

M. de Bougainville, savant fils de notaire, colonel devenu brusquement capitaine de vaisseau, quitte Brest en décembre 1766, sur la frégate la *Boudeuse* (que rejoindra un navire de transport, la flûte l'*Étoile*). Il atteint Tahiti en 1768 (le capitaine Cook y sera à son tour en 1769 : Tahiti fascine tout le monde !). Il n'a pas de scrupule à changer le nom européen de l'île, et la baptise élégamment *Nouvelle Cythère*, tant les femmes lui semblent plaisantes. Le navigateur écrira dans sa relation fameuse, parue en 1771 :

« Je me croyais transporté dans le jardin d'Eden... Un peuple nombreux y jouit des trésors que la Nature verse à pleines mains sur lui... Partout nous voyions régner l'hospitalité, le repos, une joie douce et toutes les apparences du bonheur. »

En son éden, M. de Bougainville, qui ne reste que peu de jours, a trouvé le temps de semer de l'avoine, de l'orge, du blé, du riz, du maïs et des oignons. Avant d'appareiller le 15 avril 1768, il a enfoui dans cette terre enchanteresse « un acte de prise de possession inscrit sur une planche de chêne ». De Tahiti le navigateur va ramener – *via* les Nouvelles-Hébrides, les Salomon, la Nouvelle-Irlande et les îles Moluques – un Polynésien à l'esprit curieux, nommé Aotourou. (Il restera onze mois à Paris, très entouré, intéressé par la civilisation, parcourant la grand-ville sans s'égarer, achetant des souvenirs, fréquentant l'Opéra, faisant en tout bien tout honneur sa cour à la duchesse de Choiseul. Hélas, le pauvre garçon mourra de maladie durant le voyage de retour vers sa Polynésie natale.)

Nous savons aujourd'hui quels furent les mérites de Bougainville et leurs limites. Étranger au corps, le navigateur s'amarina vite et bien. Il passa aisément le détroit de Magellan, fut le premier à faire flotter le pavillon du Roi dans l'océan Pacifique. Il est aussi le premier Français à avoir réussi un tour du monde *sur le même navire*, le treizième connu. Au reste, sa « prise de possession » aura de l'importance à long terme. Son *Voyage autour du monde*, au « style sans apprêt..., la langue des marins » (Diderot), paru en 1771, eut un immense succès. Dès son retour, d'ailleurs, Louis XV ne lui avait pas marchandé les éloges. Pourtant il n'avait rien découvert, en quoi sa gloire ne saurait être comparée à celle du capitaine Cook, le plus remarquable navigateur de l'Histoire, du moins après Christophe Colomb et Magellan.

À Tahiti, Bougainville pensait avoir découvert, pourtant, l'humanité dans l'*état de nature*. Homme des lumières – il était né en 1729; Diderot, qui sans le publier écrivit un *Supplément au Voyage de Bougainville*, classe l'explorateur parmi les « philosophes » –, il avait rencontré le *Bon Sau-*

vage. Dans les mêmes eaux du Pacifique, de moins bons sauvages massacreront en 1779 le capitaine Cook et en 1788 le chef d'escadre La Pérouse.

En attendant, le périple de la *Boudeuse* et de l'*Étoile*, dûment narré, reproduit, illustré, commenté, fit beaucoup pour la réputation de la marine, de ses équipages, de son ministre et de Louis XV.

Sous vos auspices, Sire, nous sommes entré dans la carrière ; des épreuves de tout genre nous attendaient à chaque pas, la patience et le zèle ne nous ont pas manqué. C'est l'histoire de nos efforts que j'ose présenter à Votre Majesté ; votre approbation en fera le succès.

Ainsi se termine l'adresse au Roi qui précède la relation colorée de ce fameux *Voyage autour du monde.*

Jeanne du Barry

Le 22 avril 1769, la « comtesse » Guillaume du Barry – naguère dite Jeanne Gomard de Vaubernier, mais née Bécu et de père inconnu – était, à Versailles, présentée au Roi et à la famille royale par la vieille comtesse de Béarn. Il était sept heures et demie du soir ; les dames de la Cour s'étaient donné le mot pour boycotter la cérémonie. Au contraire, ces mêmes dames se pressèrent le lendemain chez M. le duc de Choiseul, déjà ennemi déclaré de la nouvelle favorite de Sa Majesté.

Depuis la mort de la marquise de Pompadour, Louis XV paraissait moins obsédé par le beau sexe ; mais dès le printemps 1768 les initiés – le duc de Richelieu, le valet de chambre Le Bel – misaient sur le crédit naissant de cette Jeanne Bécu, si jolie, ou plutôt « fort belle : des yeux bleus, mi-clos, sous des sourcils bruns, une bouche délicieuse, des traits d'une finesse extrême, une chevelure luxuriante d'un blond cendré admirable » (M. Antoine). Elle avait trente-trois ans de moins que le Roi, toujours gaillard mais déjà barbon ; il sera veuf le 24 juin.

Cette jeune personne était née à Vaucouleurs, au diocèse de Toul, d'une demoiselle Bécu, célibataire. Le père de l'enfant était sans doute un moine de l'ordre de Picpus, Gomard de Vaubernier. Quoi qu'il en fût, Jeanne fit d'excellentes études, pensionnaire au Sacré-Cœur, avant de partir à la conquête de Paris, devenir la maîtresse de Jean du Barry, dit *le Roué*, et tenir salon. Cette compagnie, aimable et littéraire, est mal connue (on s'intéresse plutôt aux réunions philosophiques) et fut un peu éphémère, mais on y rencontrait le comte de Guibert, Crébillon et Moncrif, le prince de Ligne, le maréchal de Richelieu et le duc de Duras. De quoi affiner l'esprit de la maîtresse de maison et perfectionner ses manières naturellement polies.

Dès que le Roi fut tombé amoureux de la jeune femme, on entreprit de la rendre « présentable » à la Cour. Elle fut donc mariée, en septembre, au frère cadet du sieur du Barry, Guillaume du Barry. Ce fut un mariage blanc ; ce gentilhomme fut réexpédié dans son Sud-Ouest.

Après la présentation, la méfiance de Choiseul, envers une jeune favorite d'origine roturière et suspecte, n'avait fait que croître. Grandissait parallèlement le crédit de Jeanne. C'est pourquoi les courtisans cessèrent de bouder dès l'été 1769, aussi bien à Versailles que durant le camp militaire de Compiègne. En avril suivant, on lit dans le *Journal* de Croÿ : « Le Roi était plus amoureux que jamais, à soixante ans, de la nouvelle dame. Elle l'amusait : il avait l'air rajeuni et n'avait jamais été plus gai. Il était fort aimable, plus parlant, mais il ne paraissait pas que Mme du Barry eût envie de se mêler d'intrigues ni des affaires, et qu'elle en resterait au point où elle était. »

L'antagonisme Choiseul-Du Barry fut absurde et paradoxal. Le duc, bien sûr, redoutait la montée d'une nouvelle Pompadour : ne risquait-il pas dans l'aventure son statut officieux de principal ministre ? Et d'animer les médisances, les on-dit, les calomnies, les pamphlets contre cette jeune personne issue du bas peuple et du demi-monde, cette roturière que même un vieux prince amoureux n'oserait faire duchesse. Les partisans de Choiseul assurent que l'intrigante a voulu la chute du ministre :

Déesse des plaisirs, tendre mère des Grâces,
Pourquoi veux-tu mêler aux fêtes de Paphos
Les noirs soupçons, les honteuses disgrâces ?

Ah ! pourquoi méditer la perte d'un héros !
Ulysse est cher à la patrie ;
Il est l'appui d'Agamennon.

(Agamennon était Louis XV ; Ulysse, le duc de Choiseul.)

Richelieu et son neveu le duc d'Aiguillon, ennemis de Choiseul, se trouvèrent tout naturellement dans le clan du Barry, ainsi que le duc de la Vauguyon, les amis des jésuites, le chancelier Maupeou et enfin l'abbé Terray. Voilà comment la maîtresse de Sa Majesté devint, sans l'avoir recherché, l'amie du parti dévot. Elle n'avait pas de raison pour refuser amitiés et alliances, mais on peut assurer que, différente sur ce point de Mme de Pompadour, elle ne chercha jamais à tenir un rôle d'ordre politique.

Maupeou et Terray envisagèrent sérieusement de lui faire épouser le vieux Roi ; pourtant Terray, homme d'Église, et Maupeou, bon juriste, auraient dû mesurer l'impossibilité pour Rome de tolérer une bigamie, la quasi-impossibilité pour la cour de France de plaider le mariage blanc et d'étaler au grand jour les motifs d'une éventuelle annulation.

Voilà pourquoi Louis XV ne fit pas de Jeanne du Barry, née Bécu, une nouvelle Maintenon. Il se contenta – non sans scrupules, non sans remords – de savourer son charme, son intelligence, sa culture, sa gentillesse. « Elle était bonne, sans prétention et sans rancune, ne voulant de mal à personne, obligeant volontiers. » Elle fit vendre la maison du Parc-aux-Cerfs, elle correspondit avec Voltaire, elle parraina le goût néo-classique et sut l'apprivoiser jusque dans le décor intérieur. Elle fut une Pompadour spontanée et presque désintéressée. Jusqu'au mois de mai 1774 elle sut donner, à un perpétuel inquiet, plaisir et bonheur.

Rien ne justifiait, rien n'excuse sa fin atroce, sur l'échafaud, le 8 décembre 1793.

Les Choiseul

Choiseul eut la chance d'être loué dans les petits manuels. Lavisse, qui vouait Louis XV aux gémonies, vit en Choiseul « un bon ministre », « un grand patriote », rénovateur de la marine et de l'armée. « Mais Choiseul n'était pas un courtisan. La conduite du Roi, qui devenait de plus en plus débauché, lui inspirait du dégoût ; il le laissa voir, et Louis XV le renvoya. » En fait Choiseul ne reprochait pas à son maître d'avoir une maîtresse ; son *dégoût*, si dégoût il y eut, n'était pas moral, mais social. Ce grand aristocrate, dont l'arbre généalogique remontait au XIe siècle, n'aurait pas vu le moindre inconvénient à la liaison du Roi avec une duchesse : lui-même était duc depuis 1758.

Le vrai Choiseul doit être dédoublé : c'est toute une famille qui anime le Conseil. Le plus célèbre – celui que nous appelons Choiseul, tout court – eut une autorité absolument comparable à un premier ministre, et cela pendant près de douze ans. Il intimidait Louis XV, qui estimait et surestimait ses talents, trouvait commode de s'appuyer sur lui, supportait sa vanité, son immoralisme, ses relations trop cordiales avec les « philosophes », sa haine des jésuites, son indulgence extrême envers les parlements.

Étienne-François de Choiseul, comte de Stainville (1719-1785), homme des marches de l'Est, était noble comme toute la Pologne ou, si l'on préfère, comme la France et la Lorraine réunies. Maréchal de camp à vingt-neuf ans.

ambassadeur à trente-cinq, il avait été en poste à Vienne au lendemain du renversement des alliances et avait aussitôt gagné l'amitié de Marie-Thérèse, Impératrice et reine. Très vite, il succédait au cardinal de Bernis en qualité de secrétaire d'État des affaires étrangères, fonction qu'il occupa de décembre 1758 à octobre 1761, puis d'avril 1766 à décembre 1770. Le duc de Choiseul n'avait pas abandonné pour autant toute ambition militaire : le Roi le fit lieutenant général en 1759.

Choiseul avait un cousin éloigné, César-Gabriel, comte de Choiseul, né en 1712, comme lui officier – il était lieutenant général depuis 1748 –, comme lui diplomate : il fut ambassadeur de France à Vienne à la place laissée libre par Stainville. Dès lors, sa carrière, parrainée par Choiseul, sera fulgurante, finissant par se confondre avec celle de son protecteur. César-Gabriel fut ministre en août 1761, secrétaire d'État des affaires étrangères en octobre, duc de Praslin en 1762, secrétaire d'État de la marine de 1766 à 1770. Il fut disgracié comme son cousin le 24 décembre 1770, mourut comme lui en 1785.

Les deux Choiseul étaient entrés au Conseil et au gouvernement en pleine guerre de sept ans. Rien ne serait plus injuste que leur imputer les abandons consentis en 1763 par le traité de Paris. À Stainville on doit la signature du troisième traité de Versailles (30 décembre 1758), qui allégeait notre contribution à l'alliance franco-autrichienne, puis celle du Pacte de Famille (1761), qui détermina l'entrée en guerre de l'Espagne contre l'Angleterre. Ici Lavisse a raison : le duc de Choiseul sut agir en « grand patriote ». Quant au traité de Paris, il ne réjouit ni Choiseul, ni Praslin, deux ministres déjà déterminés à préparer la revanche.

De 1761 à 1766, le duc de Choiseul est à la fois Colbert et Louvois. Il domine le conseil des ministres. Il gère les départements de la guerre et de la marine : on n'avait jamais vu ces deux administrations entre les mains d'un seul homme.

Contrairement au marquis de Louvois, mais dans le sillage du maréchal duc de Belle-Isle, son prédécesseur, le nouveau ministre de la guerre était un grand seigneur et un militaire. En six ans, il a corrigé bien des défauts dans tout le militaire, fait de l'intendance un corps ; développé, structuré et mieux encadré les « armes savantes », artillerie et génie ; encouragé Gribeauval, père de l'artillerie de campagne ; protégé l'école militaire et amélioré son encadrement. Il a réduit le nombre des officiers. Il a fortement diminué la vénalité des charges dans l'armée.

Cet homme brillant, mondain, d'apparence superficielle et frivole, fut aussi l'obsédé d'un grand dessein : la revanche. Pour y contribuer, il se fit législateur et administrateur méticuleux. Le traité de paix n'était point encore signé, que Choiseul avait fait édicter par le Roi huit grandes ordonnances : sur le génie (4 décembre 1762), l'infanterie (le 10), les gardes françaises (le 12), les grenadiers, les régiments étrangers, la cavalerie, les dragons, les hussards (le 21 du même mois de décembre). Cela continue en 1763 : des textes réglementent le régiment du Roi, les engagements, le recrutement des soldats, les troupes légères, les fourrages, les gardes suisses, la gendarmerie, le nombre des officiers. Et encore en 1764, avec des mesures concernant les hussards (10 février), les invalides (le 26), le financement de l'entretien des troupes (20 mars), les commissaires des guerres, l'exercice de l'infanterie, les inspecteurs de l'infanterie et ceux de la cavalerie, les régiments suisses, la gendarmerie, le camp d'exercice de Compiègne (5 juillet), les congés (10 août), etc. Cette énumération, pour fastidieuse qu'elle paraisse, était nécessaire. Elle nous révèle *le vrai Choiseul*, grand seigneur mué en commis de l'État.

En qualité de ministre de la marine, Choiseul s'applique à imiter ses devanciers Colbert et Seignelay. Il est le meilleur gestionnaire de cette branche ; plus favorisé que Maurepas, car disposant d'un budget enfin convenable. Tout est à reprendre ou à reconstituer, depuis le désastre de 1759. Le nouveau ministre doit rajeunir les cadres de la marine : depuis 1715, les officiers généraux sont trop souvent septuagénaires ou même octogénaires (certains ont servi au temps de Seignelay...). Il doit refondre la législation. Les ordonnances se succèdent, sur le recrutement et la formation des gardes de la marine, la carrière d'officier, le rôle des « ingénieurs constructeurs » (1764) ; sur les officiers d'administration ; enfin à nouveau sur le génie martime (1765). La flotte elle-même est à reconstruire ; or les ressources du ministère sont limitées, mais Choiseul est habile. Il parvient, hors budget, à obtenir des forces vives du pays un « don gratuit » d'environ treize millions, permettant la construction de quinze vaisseaux de ligne. Tout le monde a joué le jeu : fermiers généraux, corps de ville, corporations parisiennes, chambres de commerce, états provinciaux.

Entre 1766 et 1770, le duc de Praslin n'a qu'une chose à faire : continuer sur une voie toute tracée. Lui aussi développe la construction navale : en 1772, la marine royale alignera 66 vaisseaux et 35 frégates. Il agrandit et fortifie l'arsenal de Brest ; il récupère Lorient en 1769, au moment de la suppression de la compagnie des Indes. Il crée dans les trois ports principaux – Brest, Rochefort et Toulon – des écoles de santé navale. Il réorganise l'artillerie navale et celle des arsenaux. À l'intention de la colonie, il met au point des troupes spécialisées – infanterie et artillerie de marine –, devancières des *marsouins* et des *bigors*. Comme jadis Maurepas, M. de Praslin provoque et patronne plusieurs missions scientifiques (hydrographie, observations astronomiques, découverte), ou semi-scientifiques comme le périple de Bougainville. Il protège l'académie de marine à qui il fait obtenir en 1769 le titre d'académie royale et qui, de plus en plus, va œuvrer de concert avec l'académie des sciences.

Telles sont les meilleures réussites du ministère Choiseul. Au passif, « le ministère de Choiseul correspond à l'affaiblissement de l'autorité royale. Il protège et même encourage d'une certaine manière l'insubordination des parlements » (J. de Viguerie) ; son athéisme, sa complicité avec Voltaire, son hostilité envers la compagnie de Jésus ne le rendent guère plus crédible. Avec lui, on peut croire que *l'opposition au Roi est au pouvoir.*

Reste la politique extérieure. Le rattachement de la Lorraine n'est qu'une coïncidence. Si Stanislas Leczinski avait disparu le 23 février 1756 (et non 1766), l'homme de ce rattachement eût été Rouillé, non Choiseul. Quant à l'acquisition de la Corse – d'autant plus opportune pour le royaume que nous avions dû en 1763 rendre Minorque aux Anglais –, elle rappelle et même reproduit les conventions précédentes, conclues depuis 1737 avec Gênes. Cette affaire se relie donc à l'habile diplomatie du cardinal de Fleury. Depuis lors, nous n'avons cessé de remplacer dans l'île, toujours agitée, les Génois impuissants ou débordés : en 1738-1739, en 1746, en 1756, en 1764. Le traité franco-génois de 1768 daté de Versailles, habilement rédigé par Choiseul, on doit le reconnaître, revenait à un achat de la Corse. « En principe, la France pacifierait l'île [une fois de plus] pour le compte des Génois et ne la garderait que si elle n'était pas remboursée des dépenses militaires et administratives qu'elle se disposait à y faire » (M. Antoine). Dans la pratique, et bien qu'il fallût envoyer un corps de 25 000 hommes pour venir à bout du patriote Paoli, tout se passait comme si, à la barbe de l'Angleterre, nous redevenions une grande puissance méditerranéenne.

En Europe orientale, le fameux Secret du Roi, animé par le comte de Broglie, n'intervint pas plus que le duc de Praslin quand mourut le roi de Pologne Auguste III. Soucieux de paix, Louis XV cessa de s'intéresser aux « alliés de revers » de son royaume. Catherine II n'eut aucun mal à faire élire roi de Pologne son cher Stanislas Poniatowski (1764). Le Roi et les Choiseul n'avaient plus qu'une préoccupation : la revanche française contre l'Angleterre. Mais leurs stratégies ne s'accordaient pas. Louis XV souhaitait un temps de paix pour ne reprendre les hostilités, si les hostilités paraissaient inévitables, qu'avec l'assurance de toutes chances de succès (descente en Angleterre, une fois la marine royale redevenue pleinement compétitive ; ou aide aux colons anglais s'ils venaient à s'insurger contre Londres). Les deux Choiseul, grisés par leur réussite en matière militaire et navale, poussaient à la guerre immédiate, la guerre au moindre prétexte.

Messieurs de Choiseul devenaient dangereux ; de plus, ils se croyaient irremplaçables et le montraient un peu trop. Cela explique leur disgrâce du 24 décembre 1770. Le mépris dans lequel ils avaient cru bon de tenir la pauvre Jeanne du Barry ne fut pas la cause première de leur chute. Cette cause fut une certaine raison d'État, dans le cas présent logique et légitime.

Le réveil du Roi

Le lundi 3 mars 1766, Louis XV vint au Palais – n'ayant prévenu le premier président qu'à l'aube. Les magistrats, surpris, inquiets d'une visite qui n'était pas un strict lit de justice, mais une séance royale inopinée, entendirent le Roi déclarer : « Je suis venu pour répondre moi-même à toutes vos remontrances. » Puis le conseiller d'État Joly de Fleury lut le texte apporté par le souverain.

On y dénonçait la thèse parlementaire, chère à l'avocat Le Paige, selon laquelle les parlements du royaume n'en formaient qu'un, constituant « un corps imaginaire », « une confédération de résistance », au mépris des lois fondamentales et de la véritable vocation de la magistrature. « *C'est en ma personne seule que réside la puissance souveraine, dont le caractère propre est l'esprit de conseil, de justice et de raison... C'est à moi seul qu'appartient le pouvoir législatif, sans dépendance et sans partage... L'ordre public tout entier émane de moi...* » Le reste à l'avenant. Un cours de droit public éloquent, percutant, provoqué par des remontrances relatives aux affaires de Pau et de Rennes, c'est-à-dire étrangères à la compétence du parlement de Paris, mais élevant le débat à la hauteur la plus grande. Ce texte, frappé comme une médaille, fut aussitôt surnommé la *Flagellation*. Il résumait une colère légitime, n'était pas l'expression d'un caprice. Plus d'un conseiller d'État, surtout l'habile Gilbert de Voisins, avait été consulté, plusieurs conseils et comités – dont le secret avait été admirablement gardé – en avaient discuté le sens, pesé les mots. Le texte, destiné à tous les sujets du royaume, soulignait à bon escient les notions de *conseil*, de *justice* et de *raison* (qu'auraient déjà invoquées Philippe Auguste ou saint Louis), montrant ce qui avait toujours interdit à la royauté capétienne de virer à l'autoritarisme aveugle. Jamais, même ce 3 mars 1766, la monarchie absolue à la française ne se confondit avec un despotisme ou une tyrannie.

La *Flagellation* ne manqua pas d'impressionner les sujets du Roi – c'était l'un des effets recherchés – mais l'expérience montra bientôt qu'elle n'avait pas réduit à l'obéissance les *longues robes*, c'est-à-dire les corps et les personnes directement concernés. Entre 1766 et 1770, les magistrats des diverses cours de justice recommencèrent de s'agiter, de brandir les théories captieuses de l'avocat Le Paige, de marquer leur solidarité avec Rennes et Paris.

En réalité, l'affaire La Chalotais [1] était devenue, à force de passion et d'entêtement, une affaire d'Aiguillon. Or le Roi n'avait aucune raison d'abandonner ce courageux et fidèle serviteur, un homme qui avait tant fait pour la Bretagne, et dont le regretté Dauphin pensait qu'il avait le calibre d'un premier ministre.

Cherchant encore l'apaisement, Louis XV se contenta d'exiler le procureur général La Chalotais à Saintes. Cette sanction modérée n'entraîna pas moins les protestations des magistrats bretons, suivis par les états – toujours ombrageux – de la province. Ces derniers réclamaient tout simplement (pour ne pas dire exigeaient) le rétablissement du parlement de Rennes tel qu'il était en 1765. Cependant le parlement-croupion de 1766, toujours moqué par le surnom de *bailliage d'Aiguillon*, attaqué, cerné, discrédité, n'était même plus sûr.

En août 1768, le duc d'Aiguillon crut sage de se démettre de son titre de commandant en chef ; le mois suivant, le Roi fit chancelier de France le président de Maupeou, le fils. C'était diminuer, au Conseil, le crédit du clan Choiseul et ce changement fut plus soupçonnable

1. Cf. *supra*, p. 51-52.

encore lorsque, sur le conseil du nouveau Chancelier, Louis XV nomma contrôleur général (22 décembre 1769) l'énergique abbé Terray.

Le Roi et Maupeou voulurent bien rappeler les magistrats démissionnaires du parlement de Rennes. Mais, à peine rétablie, cette cour ne songea qu'à enquêter sur l'ancien commandant en chef, cause de ses malheurs, pensait-elle, et ancien tyran de la province. Exaspéré à juste titre, le duc d'Aiguillon demanda à Louis XV d'être vraiment jugé, mais jugé selon la loi, non le caprice; c'est-à-dire par la cour des pairs. Le conseil des dépêches y consentit. La cour des pairs – Parlement et ducs et pairs tout ensemble – entama cet étonnant procès le 4 avril 1770. Le Roi et le Dauphin (futur Louis XVI) s'y trouvèrent. Mais les magistrats parisiens, ouvertement complices de leurs collègues bretons, ne cachèrent pas leur partialité. Du 16 avril au 7 mai, défilèrent de vrais ou faux « témoins » plus qu'ambigus, en général haineux. Les débats furent si orientés que le Roi, le 27 juin en lit de justice, mit fin à ce simulacre de procédure. Les témoins à charge avaient eu l'audace de contester plusieurs arrêts du Conseil, frôlant le crime de lèse-majesté ! Le parlement de Paris ne pouvait plus siéger en cour des pairs; il se réunit en Parlement seul et, par arrêt du 2 juillet, osa priver M. d'Aiguillon de ses droits et privilèges de pair. Les princes ne craignirent pas d'approuver; quant aux parlements de province, ils manifestèrent, une fois de plus, leur accord et leur solidarité.

L'affrontement reprit de plus belle. Le lit de justice du 3 septembre obligea le parlement de Paris à détruire toutes pièces de procédure concernant le duc d'Aiguillon « dont la conduite a été déclarée irréprochable par Sa Majesté ». Celui du 7 décembre exigeait des magistrats rebelles « la plus parfaite soumission » aux lois du Roi. Maupeou avait donné une forme adoucie aux principes de droit public déjà exprimés dans le discours de la *Flagellation*.

En fait de soumission, le parlement de Paris ne trouva, le 10 décembre, qu'à inaugurer une nouvelle *cessation de service. Inde irae.* Messieurs avaient tout fait pour attirer la foudre. Louis XV et Maupeou consacrèrent – nous le verrons en détail plus loin – l'année 1771 à réformer la justice et l'administration, à la lumière des affrontements précédents.

À la Noël de 1770, le Roi avait remercié Choiseul, pour de multiples raisons politiques et personnelles. La place officieuse de ministre principal se trouvait libre. Elle échut tout naturellement au duc d'Aiguillon, secrétaire d'État des affaires étrangères le 6 juin 1771 (et de la guerre en janvier 1774). Trois ans durant, la France fut gouvernée par un *Triumvirat* : d'Aiguillon, Maupeou et Terray. Ces trois hommes ne brillaient point par la souplesse et n'avaient pas le talent de ce qu'on appelle de nos jours la communication. Mais ils étaient honnêtes, patriotes, énergiques. Ils avaient la confiance du Roi – d'un roi tardivement lucide –, et ils s'efforcèrent de redonner confiance au Roi – un roi enfin quelque peu volontaire.

Tout le monde aujourd'hui admire l'œuvre de Maupeou. Celle d'Aiguillon fut plus qu'heureuse. Il dut corriger les imprudences de Choiseul. Au lieu, comme son prédécesseur, de rechercher quelque *casus belli*, il parvint à apaiser la tension franco-anglaise, à rendre le royaume moins dépendant de l'alliance autrichienne, enfin à aider le roi de Suède Gustave III à s'imposer contre sa diète et l'anarchie ambiante. Il est traditionnel de reprocher à d'Aiguillon d'avoir laissé faire le premier partage de la Pologne, mais qu'aurait-il pu y changer ? On ne pouvait mobiliser 200 000 hommes pour protéger Poniatowski. On ne pouvait se mettre à dos la coalition des trois copartageants – la Prusse, la Russie et l'Autriche. Et si l'on veut des coupables, il ne reste à choisir qu'entre Choiseul et le Secret du Roi.

La troisième tête du *Triumvirat* ne saurait être oubliée. Après Orry, après Machault, Terray fut sous Louis XV le meilleur ministre des finances. Il hérita d'un Trésor vide, il laissa une réserve considérable. Sa politique d'économies fut efficace et sans brutalité. Il augmenta les impositions indirectes et obtint des fermiers généraux des sommes inespérées. Dès 1771, il avait rendu perpétuel le premier *vingtième* et prolongé, mais pour dix ans seulement, le second *vingtième.* Il sut surtout combattre la fraude et rendre plus juste et précise l'assiette de l'impôt. Il parvint à faire « du vingtième la meilleure imposition de l'ancien régime » (Lucien Bély).

C'est ainsi que le long règne de Louis le Bien-Aimé s'acheva, grâce aux triumvirs, sous la houlette d'un gouvernement honnête, intelligent et fort.

L'année Maupeou

Qui voudrait résumer les événements de 1771 en France hésiterait entre deux titres : ou bien *L'année Maupeou*, ou *Le réveil du Roi*. L'un et l'autre conviendraient. Les deux notions nous semblent inséparables. Louis XV paraît enfin éveillé de son sommeil politique. Jusqu'ici il a beaucoup supporté ; ses interventions ont tardé ; ses colères ont paru fortes mais courtes, et les personnes ou groupes concernés l'ont, bien sûr, observé. Même le sursaut fameux de la *Flagellation* n'eut guère d'effet, trop isolé qu'il fut, geste d'humeur sans véritable suite.

Tout autres sont l'intensité, le rythme, la durée des mesures ponctuant l'an 1771. Les textes autoritaires et réformateurs se suivent, de janvier à décembre, conçus et mis en forme par le Chancelier, décidés (ou du moins acceptés) par Sa Majesté. Il s'agit – pour le Roi et son ministre – de briser l'union des parlements en révolte, et d'éradiquer dans la classe robine la tentation du pouvoir. On veut tout d'abord diminuer le ressort du parlement de Paris, avec pour conséquences de favoriser les justiciables et les plaideurs, et d'entamer le prestige d'une institution aux prétentions abusives. Chemin faisant, les réformateurs s'attaquent à la vénalité des offices, « mal français » que Colbert lui-même avait toléré par prudence.

Aujourd'hui, c'est une pluie d'ordonnances. Les actes royaux se suivent, se bousculent et d'ailleurs se ressemblent. La France paraît enfin gouvernée, et non livrée à terme au pouvoir capricieux des juges. En janvier est remaniée l'intouchable institution des intendants des finances – ces tiercelets devenus parfois plus importants que les ministres véritables –, puis le Roi embauche les membres de son Conseil pour tenir le Parlement. En février, le ressort du parlement de Paris est démantelé : sont créées de nouvelles cours d'appel, nommées conseils supérieurs. Un deuxième édit supprime le conseil provincial d'Artois. Un troisième texte prescrit l'évaluation des offices, première étape en vue de leur rachat autoritaire et de l'extinction de leur vénalité.

En avril, c'est le parlement de Paris tout entier qui est supprimé. Un nouveau Parlement, composé de magistrats nommés par le Roi, devra rendre à sa place une justice rapide et gratuite. Cependant Maupeou a obtenu la suppression de la cour des aides – imprudemment devenue solidaire des parlementaires ses voisins – et même du grand conseil. Au mois de mai, Louis XV supprime les offices vénaux du Châtelet, le plus grand tribunal de l'Europe. Il crée des charges nouvelles. Parallèlement, on révoque la cour des aides de Clermont.

Ce n'est qu'un début. M. de Maupeou a fait comprendre au souverain que les réformes ainsi entreprises n'auront leur plein effet que si elles vont à leur terme, sans exception, sans rémission. Juin voit supprimer la table de marbre de Paris, remanier la désuète structure du bureau des finances de la capitale. Sur l'élan, on confie au nouveau parlement de Paris les affaires en suspens au grand conseil (en temps ordinaire, c'était plutôt l'inverse). Maupeou devine, dès cet instant, que sa réforme ne réussira que si les cours et compagnies recomposées, bravant les critiques, se font estimer du public. Il n'a pas tort : en 1774, lorsque mourra Louis XV, le nouveau Parlement aura cessé de faire regretter son turbulent devancier...

Juillet 1771 voit renvoyer et transformer le parlement de Besançon, dont le Roi n'a pas oublié les insolences. En août, le Chancelier fait supprimer l'inutile cour des monnaies de Lyon. Il bouleverse les structures des parlements de Toulouse et Bordeaux. Il installe un conseil supérieur à

Nîmes. Il n'y aura, cette année, ni trêve ni vacations d'automne. En septembre, le Roi supprime l'ombrageux parlement de Rouen et la cour des comptes de Provence. Il crée un conseil supérieur à Bayeux, un autre à Douai. Il transforme le parlement de Bretagne, le plus ancien et le plus obstiné rebelle. Octobre voit la suppression du parlement de Metz et de celui de Dombes (le plus petit), ainsi que la transformation de ceux de Grenoble et de Dijon. En décembre, le Chancelier obtient la création à Rouen d'un conseil supérieur, héritier de la compétence du parlement local et de la cour des aides sa voisine.

Comme les despotes éclairés des pays étrangers, Louis XV et Maupeou ont brisé des corps intermédiaires aux prétentions excessives. Le risque était ici plus grand qu'à Berlin, à Vienne ou à Pétersbourg, compte tenu de l'opinion publique. Celle-ci est, en France, plus « philosophique », plus hardie, mieux traitée – le parti de l'*Encyclopédie* est devenu souverain à l'académie française et à l'académie des sciences, dans les compagnies similaires en province, les sociétés de pensée, les loges, etc. Elle ne manque pas de dénoncer un « despotisme » jugé cruel, de plaindre les magistrats déplacés, dépossédés ou exilés. Il n'y a pas si longtemps, Louis XV était critiqué pour sa carence. Désormais chansons et pamphlets en font un tyran, au mieux l'imprudent protecteur du tyran Maupeou.

Ces réformes de 1771, impopulaires mais salutaires, Voltaire fut presque le seul écrivain notable à les applaudir.

Le ralliement de Voltaire

Dès le début de l'année 1771, les voix les plus discordantes se rapprochèrent, pour dénoncer le despotisme présumé du Chancelier et soutenir les parlementaires menacés. Les grands seigneurs se découvraient solidaires de la Robe, les magistrats des juridictions inférieures épousaient sans réticence les thèses des cours, le peuple de Paris et celui de bien des villes de parlement crurent bon de s'apitoyer sur le sort des *longues robes*. Les amis de Choiseul critiquaient bruyamment ; les contempteurs de la Cour, les ennemis du parti dévot, les jansénistes extrêmes faisaient chorus. Comment les « philosophes » et le parti de l'*Encyclopédie* (les intellectuels sont volontiers grégaires) ne se seraient-ils pas associés à cette manière de charivari ? Ils le firent donc, mais à une exception près – un distinguo de taille –, celle de Voltaire.

La correspondance du seigneur de Ferney le montre partisan de Maupeou et de ses réformes. Le style du Chancelier, celui, bientôt visible, du *Triumvirat* lui conviennent. Le philosophe, ici, retrouve comme la patte de Frédéric II, la manière du despotisme éclairé. Paradoxalement mais tout naturellement, le voilà auxiliaire objectif du parti dévot ! Il ne va pas verser des larmes sur l'exil des magistrats rebelles : « Chaque conseiller est dans un village où il se forme à l'agriculture. » Ou encore : « C'est une consolation bien faible que les assassins du chevalier de la Barre soient à leurs maisons de campagne » (À d'Alembert). Et d'écrire à Florian : « Sont-ils bien à plaindre d'être à la campagne ? Il y a dix-sept ans que j'y suis et je n'ai pourtant assassiné personne. »

Le noble discours de Maupeou, le 23 février, lui semble « parfaitement beau » (Nouvelle lettre à d'Alembert). Voltaire approuve chaleureusement le programme de suppression de la vénalité des charges et d'une refonte des lois. Il voit dans l'établissement des conseils supérieurs un règlement excellent, « le plus beau qui ait été fait depuis la fondation de la monarchie ». Fin mars, tandis que l'opposition aux réformes s'amplifie (on parle même à Paris du renvoi de Maupeou, d'un retour des Choiseul), Voltaire paraît s'ancrer dans ses convictions personnelles. S'il ne commente pas la suppression de la cour des aides, il loue l'installation du nouveau Parlement et les mesures qui en découlent, telle l'abolition des offices de procureur.

Les soubresauts observables en certaines villes ne l'inquiètent guère : « Les parlements de province font les méchants mais ne sont pas dangereux. Le Roi sera le maître et doit l'être. » Il approuve la suppression du parlement de Besançon. L'opinion publique demeure-t-elle hostile aux réformes ? Il n'est que de laisser faire le temps. « Quelquefois les institutions les plus salutaires sont mal reçues parce qu'elles ne viennent pas dans un temps favorable. Mais bientôt les bons esprits se rendent. Pour la canaille il ne faut jamais la compter. »

Dès février 1771, Voltaire entame une campagne de libelles favorable au Chancelier. Ce sont des textes anonymes, quelquefois amputés ou corrigés, mais que « les bons esprits » identifient sans peine : l'auteur ne désavoue guère, le Chancelier lève volontiers le voile. Les petits pamphlets se multiplient donc : *Lettre d'un jeune abbé* (cela convient très bien à un vieux mécréant), *Avis important à toute la noblesse du royaume* (on reconnaît le snob, que Louis XV oublia d'anoblir), *Lettre écrite de Genève par un bourgeois de cette ville...* (Ferney est tout près), *Réponse aux remontrances de la cour des aides*, *Très humbles et très respectueuses remontrances du grenier à sel*, *Les Peuples aux Parlements*, *Les sentiments des six conseils établis par le*

Roi et de tous les bons citoyens. Cette liste n'est pas limitative. Elle doit être complétée par un opuscule particulièrement bien tourné, ayant pour titre *L'Équivoque*.

Parlements du royaume!... Vous êtes chargés de rendre la justice aux peuples; *commencez par la rendre à vous-mêmes*. Et de recourir à l'Histoire pour mettre en pièces la thèse de Le Paige et la théorie de l'union des classes. Ni en Angleterre, ni dans le Saint Empire, ni en Espagne, ni dans la Rome pontificale, ni auprès du Grand Turc, les plus prestigieuses cours de justice « ne représentent la nation ». Elles « ne sont les tuteurs ni des rois, ni des empereurs, ni des souverains ». Si les rois de France ont bien voulu accorder aux parlements le droit de faire des remontrances, cela ne saurait être confondu avec quelque pouvoir législatif. « Il n'y a sur le globe entier aucune cour de judicature qui ait jamais tenté de partager la puissance souveraine. » L'équivoque a pour cause le mot même de *parlement*, « qui signifie en Angleterre : états généraux ». En France, les parlements n'ont rien à voir avec des états généraux; « la vénalité honteuse des charges », à elle seule, prouve le contraire!

Louis XV, « un Roi sage », débarrasse la France « de cet opprobre de la vénalité ». Il rend le parlement de Paris responsable et accessible. Il transforme et métamorphose la justice. *Il faut être sans cœur*, affirme Voltaire, *et sans raison pour ne pas rendre grâces au Roi, dans la génération présente, d'un bienfait qui sera reconnu dans la dernière postérité. Si Dieu envoyait sur la terre un ministre de ses volontés célestes pour réformer nos abus, il commencerait par faire ce que fait Louis XV dans cette partie de l'administration.*

Et, pour faire bon poids après cette mini-parabole angélique, Voltaire – profitant de l'anonymat – terminait son pamphlet royaliste et légaliste par une citation biblique : « Jugez et prononcez. *Erudimini qui judicatis terram, et nunc, reges, intelligite.* » (Et vous maintenant, ô rois, ouvrez votre cœur à l'intelligence; recevez les instructions de la vérité, vous qui jugez la terre.) Psaume 2, verset 10...

Cet engagement, moins paradoxal que son apparence, du plus grand écrivain français de son temps n'est pas assez connu ou reçu. Certes, il reste isolé. Certes, il arrive trop tard (mais qui pouvait prévoir la mort prématurée du Roi ?). Mais il montre combien Louis XV et son gouvernement ont perdu d'opportunités : « Cinquante-six ans, écrit Voltaire, consumés dans les fatigues et dans les vicissitudes. » Dans un État, sous un régime où manque la liberté de la presse (seule l'Angleterre en a ébauché une), manque aussi quelque peu ce que nous appelons aujourd'hui la communication. Pour orienter l'opinion, le Roi aurait pu et dû songer plus tôt à rallier les écrivains. Ce que les despotes éclairés ont fort bien compris – surtout Frédéric en Prusse et Catherine II en Russie –, le roi de France n'y songea point : se faire approuver, louer, célébrer par la République des Lettres. A Berlin, à Potsdam en 1750 dans la nouvelle Sparte du temps des lumières, Voltaire avait cru découvrir une nouvelle Athènes. En Russie, après l'assassinat de Pierre III, il n'a trouvé qu'à encenser une impératrice meurtrière. À ces faits l'on mesure l'importance médiatique des philosophes français. Si Voltaire avait été plus souple auprès du Roi, si Louis XV avait plus tôt compris que Voltaire, comme Frédéric II, pouvait tout à la fois critiquer le Ciel et respecter les princes, la monarchie française ne se serait pas lentement délitée au moment le plus sensible de son histoire. Pas plus que Frédéric II ou Catherine II, Louis XV n'aurait fait de Voltaire un ministre, un guide politique ; mais il eut tort, contrairement à Catherine et à Frédéric, de ne pas user d'un si étonnant porte-voix.

Car Louis XV, sûrement plus éclairé qu'un Joseph II, qu'une Catherine II, était infiniment moins despotique que tous les prétendus despotes éclairés.

L'esprit public

L'engagement de Voltaire en faveur du Roi, enfin réformateur, ne put à lui seul calmer les opposants : trop de forces s'étaient coalisées, grands seigneurs et robins surtout. Mais il ne passa pas inaperçu. A la mort de Louis XV, en 1774, les combats engagés par le *Triumvirat* sont à peu près gagnés. Le royaume finit par s'apercevoir que le Parlement Maupeou a du bon. L'opinion, en France, n'a pas encore cette tendance à l'obstination qui la marquera vers 1788-1789.

À considérer les sensibilités politiques de l'Europe des lumières, il apparaît qu'un véritable esprit public est né en Angleterre – grâce au Parlement, à la presse, à la bataille pour la publicité des débats parlementaires. Il se forme à peine dans les zones acquises au despotisme éclairé : Espagne de Charles III, Toscane de Léopold, Autriche de Marie-Thérèse et de Joseph II, Prusse de Frédéric II, Russie de Catherine II. À mi-chemin, se côtoient la Hollande et la France. On pourrait dire, en ces matières, que la France, à l'imitation de l'Angleterre – mais avec plus de mal –, souffre les douleurs de l'enfantement d'une opinion publique. À la fin du règne de Louis XV, elle est souvent très critique.

Le Roi l'a discernée trop tard et en a sous-estimé l'importance. Il l'a longtemps confondue avec un friselis parisien. Il a perdu plus de temps à lire les rapports de police sur les fredaines des grands et des riches, qu'à méditer les chansons, libelles, noëls et pasquinades brocardant son gouvernement, ses écarts, sa personne et presque sa fonction.

Louis n'a pas tort de croire que la pensée dite philosophique ne touche qu'une fraction de son peuple ; il a tort de négliger une réalité sociale : à la fin de son règne, la grande noblesse, gâtée par Versailles, est devenue rétive et parfois contestataire ; la haute robe ne cache plus son opposition ; la solidarité augmente entre ces deux groupes de privilégiés ; enfin, cette contamination des élites est en train de gagner les classes moyennes, que l'essor économique du royaume et sa civilisation ne cessent de favoriser. Le poisson pourrit par la tête.

On ne peut considérer l'*Esprit des lois* de Montesquieu (1748) comme un livre vraiment hostile aux valeurs traditionnelles, mais ensuite que de titres et d'ouvrages démolisseurs ! la *Lettre sur les aveugles* de Diderot (1749), l'*Encyclopédie* (1751), les *Œuvres* de Maupertuis (1756), *De l'Esprit* par Helvetius (1758), *Le Christianisme dévoilé* (1761), brûlot du baron d'Holbach, *Le Contrat social* de Rousseau (1762), le *Dictionnaire philosophique* de Voltaire (1764), *La Politique naturelle* de d'Holbach (1773).

Face à ce déferlement, on ne rencontre que la courageuse *Année littéraire* de Fréron, ou la plaisante comédie de Palissot, *Les Philosophes* (1760).

Les attaques contre la religion et contre le gouvernement se jouent de la censure. Elles ne se limitent pas, bien entendu, aux œuvres des auteurs célèbres. Depuis le milieu du siècle naît et se multiplie une classe de plumitifs au talent inégal ; ils répètent, radicalisent, simplifient et répandent à l'envi les thèmes et les formules désormais à la mode.

A l'opposé, le peuple reste, en gros, respectueux de la tradition. Il honore Dieu et demeure fidèle au Roi. Le bas clergé – sauf dans les zones jansénistes – lui enseigne un catholicisme populaire et chaleureux, très ouvert par exemple à la dévotion nouvelle du sacré cœur de Jésus. Dans l'ordre politique, si le peuple des campagnes grogne volontiers contre le seigneur, son régisseur et les officiers seigneuriaux, son loyalisme n'est pas en cause. Jusqu'au temps des cahiers de doléances de 1789, la phrase usuelle de mauvaise humeur reste : « Ah ! si le Roi savait !... » Les villes n'ont pas si bon esprit, mais on doit remarquer que la bousculade meurtrière qui endeuilla en 1770 les fêtes du mariage du Dauphin (futur Louis XVI) n'a pas rendu républicains les braves Parisiens.

Les critiques des uns et des autres, lorsqu'elles s'expriment, dénoncent les écarts du Roi, engendrant quelque mépris, nulle haine. Elles s'en prennent à la tyrannie des ministres – Maupeou et d'Aiguillon –, non à l'énergie nouvelle du Roi. Elles contestent le despotisme des bureaux, mais ne connaissent de l'absolutisme ni le nom (il date de la Révolution), ni les manifestations. Malgré les apparences, le Bien-Aimé n'est pas véritablement détesté. D'ailleurs, il est difficile de lui faire grief aujourd'hui de trop gouverner, tandis qu'il lui fut reproché, trente-cinq ans durant, de ne point assez diriger son royaume.

On peut en déduire qu'un rien aurait pu diminuer les tensions, rapprocher les peuples de leur Roi. L'opinion en ce pays est versatile. Dans les affrontements entre pouvoir et Parlement, de 1718 à 1766, tantôt le peuple de Paris acclamait les magistrats en révolte, tantôt il se désintéressa de leur sort. Lorsque Louis XV vint au Palais pour admonester les parlementaires, le 3 mars 1766, il fit la rencontre au Pont-Neuf d'un prêtre portant le viatique à un mourant. Le Roi quitta son carrosse, en descendit seul et se mit à genoux dans la boue, au milieu des badauds. Que firent les assistants ? Ils crièrent : « Vive le Roi ! », comme ils l'auraient fait en 1740 ou en 1744... Louis aurait-il, le soir même, couché aux Tuileries, annoncé qu'il séjournerait à Paris jusqu'à la fin septembre, il eût convaincu 500 000 Parisiens de la vérité profonde du texte de sa *Flagellation*.

Ce qui laisse penser qu'il n'y avait encore rien d'irréparable, c'est que Louis XV avait toujours ménagé – à défaut des protestants et des jansénistes – ses adversaires culturels. Il avait respecté les grands salons littéraires, et ces derniers, de Mme de Lambert à Mlle de Lespinasse, l'avaient en échange ménagé ; d'ailleurs, en ce temps heureux, il était moins inquiétant de vanter le communisme utopique, que de critiquer le régime des impôts. Le Roi avait sans hésitation accepté presque toutes les élections académiques, sauf pour Diderot. Il avait laissé s'installer Voltaire et d'Alembert, alors qu'on le vit interdire un fauteuil à un savant ecclésiastique suspect de jansénisme. Le Roi avait soutenu le programme de créations académiques encouragé en province par son bisaïeul.

Louis XIV avait érigé les compagnies savantes d'Angers, Arles, Bordeaux, Caen, Montpellier, Nîmes, Soissons, Toulouse, Villefranche. Louis XV créa les académies d'Amiens et d'Arras, de Besançon et de Béziers, de Dijon, de La Rochelle, Lyon, Marseille, Metz, Montauban, Pau, Rouen, etc. Ces académies, leurs rivales les sociétés d'agriculture, les loges maçonniques (dont le nombre augmente), les diverses sociétés de pensée, les unes et les autres respectueuses du Roi et de la royauté, ne brillèrent pourtant pas par la soumission étroite, mais nul ne songea en haut lieu à le leur reprocher. On sait d'ailleurs aujourd'hui que les sociétés de pensée – loges surtout – ne prêchaient point la démocratie : elles se contentaient de la vivre. Plutôt qu'éditer livres ou libelles sur le thème de l'égalité, elles étaient constituées et gérées comme de minuscules républiques, élitistes en leur cooptation, égalitaires en leur fonctionnement.

La tolérance, relative mais réelle, de Louis XV envers les publications philosophiques aurait pu trouver sa récompense à long terme si le règne s'était prolongé. Mais, en 1774, tout dépendait encore de Paris (ce ne sera plus le cas en 1788). Le Roi n'aurait donc pu se concilier ses sujets, se réconcilier avec la nation, qu'en daignant honorer sa capitale, en habitant Paris, capitale nationale et internationale du nouvel esprit public.

La réaction nobiliaire

Quoique tardives, les mesures imputables au *Triumvirat* allaient dans le bon sens, mais elles ignoraient le vœu de la population : voir diminuer les inégalités. Des inégalités, l'on en voyait alors, de Glasgow à Constantinople, de Lisbonne à Saint-Pétersbourg. Elles choquaient davantage de Lille à Perpignan. La France possédait l'État le plus moderne au monde. Son économie était florissante. Sa société seule paraissait insensible à l'évolution générale, malgré l'amélioration de la condition paysanne et l'enrichissement des bourgeoisies. Fallait-il, en pareille conjoncture, renforcer les privilèges de quelques-uns, au lieu de les laisser lentement se flétrir ?

Or une réaction nobiliaire se développe alors en France, tolérée et même renforcée par Louis XV, premier gentilhomme du royaume au lieu d'être le roi de tous. La « réaction nobiliaire » est la somme des efforts des nobles pour sauver leur fortune (parfois bien entamée) et retrouver un pouvoir souvent plus qu'érodé. Dès la Régence on en aperçoit trois exemples.

Au sommet, c'est le Régent, installant au pouvoir la plus hautaine aristocratie : ducs, princes, officiers de la Couronne, personnalités de la Cour. Ceux qui, à la suite de Fénelon et de M. le duc de Saint-Simon, ont condamné l'effort *méritocratique* d'un Roi-Soleil qui leur parut bourgeois. La *polysynodie*, curieux régime expérimenté de 1715 à 1718, a peut-être donné de mauvaises idées au jeune

Louis XV. On vit un conseil de Régence où figuraient princes du sang et princes légitimés; un conseil de conscience, présidé par le cardinal de Noailles; celui des affaires étrangères, par le maréchal d'Huxelles; celui de la guerre, par le maréchal duc de Villars; celui des finances, par le duc de Noailles; celui de marine, par le maréchal d'Estrées; celui du dedans, par M. le duc d'Antin; sans parler des grands seigneurs qui peuplaient ces structures.

En 1715 aussi se réveille le Parlement, dont l'esprit vaniteux, faussement libéral et incorrigiblement conservateur, résume et symbolise une forme concurrente de réaction. *Fier de sa gloire neuve*, imprudemment remis en selle par le Régent, le Parlement a sans tarder retrouvé tous ses privilèges, honorifiques et utiles. Il en a tant, qu'il les gaspille. A quoi lui sert d'être anoblissant au premier degré, dès lors qu'il ne choisit ses membres – neuf fois sur dix – que dans la noblesse ? Et de s'apprêter à s'installer dans le pouvoir législatif, sans respecter ni le Roi ni la constitution coutumière dont il se prétend le gardien !

Un troisième phénomène de réaction nobiliaire se relie à la « réforme » de milliers d'officiers depuis les traités de 1713 et 1714. Ni Dubois, ni Fleury n'auront besoin de 300 000 soldats s'ils persistent en leurs programmes de paix. Nombre de gentillâtres – capitaines, lieutenants, enseignes – sont donc condamnés à l'oisiveté et à une demi-misère. Après chaque guerre le même problème se posera de nouveau. D'où la revendication chronique des nobles de province et des hobereaux : réclamer au profit de la noblesse un monopole des grades.

La politique du cardinal de Fleury – entre 1726 et 1743 –, sans doute plus nuancée, protège toujours la noblesse. À la tête de l'État, les ministres viennent à peu près tous, comme au temps du Grand Roi, de la robe et de la plume : ils se nomment Chauvelin, Amelot, Breteuil, Maurepas. Pour obtenir les honneurs de la Cour, il faut tenir compte du règlement de 1732, mais les preuves réclamées restent souples : ce n'est pas extrêmement difficile d'être présenté à Leurs Majestés et de monter dans les carrosses du Roi. De même, à observer les preuves de noblesse des pages du

Roi en 1727, on rencontre des lignées de robe. Dans la maison militaire du Roi, l'on peut être garde du corps à condition de « vivre noblement », ce qui est un programme et un état des plus vagues. Dans le reste des armées de terre – les « troupes réglées » –, le ministère n'impose pas au futur sous-lieutenant une vérification stricte de ses titres de noblesse, mais une preuve *testimoniale* (quatre gentilshommes, qui chassent et jouent avec monsieur votre père, attestent que vous appartenez à une lignée ayant toujours vécu noblement). Dans la marine, il en va de même. Et rien du tout, si votre père a été officier des vaisseaux.

Les dates sont parlantes. Dès que meurt le Cardinal, dès que le Roi enfin gouverne, tout change, tout se durcit. En 1743 déjà, la haute aristocratie entre au ministère : les Argenson (1743 et 1744), le marquis de Paulmy (1757), l'abbé et futur cardinal de Bernis (1757), le duc de Choiseul (1758) et son cousin le duc de Praslin (1761), le maréchal duc de Belle-Isle (1758), le duc d'Aiguillon (1771).

Dans l'Église, où Louis XIV avait pratiqué de bons dosages, l'épiscopat se ferme. Entre 1715 et 1742, sur 153 nominations d'évêques, vous trouviez encore 10 roturiers « de mérite ». De 1743 à 1774, au temps du règne personnel, il n'y aura que 3 roturiers sur 145 nouveaux prélats. Le dernier d'entre eux, J.-B. Beauvais, sacré en 1773, remercia le Roi, dans son oraison funèbre, en lançant la trop célèbre phrase (elle choqua Voltaire à bon droit) : *Le silence des peuples est la leçon des rois.*

Depuis 1743 encore, tous les barrages, tous les filtrages destinés à favoriser la noblesse, sont renforcés. Les preuves pour honneurs de la Cour deviennent plus difficiles en 1759. Pour devenir mousquetaire ou gendarme de la garde, on exige des preuves testimoniales ; pour être chevau-léger, des preuves écrites strictes. Depuis 1745, on ne peut être officier aux gardes françaises sans prouver auparavant quatre degrés de noblesse (votre bisaïeul paternel, déjà noble). La même preuve est de règle si vous souhaitez d'être admis, depuis 1753, à l'école militaire de Paris ; si vous désirez, depuis 1755, être garde du pavillon, le meilleur départ pour devenir officier des vaisseaux.

Ces preuves, exigées ou devenues presque nécessaires à l'entrée d'une carrière militaire, ne sont ni des caprices royaux, ni une fantaisie française. Après Turenne, Vendôme et le chevalier de Folard, à la suite de Maurice de Saxe, Louis XV est persuadé qu'on ne fait de bons lieutenants qu'avec les représentants de la petite noblesse. Un sentiment partagé, à Vienne, par Marie-Thérèse ; en Prusse, par le Roi-Sergent et par son fils Frédéric II. Au terme de chaque guerre, princes et ministres analysent les raisons des victoires, les causes des défaites. En Prusse, Sa Majesté oriente la grogne du côté des officiers sans naissance ; à Versailles, on atténue, en recourant à cette excuse, la responsabilité de Soubise à Rossbach.

Cependant, s'il y eut une réaction nobiliaire, nationale ou régionale (les nobles occupent bruyamment le terrain dans les pays d'états), on ne saurait oublier une des causes sociales de la Révolution : la réaction seigneuriale. Ici la responsabilité doit être répartie entre les propriétaires fonciers et l'État, les seigneurs et le Roi.

Dès 1740 ou environ – depuis une évidente montée des prix, un essor commercial incontestable et un non moins incontestable enrichissement des bourgeoisies –, les grands propriétaires (ils peuvent être roturiers, d'ailleurs) tentent, avec vigueur et persévérance, d'agrandir leurs domaines et d'en accroître le revenu. Pour cela, ils essaient de mettre la main sur les terres communales, à la propriété incertaine et dont usent volontiers les paysans d'alentour. Or les intendants prennent souvent parti pour le seigneur contre le manant. Ils le font par solidarité nobiliaire et terrienne ; ils le font parce que les *physiocrates*, ces nouveaux économistes bien vus de l'État, ont déclaré la guerre à la jachère.

Une seconde façon de rentabiliser le grand domaine est de fixer ou de refixer le cadastre local. Les registres des droits seigneuriaux s'appellent terriers ; les plans explicatifs, plans terriers. Mais pour cadastrer et imposer la légitimité de terriers et plans terriers, il faut l'accord du Roi. Il faut des lettres patentes. Or le Roi – ou si l'on préfère le Conseil avec la bénédiction souvent passive du monarque – ne cesse de permettre la rénovation des terriers. Louis XV n'y met aucune malice ; il a surtout le tort de trop écouter les agronomes et physiocrates, de faire passer les arguments économiques de rentabilité avant les motifs plus sociaux de l'encouragement à la petite propriété rurale. Ici tout le monde est coupable : le Roi, l'État, les ministres, le Conseil, les parlements, les intendants, les grands seigneurs non résidents, les officiers seigneuriaux, les feudistes ou « commissaires à terriers », les bourgeois riches, les nobles pauvres, les avocats sans cause, et nous en oublions. On verra bientôt, sous le règne de Louis XVI, un certain François-Noël Babeuf, « feudiste des pieds à la tête », contribuant aux environs d'Abbeville à une réaction seigneuriale, avant de rédiger en 1789 le cahier local de doléances réclamant « l'abolition des fiefs », puis de prôner le communisme agraire, ayant pris pour l'occasion le prénom romain et révolutionnaire de Gracchus.

Le Roi est mort

... Et la garde qui veille aux barrières du Louvre
N'en défend point nos Rois

MALHERBE.

Le mardi 26 avril 1774, soupant à Trianon, le Roi ne put rien avaler. Le 27, il eut de la fièvre. Le jeudi 28, on le mit de force en voiture afin qu'il regagnât Versailles ; sa fièvre fut si vive qu'on lui administra de l'opium. Dès le lendemain soir, la Cour apprit la vérité : Louis XV avait la petite vérole ! Les amis de Mme du Barry tremblèrent, le clan favorable à Choiseul commença d'imaginer un retour en force. Mesdames, filles du Roi, « s'enfermèrent chez lui en héroïnes, ce qui fut, dit Croÿ, bien beau et risquable ». Le Roi pourtant ignorait le diagnostic de la Faculté. Mesdames ne savaient quoi dire à leur père : à lui cacher la vérité ne risquait-on pas de le laisser mourir sans confession ? L'archevêque de Paris, atteint de gravelle, paraissait aussi souffrant que le Roi. Il vint pourtant s'installer à Versailles le 3 mai, jour où le monarque comprit enfin de quel mal il était frappé (Louis XV pensait avoir déjà été atteint à l'âge de dix-huit ans, et croyait être immunisé).

Le soir, le malade fit ses adieux à la comtesse du Barry : « Il ne faut pas recommencer le scandale de Metz... *Je me dois à Dieu et à mon peuple.* Ainsi il faut que vous vous retiriez demain. » Le 4 dans l'après-midi, la jeune favorite prenait le chemin de Rueil dans le carrosse de

Mme d'Aiguillon. Ce même jour, après la messe dite en sa chambre, Louis XV avait échangé quelques mots avec Mgr de Beaumont puis avec le cardinal de la Roche-Aymon, grand aumônier. Il s'agissait des derniers sacrements. De fait, le malade espérait guérir. Il pensait toujours beaucoup à sa maîtresse. Peut-être ne songeait-il pas combien le mois de mai était néfaste aux Bourbons : Henri IV et Louis XIII avaient péri un 14 mai. Peut-être reculait-il l'image terrible de la mort.

La transition se fit assurément le jeudi 5 : on observa que Louis pria beaucoup à la messe. Le surlendemain, avant l'aube, le Roi réclama son confesseur, l'abbé Maudoux. L'amant de Mme du Barry, le monarque orgueilleux avaient cédé la place au chrétien repentant. Louis XV dit à Maudoux : « J'ai toujours cru en Jésus-Christ, vous savez combien je l'adorais profondément à la messe et au salut. » A sept heures du soir, le mourant reçut pieusement le viatique. Puis, obéissant aux ordres du prince, le grand aumônier alla déclarer aux courtisans attentifs : « Le Roi me charge de vous dire qu'il demande pardon à Dieu de l'avoir offensé et du scandale qu'il a donné à son peuple » (la théologie et le catéchisme nomment cela, *repentir*). « Que si Dieu lui rend la santé, il s'occupera de faire *pénitence*, du soutien de la religion et du soulagement de ses peuples » (on appelle cela, *ferme propos*). Pendant ce temps, Louis, désormais apaisé, disait à sa fille Adélaïde : « Je ne me suis jamais trouvé ni mieux, ni plus tranquille. »

La sincérité du mourant ne fait pas de doute. Le Roi n'avait-il pas, dictant son message au cardinal de la Roche-Aymon, ajouté : *J'aurais voulu avoir la force de le dire* ? Il a brûlé ses vaisseaux. Après cette confession publique, si Louis avait survécu, on ne l'imagine pas réinstallant à Versailles la pauvre comtesse du Barry. « Le lundi 9 mai, dixième jour de la maladie, le Roi – écrit le duc de Croÿ – eut de bonnes conversations avec son confesseur » ; mais il sembla extrêmement las en écoutant la messe, à midi. L'abbé Maudoux, dans l'après-midi, lui demanda d'offrir à Dieu ses souffrances afin d'expier ses fautes. Louis XV répondit : « Ah ! si cela y pouvait suffire, ce serait bien peu de chose ! Je voudrais souffrir davantage ! » Belle phrase, presque banale au temps de la contre-Réforme ; pensée et parole inattendues de la part d'un monarque qui a si longtemps scandalisé ses sujets ! Mais, à cette époque – si l'on veut bien gratter la pellicule des lumières et se pencher sur la France profonde –, la mort est à la fois redoutée (celle qui surprend le pécheur impréparé, la *malemort*) et « apprivoisée », pour user du mot inventé par Philippe Ariès. La mort apprivoisée est à l'exact opposé de la *malemort*. C'est celle du Bon Larron qui, en une phrase dite au Calvaire, est absous d'une vie criminelle ; c'est en 1774, celle d'un Roi Très-Chrétien, resté chrétien en dépit de ses débordements et qui a voulu imiter la foi du Bon Larron.

Au soir du lundi 9 mai, Croÿ est rassuré par la fermeté du vieux Roi, rassuré et même édifié. « En général, écrit-il, loin de craindre la mort, comme on avait cru, il montra toujours un courage d'autant plus vraiment héroïque, qu'il fut simple, doux et modeste, enfin une résignation chrétienne parfaite, jointe à la plus grande tranquillité, et tout ce qui annonce une belle âme. Il ne cessa, surtout, jamais de calculer juste les instants, d'en profiter et d'indiquer avec précision tout ce qu'il fallait faire chrétiennement ; il ne parut pas s'occuper d'autre chose. »

Jean de Viguerie y insiste : la fin de Louis XV fut chrétienne ; « elle a été aussi vraiment royale, selon la tradition de la royauté française. Le Roi est mort en public, dans sa chambre personnelle, à l'étage royal, au milieu de son palais », le mardi 10 mai 1774 avant l'aube. Il mourut aussi presque dans l'indifférence. « Les intrigues allaient leur train, écrit Cheverny, tout le monde se tournait vers le soleil levant. »

Le testament du Bien-Aimé

Les témoignages contemporains, rapportant la disparition de Louis XV, s'accordent à la montrer noble et sereine. Ce fut une mort chrétienne, ainsi qu'on pouvait l'attendre d'un prince français de l'âge de la contre-Réforme. « C'est de lui-même, écrit J. de Viguerie, de sa propre initiative, et nullement par complaisance, que Louis XV s'est préparé à une mort chrétienne. C'est lui qui a fait venir son confesseur ; lui qui a ordonné la cérémonie du viatique. C'est lui enfin qui a demandé l'extrême-onction. »

Les méchantes langues diront : Il est trop facile de vivre comme si la loi de Dieu n'existait pas, et de se mettre en règle au tout dernier moment. Que penser d'une religion de raccroc, d'une piété si tardive ? On répondra que le retard n'est pas incompatible avec la sincérité. On répondra aussi que nous possédons un document précieux, témoignant de la foi de Louis XV, écrit huit ans avant sa mort, rédigé dix-sept jours après le décès du Dauphin. C'est un testament, daté du 6 janvier 1766 (le Dauphin était mort le 20 décembre précédent).

Il commence par le signe de la croix, la référence trinitaire de tous les testaments chrétiens d'alors. Puis : *Je remets mon âme à Dieu, mon Créateur, et le conjure d'avoir pitié d'un grand pécheur, soumis entièrement à sa sainte volonté et aux décisions de son Église catholique, apostolique et romaine.* Suit la traditionnelle invocation, l'adresse aux intercesseurs de la cour céleste : « la Sainte Vierge, tous les saints, et particulièrement saint Louis » qui est patron du Roi, son aïeul, et patron du royaume de France. Louis XV demande à la Mère de Dieu d'intervenir pour lui auprès de Jésus-Christ, divin Sauveur et Rédempteur. Le testateur ajoute : « Je demande pardon à *tous ceux que j'ai pu offenser ou scandaliser* [nombreux sont ces derniers], et les prie de me pardonner et de prier Dieu pour mon âme. »

Ce préambule correspond au fond comme à la forme des testaments chrétiens du Grand Siècle et de ceux qui, au XVIIIe, en ont conservé l'esprit. Pour les catholiques, l'esprit du concile de Trente. Sa charge émotive, pourtant, est d'autant moins banale que le rédacteur de cet olographe se trouve être à la fois grand Roi et – il l'avoue sans fard – grand pécheur selon la Loi de Dieu.

Louis XV, ensuite, demande au Seigneur d'éclairer celui de ses petits-fils qui lui succédera, afin que ce jeune prince gouverne le royaume mieux que son aïeul. Il désire des obsèques sans pompe, son corps à Saint-Denis, son cœur près de celui de Louis XIV en l'église professe parisienne des jésuites, ses entrailles à Notre-Dame. Il fonde ensuite un grand nombre de messes, surtout des messes basses, puis distribue des souvenirs à ses proches (les rois de France ne possèdent pas grand-chose en propre ; ils sont usufruitiers de la Couronne et de ses biens) : ses affaires personnelles au Dauphin qui succédera ; ses bijoux, à ses enfants et petits-enfants ; enfin 200 000 francs de pension à chacune de ses filles. Le Dauphin successeur sera Louis XVI, qui attacha tant de prix aux dispositions de son aïeul que l'on en trouvera la copie dans son prie-Dieu aux Tuileries.

La seule fausse note du testament est cette phrase : *Si j'ai fait des fautes, ce n'est pas manque de volonté, mais manque de talents, et pour n'avoir pas été secondé comme je l'aurais désiré, surtout dans les affaires de la religion.* La phrase commence par une contre-vérité – ou au moins un aveu d'auto-aveuglement –, car ce fut tout le contraire. Le Bien-Aimé ne sembla jamais dépourvu de talents ; par contre la volonté fut bien éloignée d'être sa qualité dominante ! N'être *pas secondé* ? Quel prince, quel chef d'État peut invoquer pareille excuse ? Le rôle premier de celui qui commande est de se trouver des seconds et de les bien choisir. Lorsqu'il en change sans cesse, comme fit Louis XV, cela signifie qu'il ne sait ni déléguer, ni se faire seconder, ni rester fidèle à ses meilleurs serviteurs. Quant à l'excuse, résumée dans la phrase « Ce n'est pas moi, c'est l'autre », elle est humaine, vieille comme le jardin d'Eden, mais ne fait pas honneur au prince qui la brandit.

Bilan d'un règne

L'historien ne doit pas s'ériger en juge ; cependant, le long règne de Louis XV (cinquante-neuf ans, dont trente et un de gouvernement véritable), son importance, les discussions qu'il suscite, laissent le public perplexe, qui souhaiterait une vue d'ensemble, un bilan même provisoire et incomplet.

Mais comment éviter une simplification excessive, un manichéisme réducteur ? A-t-on vraiment le droit d'appeler, soit positives (elles modernisaient justice et administration), soit négatives (elles supprimaient un système, abusif mais réel, de concertation), les réformes de Maupeou ? Ne pourrait-on présenter un bilan particulier, comportant trois colonnes au lieu de deux ? Les éléments mitigés seraient groupés en une liste médiane.

Ainsi en irait-il pour la censure des livres. François Furet a montré que la stricte censure n'était point le fait du gouvernement et des censeurs royaux, mais de la Sorbonne et des parlements, c'est-à-dire d'opposants réactionnaires. La débonnaire administration de la Librairie par Malesherbes, le sang-froid avec lequel le Roi, protecteur des académies, abandonna ces corps aux « philosophes » démontrent la bonhomie de la monarchie administrative, ici « plus faible et plus moderne ». Ce *libéralisme de la faiblesse* est-il du ressort de l'ACTIF ? Compte-t-il dans le PASSIF ? On l'ignore. Ces précautions prises, voici un essai de bilan :

L'actif est riche. – Le règne de Louis XV correspond à ce que l'historien d'art Louis Réau a nommé « l'Europe française ». Au début de ce temps, l'architecte Robert de Cotte envoie ses plans un peu partout, et le continent voit surgir des dizaines de petits Versailles. En fin de période, et avant que se précise une Europe anglaise, la tsarine Catherine II invite à Pétersbourg le sculpteur Falconet chargé de réaliser un monumental Pierre le Grand équestre, symbole du despotisme éclairé.

L'Europe parle français, jusqu'en Transylvanie. Les traités sont rédigés en notre langue. Les chancelleries la pratiquent. Frédéric de Prusse écrit presque exactement comme son maître Voltaire. Mais est-ce la France du XVIIIe siècle que l'on imite ? Est-ce au contraire celle de Louis le Grand, dont l'ombre portée a traversé le siècle et se profile jusques en Turquie ou en Moscovie ? Il n'importe, car les deux se rejoignent. La France de Louis XIV, par exemple, a fourni la matière du « despotisme éclairé » ; celle de Louis XV en apporte la coloration, la forme et le style. De même, la France du XVIIe siècle continue de faire rêver à Versailles – on le vérifie de Vienne à Potsdam, de Berlin à Saint-Pétersbourg –, celle du XVIIIe siècle exporte Watteau, Boucher, Nattier, fait admirer la dynastie des Gabriel, impose la supériorité du délicat style Pompadour, le *rocaille* Louis XV, dont le goût rococo germanique n'est qu'une lourde copie.

A l'admiration de Versailles et de Trianon, se joint l'attirance de Paris. Dans le Paris de Louis XV, les jeunes artistes allemands ou russes viennent se former, comme on faisait autrefois à Rome ; les grands seigneurs citoyens du monde, vérifier l'extraordinaire qualité des salons littéraires ; les amateurs opulents, acheter ou commander les meubles sans rivaux d'un Riesener ou d'un Œben.

La France d'alors rayonne par ses compagnies savantes, surtout les académies royales, fondées par Louis XIV, protégées par son successeur. Celle des sciences, création de Colbert, n'a de rivale que la *Royal Society* de Londres. Les académies provinciales ont été créées par Louis le Grand, multipliées par Louis le Bien-Aimé. Les étrangers attentifs, ambassadeurs surtout, ont suivi la création de plusieurs grandes écoles (écoles militaires diverses, école des ponts et chaussées, génie maritime, écoles vétérinaires). Ils savent ou devinent aussi que l'instruction ne cesse de se développer dans le royaume.

On doit compter à l'actif, également, la qualité de la haute administration dont la structure prit forme dès 1661. Des corps semblables au Conseil du Roi – avec ses branches spécialisées – ne se voient nulle part ailleurs, sauf à se contenter de quelques maladroites imitations. Des fonctionnaires comparables aux intendants des finances sont des oiseaux rares : leur permanence, leur compétence et leur zèle atténuent les fâcheux effets de l'instabilité ministérielle du règne. En cette administration éclairée, trois domaines sont surtout remarquables : le corps des Ponts, celui des intendants, enfin la lieutenance de police parisienne. Non contents de former des ingénieurs, les Trudaine ont doté la France d'un réseau de grands chemins réputés par toute l'Europe. Les intendants de province, eux, ont pratiqué une sorte de despotisme éclairé, chacun en sa généralité. Les voyageurs étrangers ne reconnaissent plus le paysage français, surtout urbain, avec ses beaux hôtels et ses places royales, ses allées et ses promenades. Quant à la lieutenance de police de Paris, elle est jalousée à Vienne : à la fin du règne de Louis XV, avec M. de Sartine, elle est parvenue à une stabilité égale à son efficacité administrative et policière.

On ne peut clore la liste des éléments positifs sans applaudir la réforme Maupeou et les essais réformateurs du *Triumvirat*; ni sans rappeler que la France s'est agrandie de la Lorraine en 1766, de la Corse en 1768.

Mais le passif est inquiétant. – L'actif du règne ne dépendit pas toujours du Roi, qui parfois se contentait de parrainer ou d'accepter, de tolérer ou laisser faire. Le passif fut beaucoup plus dépendant de ses erreurs ou ses faiblesses.

Il est banal, depuis une troisième République colonisatrice et puritaine, de surtout reprocher à Louis XV sa vie privée et la perte d'un « empire » outre-mer. Le premier de ces reproches est absurde ou mal défini. Les historiens ne devraient pas jouer les professeurs de morale. Et d'ailleurs pourquoi pardonner à Jules César, à François Ier, à

Henri IV, des écarts de conduite qu'on ne supporte pas chez Louis XV ? Que ce dernier ait négligé et trompé sa femme est à peine du domaine de l'historiographie. L'important est ailleurs : dans le cas présent, la vie privée du Roi (avec ses maîtresses avouées, se mêlant trop de politique, et des maîtresses éphémères dont le peuple dénonce... l'origine populaire) paraît, non sans raison, détourner le monarque de son métier de Roi.

La perte de l'« empire » n'a pas été préméditée, en quoi elle se distingue de nos modernes « décolonisations ». Le Roi a pleuré lorsque Québec est tombé. Elle a de nombreuses causes : la répugnance des Français à émigrer à la colonie, d'où la faiblesse du Canada et de la Louisiane ; la domination britannique sur l'Atlantique, empêchant de secourir la Nouvelle-France ; et la faute de Dupleix, dont le mandat ne fut jamais de nous tailler un empire, mais d'encourager seulement le commerce.

La première grande erreur du Bien-Aimé fut de retarder sa prise de pouvoir. Louis XIV, Roi à cinq ans, prit la barre à vingt-deux ans. Louis XV, Roi à cinq ans, ne la prit qu'à trente-trois ans, à la mort du vieux cardinal de Fleury (1743). À peine Mazarin disparu, le Grand Roi marquait le régime de son autorité. Au contraire, n'ayant pas assez associé son royal disciple à l'exercice du pouvoir, Fleury en avait fait un roi fainéant, lui avait enlevé l'envie de gouverner. Il en est résulté que Louis XV n'a peut-être jamais gouverné par lui-même.

Seconde erreur, Louis ne prit pas vraiment connaissance de l'héritage. D'où son impuissance à maîtriser une politique religieuse que l'ombre de la bulle *Unigenitus*, l'alliance entre jansénistes et gallicans, l'impopularité croissante des jésuites, rendirent impossible à gérer. Ne parlons pas des réformés, toujours victimes des retombées de la révocation de l'édit de Nantes.

L'indolence gouvernementale du Roi et sa difficulté de décision – face à des options dont son intelligence avait fourni l'état et assuré le classement – créèrent une instabilité ministérielle caricaturale. « Les ministres, écrit Dufort de Cheverny, passaient comme dans une lanterne magique. » Il manqua donc sans cesse à Louis XV une vue d'ensemble. Il se condamna à toujours riposter, toujours improviser, morceler sa politique : on le vit surtout dans son interminable lutte contre les parlements. Ce même défaut de fermeté, cette même absence de continuité rendirent incomplètes, et d'ailleurs caduques, les mesures réformatrices qu'il entreprit, en général trop tard.

Du relatif détachement royal résulta un nouveau défaut : la dictature des bureaux. Le régime français ne garda que le nom de *monarchie absolue* ; pour cause de carence, il devenait une sorte d'*oligarchie bureaucratique*. Au reste, la royauté n'est plus celle du Grand Siècle. Louis XV l'a mise en porte-à-faux. Officiellement, il est le Roi Très-Chrétien ; comme son bisaïeul il assiste chaque jour à la messe, mais il oublie dans la pratique les charges découlant du droit divin : il ne communie plus, il ne touche plus les scrofuleux. Par scrupule de conscience, ne voulant pas comme Louis XIV faire ses pâques entre deux adultères, ce prince, pourtant chrétien convaincu, se comporte comme un simple déiste, insoucieux de ce qu'en pensent les Français.

Là est peut-être le plus grave élément de crise. Blotti dans le cocon des petits appartements de Versailles, isolé dans la société artificielle des rendez-vous de vénerie, galopant dans de continuelles chasses à courre, ou pris dans les escapades du Parc-aux-Cerfs, Louis XV ne connaît plus son peuple et ne cherche pas à le connaître. Il donne l'impression de mépriser Paris – quand bien même l'embellirait-il –, de transformer Versailles en capitale. Il ignore l'opinion. Si la « philosophie » lui paraît subversive (elle attaque tantôt Dieu, tantôt le Roi, tantôt les deux), il ne fait rien en faveur des défenseurs de l'ordre, tel le courageux Fréron.

Cette méconnaissance de l'opinion entraîna la grande erreur de Louis XV : n'avoir pas créé une structure de concertation et dialogue, pouvant relayer les parlements déconsidérés puis bridés. Des états généraux ? Peut-être. Une assemblée de notables ? Pourquoi non ? Il semble évident qu'un contact régulier avec les besoins, les désirs, les soucis et même les colères ou revendications du peuple eût peut-être sauvé la monarchie. Louis XV aurait pu, enfin, déceler le besoin populaire d'une plus grande égalité entre les sujets (égalité d'abord fiscale, ensuite générale); comprendre que l'encouragement – même passif – apporté à la réaction nobiliaire était mortel pour le régime.

Mais il est aisé de reconstituer une Histoire imaginaire. De même pourrait-on affirmer une fois pour toutes que la monarchie absolue, cette mécanique aussi fragile que remarquable, n'a vraiment bien fonctionné qu'au temps de Louis XIV. D'où l'embarras permanent de ses continuateurs. Ces restrictions posées, le drame psychologique de la fin de l'ancien régime ne tient pas seulement à la faiblesse et la malchance de Louis XVI. Il remonte et revient à Louis XV, ce prince entouré des fées à son berceau, « le plus excellent des hommes », mais qui, « en défiance de lui-même..., parlait des affaires d'État comme si c'était un autre qui gouvernât [1] ».

1. Dufort de Cheverny.

ANNEXES

Les 64 quartiers de Louis XV

64 : Antoine de Bourbon. 65 : Jeanne d'Albret. 66 : François de Médicis. 67 : Jeanne d'Autriche. 68 : Philippe II. 69 : Ana d'Autriche. 70 : Carlos de Styrie. 71 : Marie de Bavière. 72 : Philippe II. 73 : Ana d'Autriche. 74 : Carlos de Styrie. 75 : Marie de Bavière. 76 : Antoine de Bourbon. 77 : Jeanne d'Albret. 78 : François de Médicis. 79 : Jeanne d'Autriche.

80 : Albert de Bavière. 81 : Anne d'Autriche. 82 : François Ier de Lorraine. 83 : Chrétienne de Danemark. 84 : Carlos de Styrie. 85 : Marie de Bavière. 86 : Guillaume V de Bavière. 87 : Renée de Lorraine. 88 : Emmanuel-Philibert de Savoie. 89 : Marguerite de France. 90 : Philippe II. 91 : Élisabeth de Valois. 92 : Antoine de Bourbon. 93 : Jeanne d'Albret. 94 : François de Médicis. 95 : Jeanne d'Autriche.

96 : Emmanuel-Philibert de Savoie. 97 : Marguerite de France. 98 : Philippe II. 99 : Élisabeth de Valois. 100 : Antoine de Bourbon. 101 : Jeanne d'Albret. 102 : François de Médicis. 103 : Jeanne d'Autriche. 104 : Jacques de Savoie-Nemours. 105 : Anne d'Este. 106 : Charles de Lorraine-Aumale. 107 : Marie de Lorraine-Elbeuf. 108 : Henri IV. 109 : Gabrielle d'Estrées. 110 : Philippe-Emmanuel de Lorraine-Mercœur. 111 : Marie de Luxembourg. 112 : Antoine de Bourbon. 113 : Jeanne d'Albret. 114 : François de Médicis. 115 : Jeanne d'Autriche. 116 : Philippe II. 117 : Ana d'Autriche. 118 : Carlos de Styrie. 119 : Marie de Bavière. 120 : Henry Stuart. 121 : Marie Tudor. 122 : Frédéric II de Danemark. 123 : Sophie de Mecklembourg. 124 : Antoine de Bourbon. 125 : Jeanne d'Albret. 126 : François de Médicis. 127 : Jeanne d'Autriche.

Les huit quartiers du Roi

Louis XIV
1638-1715
ép. Marie-Thérèse
d'Autriche
1638-1683

Ferdinand-Marie,
électeur de Bavière
1636-1679
ép. Adélaïde-Henriette
de Savoie
1636-1676

Charles-Emmanuel II
duc de Savoie
1634-1675
ép. Marie-Jeanne
Baptiste
de Savoie-Nemours
1644-1724

Philippe
de France
duc d'Orléans
1640-1701
ép. Henriette
d'Angleterre
1644-1670

Louis de
France
1661-1711

Marie Anne
Christine
Victoire de
Bavière

Victor-Amédée II
duc de Savoie
1666-1732

Anne-Marie
d'Orléans
« Mlle de Valois »
1669-1728

Louis, duc de
Bourgogne,
Dauphin
1682-1712

Marie-Adélaïde
de Savoie
1685-1712

Louis XV
roi de France
1710-1774

Les dix enfants du Roi

1. *Élisabeth* (Madame Première, Madame Infante), née à Versailles le 14 août 1727, morte à Versailles le 6 décembre 1759. Elle épousa en 1739 son oncle à la mode de Bretagne Philippe de Bourbon (1720-1765), Infant d'Espagne et duc de Parme, fils du roi Philippe V.

2. *Henriette* (Madame Seconde), sœur jumelle de la précédente, morte à Versailles le 10 février 1752, « emportant dans le tombeau l'amour, l'estime et les regrets de toute la Cour ».

3. *Louise* (Madame Troisième), née à Versailles le 28 juillet 1728, morte *ibidem* le 19 février 1733.

4. *Louis* (Dauphin), né à Versailles le 4 sept. 1729, mort à Fontainebleau le 20 déc. 1765. Il épousa d'abord en 1744/45 Marie-Thérèse de Bourbon, Infante d'Espagne (1726-1746), fille de Philippe V. Il se remaria en 1747 avec Marie-Josèphe de Saxe (1731-1767), fille de Frédéric-Auguste II, roi de Pologne, électeur de Saxe, qui lui donna huit enfants, dont le duc de Berry, futur Louis XVI, le comte de Provence, futur Louis XVIII et le comte d'Artois, futur Charles X.

5. *Philippe-Louis* (Duc d'Anjou), né à Versailles le 30 août 1730, mort *ibidem* le 7 avril 1733.

6. Madame *Adélaïde* (surnommée *Loque* par son père), née à Versailles le 23 mars 1732, morte à Trieste le 27 février 1800.

7. Madame *Victoire* (« Coche »), née à Versailles le 11 mai 1733, morte à Trieste le 7 juin 1799, abbesse de Fontevrault.

8. Madame *Sophie* (« Graille »), née à Versailles le 27 juillet 1734, morte à Versailles le 3 mars 1782.

9. *Thérèse-Félicité* (Madame Sixième), née à Versailles le 16 mai 1736, morte à Fontevrault le 28 sept. 1744.

10. Madame *Louise* (Madame Septième, surnommée *Chiffe*), née à Versailles le 15 juillet 1737, morte à Saint-Denis le 23 déc. 1787, carmélite, prieure de Saint-Denis en 1773, déclarée vénérable en 1873.

Les hommes de gouvernement

A) Premiers ministres

Le titre de « principal ministre », honni par Louis XIV, réapparut sous la Régence. Dubois en fut pourvu le 22 août 1722, mais il mourut le 11 août 1723. Lui succéda le duc d'Orléans, ex-Régent, mort en charge le 2 décembre. Aussitôt le Roi investit Monsieur le Duc (L.-H. de Bourbon-Condé), disgracié le 11 juin 1726. Louis XV choisit le jour même le cardinal de Fleury et ce dernier eut jusqu'à sa mort (29 janvier 1743) les pouvoirs d'un premier ministre, sans le titre.

B) Les ministres d'État sans département

Ce furent : le jeune duc d'Orléans (« le Génovéfain ») (1723), Fleury, déjà nommé (1723), Villars (1723), Huxelles (1726), Tallard (1726), d'Estrées (1733), d'Antin (1733), le cardinal de Tencin (1742), le maréchal de Noailles (1743), Saint-Séverin (1748), un autre maréchal d'Estrées (1758), et enfin Soubise (1759). Beaucoup de maréchaux, deux cardinaux, un prince du sang.

C) Les Chanceliers et gardes des Sceaux

Chanceliers de France : Voysin (1714-1717). – Aguesseau (1717-1750). – Lamoignon de Blancmesnil (1750-1768). – Maupeou le père (15-16 sept. 1768). – Maupeou (1768-1792).

Gardes des Sceaux : Marc-René d'Argenson (1718-1720). – Fleuriau d'Armenonville (1722-1727). – Chauvelin (1727-1737). – Machault d'Arnouville (1750-1757). – Berryer (1761-1762). – Feydeau de Brou (1762-1763).

Vice-chancelier : Maupeou le père (1763-1768).

D) Secrétaires d'État aux affaires étrangères

Dubois (1717-† 1723). – Fleuriau de Morville (1723-1727). – Chauvelin (1727-1737). – Amelot de Chaillou (1737-1744). – Le marquis d'Argenson (1744-1747). – Puyzieulx (1747-1751). – Saint-Contest (1751-† 1754). – Rouillé (1754-1757). – Bernis (1757-1758). – Choiseul (1758-1761 et 1766-1770). – Praslin (1761-1766). – Saint-Florentin, par intérim. – Le duc d'Aiguillon (1771-1774). – Soit douze titulaires en cinquante-sept ans.

E) Secrétaires d'État de la guerre

Le Blanc (1718-1723 et 1726-1728). – Breteuil (1723-1726 et 1740-† 1743). – Bauyn d'Angervilliers (1728-1740). – Le comte d'Argenson (1743-1757). – Paulmy (1757-1758). – Belle-Isle (1758-† 1761). – Choiseul (1761-1770). – Monteynard (1771-1774). – Aiguillon (1774). – Soit neuf titulaires en cinquante-six ans.

F) Secrétaires d'État de la marine

Morville (1723). – Maurepas (1723-1749). – Rouillé (1749-1754). – Machault d'Arnouville (1754-1757). – Peyrenc de Moras (1757-1758). – Massiac (1758). – Berryer (1758-1761). – Choiseul (1761-1766). – Praslin (1766-1770). – Terray, par intérim. – Bourgeois de Boynes (1771-1774). – Soit dix titulaires en cinquante et un ans.

G) Secrétaires d'État à la maison du Roi

La Vrillière (1700-† 1725). – Maurepas (1718-1749). – Saint-Florentin (1749-1775). – Soit trois titulaires en soixante-treize ans, tous appartenant à la famille Phelypeaux.

H) Secrétaire d'État titulaire d'une 5e charge

Bertin (1763-1780).

I) Contrôleurs généraux des finances

Marc-René d'Argenson (1718-1720). – Law (1720). – Le Pelletier de la Houssaye (1720-1722). – Dodun (1722-1726). – Le Peletier des Forts (1726-1730). – Orry (1730-1745). – Machault d'Arnouville (1745-1754). – Moreau de Séchelles (1754-1756). – Peyrenc de Moras (1756-1757). – Boullongne (1757-1759). – Silhouette (1759). – Bertin (1759-1763). – Laverdy (1763-1768). – Maynon d'Invault (1768-1769). – L'abbé Terray (1769-1774). – Soit quinze titulaires en cinquante-six ans.

Les lieutenants généraux de police de Louis XV

1697-1718 : Marc-René d'Argenson
1718-1720 : Machault le père
1720 : Le comte d'Argenson
1720-1722 : Taschereau de Baudry
1722-1724 : Le comte d'Argenson *bis*
1724-1725 : Ravot d'Ombreval
1725-1739 : Hérault
1740-1747 : Feydeau de Marville
1747-1757 : Berryer
1757-1759 : Bertin
1759-1774 : Sartine

Les archevêques de Paris

1695-1729 : Louis-Antoine de Noailles (1651-1729), cardinal en 1700.

1729-1746 : Charles Gaspard Guillaume de Vintimille du Luc (1655-1746).

1746-1781 : Christophe de Beaumont du Repaire (1703-1781).

Les maréchaux de France

1724 Alègre. – V.M. de Broglie. – Du Bourg. – Gramont. – La Feuillade. – Médavy. – Roquelaure.

1730 Coëtlogon.

1734 Asfeld. – F.M. de Broglie. – Coigny. – Noailles. – Biron. – Tingry (Montmorency). – Puységur.

1741 Isenghien. – Brancas. – Chaulnes [1]. – Belle-Isle. – Maillebois. – Duras. – Nangis.

1744 Maurice de Saxe.

1745 Langeron.

1746 Balincourt. – Harcourt. – La Fare.

1747 Clermont-Tonnerre. – Lowendal. – La Mothe-Houdancourt. – Laval-Montmorency.

1748 Richelieu.

1757 Mirepoix. – Biron. – Estrées. – Thomond. – Senneterre. – Lautrec. – La Tour Maubourg. – Luxembourg (Montmorency).

1758 Bercheny. – Conflans. – Contades. – Soubise.

1759 V.F. de Broglie.

1768 Lorge-Randan. – Armentières. – Brissac.

1. *Quand on voit Chaulnes et Duras*
Sur tant d'autres avoir le pas;
L'on admire la préférence,
Et l'on convient, grand cardinal,
Que de tels maréchaux de France
Sont excellents en carnaval.

(*Recueil Clairambault-Maurepas*)

Stuarts et Hanovre

- Jacques Ier STUART (1566-1625) reg. 1603-1625
  - Elizabeth STUART (1596-1662) ép. Frédéric électeur Palatin
    - Sophie, princesse PALATINE (1630-1714) ép. Ernest-Auguste de Brunswick (1629-1698)
      - George Ier de HANOVRE (1660-1727) reg. 1714-1727
        - George II (1683-1760) reg. 1727-1760
          - Frédéric, prince de Galles (1707-1751)
            - George III (1738-1820) reg. 1760-1820
          - William-Auguste, duc de Cumberland (1721-1765) général
  - Charles Ier STUART (1600-1649) reg. 1625-1649 ép. Henriette de France
    - Charles II (1630-1685) reg. 1660-1685
    - Jacques II STUART (1633-1701) reg. 1685-1688
      - ép. 1) Anne Hyde protestante
        - Marie II STUART (1662-1694) ép. Guillaume III d'Orange reg. 1689-1702
        - Anne STUART (1665-1714) reg. 1702-1714
      - ép. 2) Marie de Modène catholique
        - Jacques-Edouard STUART (1688-1766)
          - Charles-Edouard STUART (1720-1788) dit le Jeune Prétendant

Quelques chansons, noëls et épigrammes du règne de Louis XV

1716. CONTRE LA RÉGENCE :

Sous cet enfant qui règne, un tyran inhumain,
Fameux par le poison, l'athéisme et l'inceste,
Abuse impunément du pouvoir souverain.

1716. POUR LE RÉGENT :

Prince éclairé dont le courage,
Respecté de nos ennemis,
Par une politique sage
Les force d'être nos amis,
Pendant que l'Europe en alarmes
Du croissant redoute les armes,
Ta vertu nous sert de remparts,
Et nous flatte de l'espérance
De voir triompher les beaux-arts
Et la paix régner dans la France.

1732. LOUIS XV, SERF de FLEURY :

O Roi, né pour la chasse au cerf,
Seras-tu donc toujours le serf
D'un prélat plus qu'octogénaire ?

1732. HÉRAULT ET LES JANSÉNISTES :

Certes, c'est jouer trop gros jeu,
Petit lieutenant de police ! [...]
Apprends-nous quel est ton dessein :

Pourquoi fermer le cimetière[1]
Où reposent les os d'un saint[2] *?*

1736. Le Cardinal et le Roi :

Tous deux nous donnent la loi,
Voilà la ressemblance.
L'un règne en obéissant,
L'autre obéit en régnant,
Voilà la différence.

1738. L'État de la France :

Un ministre en enfance, une Reine imbécile,
De robins effrontés une troupe servile,
Un monarque idiot, des princes sans esprit,
Un clergé sans pudeur, la vertu sans crédit,
Voilà de nos malheurs la naïve peinture,
Horrible, affreux tableau, mais peint d'après nature.

1740. Charles VI meurt à Vienne :

Qui sera de l'Empereur
Successeur ?

1742. La vie privée de Sa Majesté Louis XV :

Grand Roi, que vous avez d'esprit
D'avoir renvoyé la Mailly !

1743. Oraison funèbre d'un vieux cardinal :

Le Ciel n'a pas permis que nous périssions tous,
Il retire son bras appesanti sur nous [...]
Par la mort de Fleury, Louis devient le maître.

1744. Sur la maladie du Roi :

Lorsque la funeste nouvelle
Se fut répandue à Paris,
Que la mort menaçait Louis,
La douleur fut universelle.

1. Le cimetière Saint-Médard.
2. Le diacre Paris.

Chacun s'écria plein d'effroi :
Grand Dieu ! Sauvez notre bon Roi !

1744. Un titre pour Louis XV :

Doit-on mettre autour de son buste :
Louis le Grand ? Louis le Juste ?
Ces noms qu'il a bien mérités,
D'autres déjà les ont portés.
Qu'un titre nouveau le décore :
Qu'il soit Louis le Bien-Aimé,
Dans ce mot tout est renfermé.

1744. Le marquis d'Argenson :

On peut dire que les affaires
Sont pour lui fort étrangères.

1745. Entrée en scène de Mme de Pompadour :

Notre pauvre roi Louis
Dans de nouveaux feux s'engage;
C'est aux noces de son fils
Qu'il adoucit son veuvage.

1746. Les victoires du maréchal de Saxe :

Que tout dans ces lieux retentisse,
Pour célébrer le grand Maurice !

1748. La Cour et les courtisans :

Qu'une bâtarde de catin
A la Cour se voit avancée;
Que dans l'amour et dans le vin
Louis cherche une gloire aisée.
Ah ! le voilà, ah ! le voici !
Celui qui n'en a nul souci.

1748. La paix d'Aix-la-Chapelle :

Le monarque chéri de l'univers entier,
Craint des peuples voisins et que la France adore,
Esclave d'un Conseil devenu trop altier,
Fait une paix honteuse et qui le déshonore.

1749. La disgrâce d'un ministre :

Adieu donc, cher Maurepas!
Vous voilà dans de beaux draps.

1749. Sur la Cour :

Autrefois de Versailles
Nous venait le bon goût,
Aujourd'hui la canaille
Règne et tient le haut bout.
Si la Cour se ravale,
De quoi s'étonne-t-on? [...]
N'est-ce pas de la Halle
Que nous vient le Poisson? [Patronyme de la Pompadour]

1750. Impôt sur le Clergé :

Le Roi, par de justes raisons,
Veut fixer la dépense
De tous les diseurs d'oraisons.

1752. Publication de l'Encyclopédie :

J'apporte le premier volume
Du dictionnaire nouveau.

1753. Exil du Parlement :

Louis, du nom de Bien-Aimé
Ton peuple te déclare indigne!

1756. Victoire de Port-Mahon :

Les Anglais fiers et jaloux
Voulaient nous faire la nique,
Nous les avons mis dessous,
Ici comme en Amérique.

1757. L'attentat de Damiens :

C'est en vain qu'un monstre exécrable
Vomi par l'enfer en courroux

Frappe des rois le plus aimable,
Et l'assassine aux yeux de tous.
Du haut des cieux, Dieu qui protège
Ce Roi, chéri de ses sujets,
Retient le bras d'un sacrilège,
Et rompt le plus noir des projets.

1758. ROSSBACH (1757) :

O Frédéric ! fier de ton entreprise,
Ne vante pas tant tes exploits,
Tu n'as pas vaincu les François,
Tu n'as battu que l'inepte Soubise.

1758. VIVE L'AMOUR :

Notre royaume périclite
  Et tout périt ;
Notre Roi, comme un Démocrite,
  S'en fiche et dit :
Je trouve ce fardeau trop lourd,
  Vive l'amour !

1760. ÉPÎTRE CAUSTIQUE À MME DE POMPADOUR :

Voulez-vous, belle marquise,
Qu'avec ma rustique franchise
Je vous fasse mon compliment
Sur votre bon gouvernement ?

1761. COMPLIMENT AUX FILLES DE LOUIS XV :

Mesdemoiselles de France,
J'osons vous faire la cour,
Vous présenter en cadence
Nos respects et notre amour.
Ah ! que vous êtes gentilles,
Que vous avez l'air courtois,
L'on voit que vous êtes filles
Du meilleur de tous les rois.

1764. MORT DE MME DE POMPADOUR :

Ci-gît qui fut vingt ans pucelle
Quinze ans catin, et sept ans maquerelle.

1765. La fronde bretonne :

Le Roi commence à s'occuper
Quoiqu'on l'ait voulu détourner
Par mille courses de campagne
Des troubles qui depuis deux ans
Ont agité le parlement
De la province de Bretagne.

1765. Disparition du Dauphin :

La tristesse règne aujourd'hui.
Quel cruel revers pour la France !
Les vertus perdent leur appui
Et les Français leur espérance.

1768. La promotion de Mme du Barry :

Quelle merveille !
Une fille de rien,
Une fille de rien,
Quelle nouvelle !
Donne au Roi de l'amour,
Est à la Cour.
Elle est gentille,
Elle a les yeux fripons,
Elle excite avec art
Un vieux paillard.

1770. Maupeou et l'abbé Terray :

Maupeou, que le Ciel en colère
Nomma pour organe des lois,
Maupeou, plus fourbe que son père,
Et plus scélérat mille fois,
Pour cimenter notre misère,
De Terrai vient de faire choix.

1771. Tableau de la Cour :

Curieux qui voulez savoir
Où peut aller la licence,
Le plus sûr moyen de le voir
C'est de venir en France.

1771. L'ENTERREMENT DU PARLEMENT :

On fait dire à toute personne
Que demain, vingt-six du courant,
Dans l'église de la Sorbonne
On enterre le Parlement [...]
Mais, chrétiens, ce qui nous console,
C'est que la résurrection
Est, selon la loi du Symbole,
Un dogme de religion.

1771. ÉPIGRAMME :

Le Bien-Aimé de l'Almanach
N'est pas le bien-aimé de France.

1774. ORAISON FUNÈBRE :

Te voilà donc, pauvre Louis,
Dans un cercueil à Saint-Denis !
C'est là que la grandeur expire.
Depuis longtemps, s'il faut le dire,
Inhabile à donner la loi,
Tu portais le vain nom de Roi,
Sous la tutelle et sous l'empire
Des tyrans qui régnaient pour toi.

1774. ÉPITAPHE :

Remplissant ses honteux destins,
Louis a fini sa carrière.
Pleurez, coquins ; pleurez, putains ;
Vous avez perdu votre père.

Chronologie

Règne précédent

17 octobre 1685 : Révocation de l'édit de Nantes. – *29 octobre 1709* : Expulsion des moniales de Port-Royal. – *15 février 1710* : Naissance du duc d'Anjou, futur Louis XV. – *14 avril 1711* : Mort du Grand Dauphin, aïeul de Louis XV. – *12 octobre 1711* : Charles VI, dernier Habsbourg, élu Empereur. – *16 novembre 1711* : Louis XIV demande à Rome la condamnation du P. Quesnel. – *12 février 1712* : Mort de la duchesse de Bourgogne, mère de Louis XV. – *18 février 1712* : Mort du duc de Bourgogne. – *5 novembre 1712* : Philippe V renonce anticonstitutionnellement à ses droits à la couronne de France. – *11-12 avril 1713* : Paix d'Utrecht. Philippe V conserve son trône. – *8 septembre 1713* : La bulle *Unigenitus*, condamnant 101 « propositions » des *Réflexions morales* de Quesnel, prétend venir à bout du « jansénisme », mais elle va diviser l'Église de France et empoisonner la vie politique. – *6 mars 1714* : Paix de Rastatt. – *23 mai 1714* : Les légitimés sont assimilés aux princes du sang. – *2 août 1714* : Ils sont considérés comme successibles. – *20 septembre 1714* : La dynastie hanovrienne est installée à Londres. – *1er septembre 1715* : Mort de Louis XIV.

1715

1er septembre : Avènement de Louis XV. – *2 septembre* : Le Parlement modifie le testament de Louis XIV et confie la Régence au duc d'Orléans. – *12 septembre* : Lit de justice le confirmant. – *14 septembre 1715-15 février 1716* : Tentative jacobite en faveur des Stuarts. – *15 septembre* : Création d'une étrange « polysynodie », soit un conseil de Régence et six conseils particuliers (conscience, affaires étrangères, guerre, finances, marine, affaires du dedans). Le Parlement retrouve son droit de remontrance. – *15 novembre* : Le traité de la Barrière permet aux Provinces-Unies de tenir garnison dans plusieurs villes belges. – *2 décembre* : La Sorbonne remet en cause son acceptation de la bulle *Unigenitus*. – *15 décembre* : L'Angleterre obtient de l'Espagne le privilège de traite négrière (*Asiento*) et une entorse à l'exclusif, le « vaisseau de permission ».

1716

Remous autour d'*Unigenitus*. – *Janvier* : 19 évêques réclament des éclaircissements. – *1er janvier* : Louis XV aux Tuileries. – *12 mars 1716-22 mars 1717* : Une chambre de justice examine les profits des gens d'affaires. – *Avril* : Le Régent et d'Aguesseau souhaitent que Rome n'impose pas le formulaire antijanséniste. – *2 et 20 mai* : Création d'une *banque générale*. – *5 juin* : Alliance entre l'Angleterre et l'Empereur. – *Juillet* : Alberoni au pouvoir à Madrid. – *Août* : Le cardinal de Noailles interdit aux jésuites de confesser. – *5 août* : Le prince Eugène défait les Turcs. – *17 septembre* : Le conseil de conscience souhaite un « corps de doctrine » concernant la Bulle. – *9 octobre* : Accord franco-britannique de Hanovre. – *Décembre* : Six parlements révoquent leur acceptation de la Bulle.

1717

Les *appelants* refusent la Bulle. – *4 janvier* : Triple alliance de La Haye (France, Angleterre, Provinces-Unies). – *2 février* : D'Aguesseau, Chancelier. – *15 février* : Le Roi confié aux hommes. Il aura Villeroy pour gouverneur, l'abbé de Fleury (ancien évêque de Fréjus) pour précepteur. – *1er mars* : Quatre évêques – de Mirepoix, Senez (Soanen), Boulogne et Montpellier (Colbert de Croissy) en appellent de la Bulle au Concile. – *7 mai-21 juin* : Séjour de Pierre le Grand à Paris. – *2 juillet* . Les légitimés perdent le titre de princes du sang. – *Août-Septembre* : Les Espagnols prennent la Sardaigne. – *Août* : Suppression du dixième. – Création d'une compagnie d'Occident (ou du Mississipi), imaginée par Law et dotée de la Louisiane.

– *16 août* : Victoire d'Eugène sur les Turcs à Belgrade. – *7 octobre* : Interdiction d'écrire ou parler au sujet de la Bulle. – *21 décembre* : Les états de Bretagne, s'étant fait prier sur le « don gratuit », sont cassés.

1718

8 janvier : Demi-disgrâce de d'Aguesseau. – Maurepas, secrétaire d'État. – *27 avril* : Incendie du Petit Pont. – *2 août* : Traité de la quadruple alliance (la triple, plus l'Empereur). – *11 août* : Victoire navale britannique sur les Espagnols. – *26 août* : Lit de justice autoritaire. – *28 août* : Promulgation d'un bref excommuniant les appelants. – *3 septembre* : Noailles révèle sa position d'appelant, suivi bientôt par le chapitre de Notre-Dame, la Sorbonne et la majorité des curés de Paris. – *24 septembre* : Dissolution de plusieurs conseils ; la polysynodie a vécu. Dubois et Le Blanc, secrétaires d'État. – *18 novembre* : La Savoie adhère à la quadruple alliance et accepte la Sardaigne en échange de la Sicile. – *4 décembre* : La banque générale devient royale. – *9 décembre* : Arrestation du comploteur espagnol Cellamare. – *11 décembre* : Mort de Charles XII. – *29 décembre* : Arrestation du duc et de la duchesse du Maine.

1719

9 janvier : La France déclare la guerre à l'Espagne. – *15 avril* : Mort de Mme de Maintenon. – *Mai-Juin* : La compagnie d'Occident se transforme en *compagnie des Indes* après absorbtion de celles du Sénégal, des Indes orientales et de Chine. S'ensuit une incroyable spéculation. – *Juin-Juillet* : Grande folie de la rue Quincampoix. – *16 juin* : Berwick prend Fontarabie. – *25 juillet* : Law obtient le monopole des monnaies. – *Août-Décembre* : Spéculation inouïe sur les billets et sur les actions. – *19 août* : Berwick prend Saint-Sébastien. – *27 août* : Le bail des Fermes passe à la compagnie des Indes. – La duchesse du Maine est pardonnée. – *Décembre* : Vaincue en Espagne comme en Floride, l'Espagne ne souhaite plus poursuivre un conflit inégal. – *2 décembre* : Mort du P. Quesnel. – *5 décembre* : Disgrâce d'Alberoni.

1720

1720-1745 : Nous construisons dans l'île Royale (olim Cap-Breton) la ville et forteresse de Louisbourg, clef du Saint-Laurent et terre d'accueil pour les Acadiens. – *4 janvier* : Law, contrôleur général. – *17 février* : Philippe V veut adhérer à la quadruple alliance. – *18 février* : Le jeune Roi assiste au conseil de Régence ! – *24 février* : Réunion de la banque royale et de la compagnie des Indes. – Louis XV danse aux Tuileries dans un ballet. – *22 mars* : Ordonnance interdisant de s'assembler rue Quincampoix. – *21 mai* : Semi-banqueroute. – *29 mai* : Law démissionne du Contrôle. – *Juin-Juillet* : Inflation et spéculation. – *2 juin* : Law se retrouve au Conseil. – *9 juin* : Dubois est sacré archevêque de Cambrai. – *Juillet-Octobre* : Terrible peste à Marseille. – *17 juillet* : Fermeture de la rue Quincampoix, lieu d'une bousculade mortelle. – *21 juillet* : Le Parlement est transféré à Pontoise. – *4 août* : Le Régent impose le silence sur les matières religieuses contestées. – *Septembre* : À Marseille la peste fait mille morts par jour. Mgr de Belsunce s'expose héroïquement. – *10 septembre* : Les quatre évêques appelants récidivent. – *10 octobre* : Fin du *Système*. – *19 novembre* : Création du dépôt des Cartes. – *9 décembre* : Law se démet de toutes charges. – *12 décembre* : Le Pelletier de la Houssaye, contrôleur général. – *16 décembre* : Le Parlement rétabli à Paris. – *Fin décembre* : La querelle de l'*Unigenitus* se poursuit. En mars, le cardinal de Noailles s'est en principe rallié à un « accommodement », mais il reste l'ami et l'allié des appelants.

1721

La peste s'étend en Provence, puis en Languedoc. – Semi-banqueroute, contre-coup du Système. – Création du comptoir de Mahé. – L'île Maurice devient île de France. – Publication des *Lettres persanes*. – *21 janvier* : Lettres patentes soulignant le triomphe de l'anti-Système des frères Pâris après la déconfiture de Law. – *15 février-7 juillet* : Procès du duc de la Force. – *19 mars* : Mort de Clément XI. – *27 mars* : Traité franco-espagnol. – *13 juin* : Triple alliance franco-hispano-britannique. – *16 juillet* : Dubois devient cardinal. – *31 juillet* : Maladie du Roi. – *Septembre* : Projet de mariage espagnol pour Louis XV. – *25 novembre* : Contrat de mariage signé à Madrid. – *29 novembre* : Exécution du bandit Cartouche. – *31 décembre* : Louis XV danse dans le *Ballet des Éléments*.

1722

Rameau publie son *Traité de l'harmonie.* – Pierre le Grand établit une Table des rangs. – *22 février* : Dubois entre au conseil de Régence. – *28 février* : Le Régent enlève les Sceaux au Chancelier. – *2 mars* : Arrivée au Louvre de Marie-Anne-Victoire de Bourbon, l'« Infante-Reine ». – *15 juin* : Le Roi revient habiter Versailles. – 11 juillet : L'accès aux bénéfices supposera la signature d'un formulaire. – *10 août* : Villeroy est exilé. – *15 août* : Première communion du Roi. – *22 août* : Dubois « principal ministre ». – *25 octobre* : Louis XV est sacré à Reims.

1723

Février : Fleury ministre. – *7 février* : Jean-Sébastien Bach choisi pour *cantor* de Saint-Thomas à Leipzig. – *15 février* : Majorité du Roi. – *22 février* : Lit de justice de la majorité. – *10 août* : Mort de Dubois. Le Régent, principal ministre. – *30 août* : Règlement pour la compagnie des Indes. – *2 décembre* : Le Régent meurt, remplacé par le duc de Bourbon.

1724

Fondation du club de l'Entresol. – La marine pacifie Saint-Domingue. – La compagnie des Indes fortifie Pondichéry. – *15 janvier-5 septembre* : Abdication temporaire de Philippe V. – *24 janvier* : Charles VI admet les droits de don Carlos sur Parme et la Toscane. – *14 mai* : Sévère édit contre les protestants. – *22 mai* : Éclipse du soleil expliquée au Roi par Cassini. – *Juin-Juillet* : Paix russo-turque. – *29 octobre* : Est décidée la rupture des fiançailles de Louis XV. – *11 novembre* : Règlement pour la Maison militaire. – *6 décembre* : Charles VI publie sa Pragmatique Sanction (du 19 avril 1713) faisant de sa fille Marie-Thérèse l'héritière de ses États.

1725

Début des expositions annuelles de peinture, dites *salons* parce que tenues au salon carré du Louvre. – *8 février* : Mort de Pierre le Grand. – *Mars* : Danican Philidor inaugure aux Tuileries les « concerts spirituels » ouverts au public. – *31 mars* : Marie

Leczinska est choisie comme nouvelle fiancée du Roi. L'Infante-Reine regagnera son pays. L'indignation de Philippe V hâte son rapprochement avec l'Empereur. – *1er mai* : Le roi d'Espagne reconnaît la Pragmatique Sanction. – *5 juin* : Établissement d'un impôt égalitaire, le cinquantième. – *3 septembre* : Traité de Hanovre entre la France, l'Angleterre et la Prusse. – *5 septembre* : Louis XV épouse Marie Leczinska. – *5 novembre* : Premier traité de Vienne, alliance hispano-autrichienne. – *29 novembre* : Une division navale « rétablit le pavillon du Roi » à Mahé.

1726

26 février : Charles-Albert succède à son père en qualité d'électeur de Bavière. – *11 juin* : Disgrâce du duc de Bourbon. Début du principat de Fleury. – *12 juin (ou environ)* : La loge maçonnique Saint-Thomas est fondée à Paris par des jacobites. – *15 juin* : Fixation de la valeur de la livre tournois. – *16 juin* : Louis XV annonce qu'il va régner personnellement. – *21 juin* : Il supprime le cinquantième. – *23-30 juillet* : Maladie du Roi. – *3-18 août* : Maladie de la Reine. – *19 août* : Constitution définitive des fermes générales. – *Septembre* : Les Anglais renforcent Minorque. – *11 septembre* : Fleury est fait cardinal.

1727

22 février-31 juillet : Les Espagnols assiègent Gibraltar. – *20 mars* : Mort de Newton. – *1er mai* : Mort du pieux diacre Paris, janséniste attaché à la paroisse Saint-Médard. – *3 mai* : Un premier miracle se serait accompli sur sa tombe. – *31 mai* : Préliminaires de paix tandis que se poursuit le siège de Gibraltar. – *14 juin* : Arrêt du Conseil sanctionnant trente curés appelants de Paris ; – *11 août* : Philippe V pardonne à Louis XV. – *14 août* : La Reine met au monde des jumelles. – *16 août* : Le concile d'Embrun va juger Mgr Soanen, appelant déterminé. – *17 août* : Chauvelin garde des Sceaux. – *23 août* : Chauvelin aux Affaires étrangères. – *20 septembre* : Le concile d'Embrun démet l'évêque de Senez, bientôt exilé à la Chaise-Dieu.

1728

28 février : Début des *Nouvelles ecclésiastiques* (1728-1803), feuille janséniste. – *17 mars* : Douze prélats, dont Noailles, se plaignent au Roi de la condamnation de Soanen. – *10 mai* : Le Roi interdit d'imprimer des textes hostiles à la Bulle. – *Juin* : Assemblées diplomatiques à Soissons. – *20-26 juillet* : Une escadre française bombarde Tripoli. – *1er octobre* : Mgr de Noailles fait prier pour que naisse un Dauphin. – *11 octobre* : Récusant son instruction du 14 janvier 1719, l'archevêque de Paris admet la Bulle (sans grande conviction), ce qui désole les *appelants* et réjouit les *acceptants*. – *14 octobre* : Louis XV reçoit les excuses de Tunis.

1729

27 mars : Mort de Léopold, duc de Lorraine. Lui succède son fils François III. – *1er avril* : Ouverture à Paris du jubilé. – *4 mai* : Mort du cardinal de Noailles. – *Juillet* : Fin des conférences de Soissons. – *28 août* : Louis XV reçoit les excuses de Tripoli. – *4 septembre* : Naissance du Dauphin Louis. – *15 octobre* : La comtesse de Mailly nommée dame du Palais. – *24 octobre* : Cent docteurs appelants exclus de la Sorbonne. – *9 novembre* : Le traité de Séville confirme la quadruple alliance et attribue Parme à don Carlos. – *15 décembre* : La Sorbonne interdit l'accès aux grades à qui refuserait Bulle et formulaire.

1730

Les Italiens jouent *Le Jeu de l'amour et du hasard* de Marivaux. – Orry contrôleur général. – *24 mars* : Déclaration royale proclamant loi de l'Église et de l'État la bulle *Unigenitus*. – *3 avril* : Lit de justice imposant le texte du 24 mars. – *29 mai* : Création d'un conseil royal de commerce. – *1er juin :* François III rend hommage au Roi pour le Barrois. – *Juin* : L'Empereur envoie des troupes en Italie. – *Août* : Le lieutenant de police sévit contre un imprimeur des *Nouvelles ecclésiastiques*.

1731

10 janvier : Le dernier Farnèse meurt ; don Carlos aura Parme. – *9 mars* : Enregistrement de l'ordonnance de d'Aguesseau sur les donations. – *10 mars* : Arrêt du Conseil imposant un silence absolu sur toutes matières de l'autorité ecclésiastique. – *16 mars* : Second traité de Vienne ; Londres reconnaît la Pragmatique

Sanction. Des convulsionnaires se pressent au cimetière de Saint-Médard, près la tombe du diacre Paris. – *22 juillet* : L'Espagne adhère au traité du 16 mars. – *5 septembre* : Arrêt du Conseil interdisant toute contestation de la Bulle.

1732

27 janvier : Ordonnance prescrivant la fermeture du cimetière Saint-Médard. – *20 février* : Les Provinces-Unies adhèrent au second traité de Vienne. – *27 avril* : Provoquant la colère du Parlement, Mgr de Vintimille condamne les *Nouvelles ecclésiastiques*. – *14 mai* : Arrestation de l'abbé Pucelle et du conseiller Titon. – *16 mai* : Le Parlement cesse tout service. – *20 juin* : Les magistrats offrent leur démission. – *13 août* : La *Zaïre* de Voltaire. – *18 août* : Déclaration – dite de discipline – par laquelle le Roi interdit au Parlement les appels comme d'abus. – *3 septembre* : Lit de justice tenu à Versailles. – *7 septembre-11 novembre* : Exil des magistrats des enquêtes et des requêtes. – *9 octobre* : Don Carlos entre à Parme. – *1er décembre* : Rentrée du Parlement. – *4 décembre* : Louis XV abroge sa déclaration du 18 août.

1733

1733-1737 : Voyages au pôle arctique et à l'équateur des astronomes français envoyés par le Roi. – *1733* : Les bénédictins de Saint-Maur commencent leur monumentale publication dite *Histoire littéraire de la France*. – Servandoni dirige les travaux de l'église Saint-Sulpice. – *1er février* : Mort d'Auguste II, électeur de Saxe, roi de Pologne. – *17 février* : Ordonnance royale contre les convulsionnaires. – *17 mars* : Louis XV dit sa volonté de laisser libre l'élection d'un nouveau roi de Pologne. – *Avril et seq.* : Rupture bilatérale du silence respectueux autour d'*Unigenitus*. – *19 août* : Convention russo-autrichienne au sujet de la Pologne – *12 septembre* : La diète polonaise choisit sans équivoque pour roi Stanislas Leczinski. – *24 septembre* : Sous la menace russe, contre-élection d'Auguste III de Saxe. – *20 septembre-8 octobre* : Inutile démonstration d'une escadre française à Copenhague. – *1er octobre* : *Hippolyte et Aricie*, premier opéra de Rameau. – *10 octobre* : Louis XV – bientôt rejoint par l'Espagne et la Savoie – déclare la guerre à l'Empereur. – *1er novembre-14 décembre* : Le Roi « fait une grande augmentation dans ses troupes ». – *7 novembre* : Traité franco-espagnol de l'Escurial, anticipant sur le Pacte de

Famille. – *17 novembre* : Rétablissement du dixième. – *Décembre 1733-Janvier 1734* : Don Carlos entreprend la conquête des Deux-Siciles.

1734

Poursuite de la guerre. – À Versailles, achèvement des petits appartements. Mme de Mailly, maîtresse du Roi, y est installée. – *4 janvier* : Les Russes assiègent Dantzig, fidèle à Stanislas. – *Mai* : L'étau se resserre autour de Dantzig. – *3 mai* : Lettre de cachet contre Voltaire. – Don Carlos entre à Naples. – *10 juin* : Le Parlement instrumente contre les *Lettres philosophiques* de Voltaire. – *27 juin* : Stanislas fuit en direction de la Prusse. – *29 juin* : Coigny bat les Impériaux à Parme. – *Juillet* : Français et Sardes maîtres de la Lombardie. – *19 septembre* : Victoire de Guastalla sur les Impériaux. – *10 novembre* : La Bourdonnais est nommé gouverneur des îles de France et de Bourbon.

1735

Mort de l'architecte Robert de Cotte. – *26 février* : Mgr de Ségur, revenant sur son acceptation de la Bulle, abandonne le siège de Saint-Papoul. – *Avril* : Stanislas se fait à l'idée d'échanger une Pologne perdue contre une Lorraine presque assurée. – *2 avril* : Arrêt du Conseil condamnant le mandement de Mgr de Ségur. – *30 juin* : don Carlos couronné à Palerme. – *28 août* : *Les Indes galantes* de Rameau. – *3 octobre* : Selon les préliminaires de Vienne, Stanislas deviendrait duc de Lorraine, don Carlos aurait Naples et la Sicile, François de Lorraine obtiendrait la Toscane et épouserait Marie-Thérèse d'Autriche. – *Novembre* : Fin des hostilités en Allemagne puis en Italie.

1736

Achèvement du salon d'Hercule à Versailles. – *12 février* : François III épouse la fille de Charles VI. – *11 avril* : Convention entre Vienne et Paris au sujet de la Lorraine. – *15 avril* : L'Espagne accepte les conditions de paix. – Le baron de Neuhoff se fait en Corse « roi Théodore ». – *1er mai* : Don Carlos accepte les conditions de paix. – *14 mai* : Mort du duc du Maine. – *19 mai* : La diète d'Empire se rallie aux préliminaires de paix. – *7 juin* :

Louis XV reçoit Leczinski avec les honneurs royaux. – *6 août* : Turin accepte les clauses de la paix. – *28 août* : Nouvel accord entre Vienne et Paris sur la Lorraine. – *1er septembre* : Louis XV assiste à Saint-Denis au service en l'honneur de Louis XIV. – *24 septembre* : François III cède le duché de Bar. – *30 septembre* : Stanislas abandonne à la France les finances et l'administration de la Lorraine. – *2 novembre* : Mort du duc d'Antin. – *11 novembre* : Orry ministre.

1737

1er janvier : Suppression du dixième. – La Galaizière, chancelier du roi Stanislas. – *8 février* : Il prend possession du duché de Bar. – *13 février* : Le duc François se défait de la Lorraine. – *20 février* : Disgrâce de Chauvelin. – *21 mars* : La Galaizière prend possession du duché de Lorraine. – *31 mars* : Orry prête serment comme directeur des Bâtiments. – *27 avril* : Baptême du Dauphin. – *16 juin* : Canonisation de Vincent de Paul. – *9 juillet* : Mort du dernier Médicis; François de Lorraine prendra possession de la Toscane le 12. – *12 juillet* : Convention de Versailles entre Gênes et la France ; cette dernière s'engage à intervenir en Corse à l'appel de la république. – *29 juillet* : Le Roi fait arrêter le janséniste Carré de Montgeron.

1738

Création de la manufacture de porcelaine de Vincennes. – La bulle de canonisation de saint Vincent de Paul est critiquée pour ses « maximes ultramontaines ». – *6 janvier* : Maurepas ministre. – *Février* : Les troupes françaises interviennent en Corse. – *18 février* : Incendie de la chambre des comptes. – *28 avril* : Par la bulle *In eminenti*, Clément XII condamne la franc-maçonnerie. – *13 juin* Orry réglemente la corvée des grands chemins. – *16 juin* : Les quatre dernières filles du Roi partent pour Fontevrault.– *24 juin* : Le duc d'Antin devient grand maître de la Maçonnerie en France. – *Juillet* : Louis XV cesse d'honorer son épouse. – Les Lorrains seront réputés français. – *15 août* : La procession (alors centenaire) du vœu de Louis XIII est particulièrement solennelle. – *10 novembre* : Alliance franco-suédoise. – *18 novembre* : Les puissances reconnaissent le roi Stanislas comme duc de Lorraine. – *31 décembre* : Il semble bien que Orry a su équilibrer le budget de l'État.

1739

Le Roi ne touche plus les écrouelles. – *Janvier-Mai* : Mesures prophylactiques contre l'épidémie venue de Hongrie. – *26 janvier* : Grand bal au salon d'Hercule. – *Février 1739-Juin 1741* : Le marquis de Maillebois à la tête du corps français en Corse. – *Avril* : Le Roi ne fait plus ses pâques et ne touche plus les scrofuleux. – *11 mai* : L'université de Paris accepte enfin *Unigenitus*. – *26 juillet* : Buffon nommé intendant du jardin du Roi. – *18 septembre* : Paix russo-turque. – *25 octobre* : Madame Élisabeth épouse l'Infant don Philippe, duc de Parme. – *25 octobre 1739-18 octobre 1748* : Guerre hispano-anglaise. – *21 décembre* : Traité de commerce franco-hollandais. – *Fin décembre* : Orry a obtenu un excès de recettes. Il fera de même en 1740.

1740

Frédéric de Prusse « laisse publier » son *Anti-Machiavel*. – *1er janvier* : Le Roi choisit Dupleix comme gouverneur de Pondichéry. – *20 mai* : À Paris, prières publiques pour de meilleures récoltes. – *31 mai* : Mort en Prusse du Roi-Sergent, auquel succède son fils, Frédéric II, promoteur de ce qu'on nommera le despotisme éclairé. – *22 août-15 septembre* : Grande exposition, au Louvre, des collections royales. – Aux Antilles une escadre française s'efforce de protéger discrètement les colonies espagnoles exposées aux entreprises anglaises. – *23 septembre* : Émeute frumentaire à Paris. – *20 octobre* : Mort à Vienne de l'empereur Charles VI. – *3 novembre* : L'électeur de Bavière proteste contre la prise de possession par Marie-Thérèse des États héréditaires de la maison d'Autriche. – *Décembre* : Frédéric II envahit sans scrupule la Silésie autrichienne

1741

3 janvier : Frédéric II entre à Breslau. – *11 février* : Comme en 1724 et en 1734, le Roi fait une fournée de maréchaux. – Naissance de l'archiduc Joseph, le futur Empereur. – *10 avril* : Vainqueur des Autrichiens à Mollwitz, Frédéric II révèle à la fois son sens tactique et la valeur de l'armée prussienne. – *18 mai* : Traité d'alliance regroupant la France, l'Espagne et la Bavière, bientôt rejointes par la Pologne et la Sardaigne. – *5 juin* : Traité d'alliance franco-prussienne négocié par Belle-Isle. – *25 juin* :

Marie-Thérèse est couronnée reine de Hongrie à Presbourg. – *11 juillet* : Le Conseil décide de déclarer la guerre à la reine de Hongrie. – *4 août* : La Suède déclare la guerre à la Russie. – *29 août* : Orry contraint de rétablir le dixième. – *9 septembre* : Mort de Mme de Vintimille, maîtresse du Roi. – *26 novembre* : Les Français prennent d'assaut Prague, M. de Chevert en tête. – *23 novembre 1741-27 janvier 1742* : La Bourdonnais dégage Mahé. – *19 décembre* : La Bohême reconnaît pour roi l'électeur de Bavière.

1742

1742-1753 : Dupleix est gouverneur général des comptoirs des Indes. – *1742* : Jacques-Ange Gabriel succède à son père en qualité de premier architecte. – Publication à Cologne de la première partie de l'*Abrégé de l'histoire de Port-Royal* par Jean Racine. – *14 janvier* : Dupleix débarque à Pondichéry. – *23 janvier* : Ségur contraint de rendre Linz. – *24 janvier* : Charles-Albert de Bavière élu Empereur. – *11 février* : Chute de Walpole. – *23 février* : Munich capitule. – *Mars-Avril* : Inquiétante sécheresse. – *8 mars* : Le maréchal de Belle-Isle est fait duc. – *20 avril* : Broglie prend Egra. – *Juin* : Broglie et son armée se replient sur Prague. – *11 juin* : Par les préliminaires de Breslau, Frédéric II, assuré de conserver la Silésie, change de camp et traite avec Marie-Thérèse. – *27 juillet* : Frédéric II signe avec Vienne une paix séparée, c'est le traité de Berlin. – *28 août* : La marquise de la Tournelle, sœur de Mme de Mailly, devient la maîtresse de Louis XV. – *4 octobre* : Elle est faite dame du Palais de la Reine. – *4 novembre* : Louise de Mailly est éloignée de la Cour. – *18 novembre* : Le traité de Westminster scelle une alliance anglo-prussienne. – *11 décembre* : Le traité de Moscou scelle une entente anglo-russe. – *16-17 décembre* : Belle-Isle, forçant le blocus, quitte Prague et commence au cœur de l'hiver une belle et difficile retraite.

1743

2 janvier : M. de Chevert, contraint de rendre Prague, obtient les honneurs de la guerre. – *8 janvier* : Le comte d'Argenson secrétaire d'État de la guerre. – *29 janvier* : Mort du vieux cardinal de Fleury. – *30 janvier* : Le Roi gouvernera en personne. – *1er avril* : L'intendant des finances Daniel Trudaine est chargé du détail des ponts et chaussées. – *12 mai* : Marie-Thérèse d'Autriche est couronnée reine de Bohême à Prague. – *12 juin* : Louis XV pose la première pierre de la nouvelle paroisse de Versailles. – *18 juin* : Charles VII quitte Munich, sa capitale menacée par les Autrichiens. – *27 juin* : Noailles est battu par les Anglais à Dettingen. – *1er juillet 1743-30 avril 1744* : Nombreuses ordonnances destinées à renforcer les armées françaises. – *26 juillet* : La France, repliant ses troupes sur le Rhin, entend marquer son désir de paix. – *17 août* : Paix russo-suédoise. – *13 septembre* : Le roi de Sardaigne traite avec l'Angleterre et la reine de Hongrie. – *25 octobre* : Deuxième Pacte de Famille, France et Espagne décidées à faire cause commune. – *15 novembre* : Traité d'alliance offensive entre Vienne, Londres et Turin. – *20 novembre* : Traité entre Vienne et la Pologne. – *Décembre* : Nombreux édits inspirés par Orry pour alimenter les dépenses de guerre.

1744

La compagnie des Indes possède maintenant à Lorient une flotte neuve et prête à passer à l'action. – *22 février* : Combat indécis près du cap Sicié entre l'amiral Mathews et une escadre franco-espagnole. – *15 mars* : Louis XV déclare la guerre à l'Angleterre. – *7 avril* : Le comte Maurice de Saxe est fait maréchal de France. – *26 avril* : Louis XV déclare la guerre à la reine de Hongrie, bientôt imité par don Carlos, Charles VII, roi des Deux-Siciles. – *Mai-Juillet* : Le Roi est à la tête de ses troupes en Flandre. – *5 juin* : Alliance franco-prussienne contre Marie-Thérèse. – *1er juillet* : Manifeste prussien. – *8-26 août* : À Metz grave maladie du Roi. – *2 septembre* : Frédéric II se rend maître de Prague. – *30 septembre-8 novembre* : Siège de Fribourg-en-Brisgau. – *13 novembre* : Le « Bien-Aimé » est de retour à Paris, follement acclamé. – *8 décembre* : Mort de la duchesse de Châteauroux (Mme de la Tournelle).

1745

Aux portes de la Nouvelle-France, nous perdons Louisbourg, dans l'île Royale (Cap-Breton). – *8 janvier* : Par le traité de Varsovie, la Pologne, l'Angleterre et les Provinces-Unies s'allient à la reine de Hongrie. – *20 janvier* : Charles VII, Empereur et électeur de Bavière, meurt à Munich. – *23 février* : À Versailles, le

Dauphin épouse sa tante Marie-Thérèse, Infante, fille de Philippe V. – *1er avril* : Voltaire historiographe du Roi. – *19 avril* : Maximilien-Albert de Bavière promet de soutenir la candidature à l'Empire de François de Lorraine. – *30 avril* : Siège de Louisbourg. – *11 mai* : Le Roi présent, à Fontenoy, victoire du comte de Saxe sur Cumberland. – *12 juin* : Charles-Édouard, prétendant Stuart, quitte Saint-Nazaire et se dirige vers la Grande-Bretagne. – *17 juin* : Capitulation de Louisbourg. – *20 juin* : Le Roi prend Tournai. – *Juillet* : Les Français enlèvent Gand, Bruges et Audenarde. – *23 août* : Lowendal prend Ostende. – *25 août* : Louis XV donne à Maurice de Saxe le domaine de Chambord. – *26 août* : Convention anglo-prussienne. – *13 septembre* : François de Lorraine devient l'empereur François Ier. – *14 septembre* : Mme de Pompadour est présentée à la Cour. – *27 septembre* : Maillebois l'emporte à Bassignano sur le prince de Lobkovitz. – *4 octobre* : Couronnement de François Ier ; le pape et Louis XV ne reconnaissent pas son titre. – *5 décembre* : Démission d'Orry. – *6 décembre* : Machault contrôleur général. – *19 décembre* : L'Infant don Philippe entre à Milan. – *25 décembre* : Par le traité de Dresde, Frédéric de Prusse reconnaît l'Empereur. Il rend la Saxe au roi de Pologne, mais conserve la Silésie en échange de son alliance avec Marie-Thérèse. – *26 décembre* : Commandant l'*Invincible*, Mac Nemara met seul en fuite quatre vaisseaux anglais.

1746

20 février : Maurice de Saxe prend Bruxelles. – *Mars-Septembre* : Déconvenues franco-espagnoles en Italie. – *Mars* : Publication à Genève de l'*Essai sur les mœurs* de Voltaire. – Défaite hispano-française d'Asti. – *13 mars* : Mort de Mgr de Vintimille. – *18 mars* : À l'Opéra, à la représentation d'*Armide*, le maréchal de Saxe est acclamé, applaudi et couronné. – *25 avril* : Voltaire est élu à l'Académie. – *Bonnie Prince Charlie* est vaincu à Culloden par Cumberland. – *2 mai* : Le Roi quitte Versailles pour l'armée. – *4 mai* : Entrée de Louis XV à Bruxelles. – *4 juin* : Il entre à Anvers. – *9 juillet* : À Madrid, mort de Philippe V. – *22 juillet* : Mort de la Dauphine. – *26 juillet* : Alliance russo-autrichienne. – *5 août* : Christophe de Beaumont est nommé archevêque de Paris. – *7 septembre* : Les Impériaux entrent à Gênes. – *21 septembre* : La Bourdonnais prend Madras – *30 septembre* : Victoire de Frédéric II à Sohr. – *10 octobre* : Retour en

France du Prétendant. – *11 octobre* : Le maréchal de Saxe bat à Raucoux (Rocourt, près Liège) le prince Charles de Lorraine. – *30 novembre* : Impériaux et Sardes franchissent le Var et pénètrent en Provence. – *5-10 décembre* : Gênes se soulève contre les occupants autrichiens.

1747

La guerre se poursuit, favorable à la France en Europe, éprouvante sur mer et outre-mer. – Trudaine crée l'école des ponts et chaussées. – Cassini entreprend l'œuvre grandiose de sa *Carte de France*. – *1er janvier* : Ordonnance sur les hôpitaux militaires. – *10 janvier* : Disgrâce du marquis d'Argenson. – *12 janvier* : Le comte de Saxe fait maréchal général. – *9 février* : Le Dauphin épouse Marie-Josèphe de Saxe. – *17 avril* : Louis XV déclare la guerre aux Provinces-Unies. – *14 mai* : L'amiral Anson l'emporte, au cap Ortégal, sur M. de la Jonquière qui a cependant sauvé le convoi de Québec. – *28 mai* : Mort de Vauvenargues. – *12 juin* : Alliance entre Grande-Bretagne, Hollande et Russie. – *2 juillet* : Maurice de Saxe l'emporte à Lawfeld sur le duc de Cumberland. – *Août* : Célèbre ordonnance de d'Aguesseau sur les substitutions. – *16 septembre* : Lowendal prend Berg op Zoom et y gagne le bâton de maréchal. – *25 octobre* : L'amiral Hawke l'emporte sur M. de l'Estenduère au large du cap Finisterre.

1748

18 février-15 juin : Richelieu défend la république de Gênes contre les Impériaux. – *29 février* : Renouvellement de l'alliance entre Russie, Hollande et Angleterre. – *Mars-Mai* : Négociations de paix à Aix-la-Chapelle. – *10 avril-7 mai* : Maurice de Saxe prend Maestricht. – *27 juin* : Paris souhaite une statue équestre du Roi, commandée le 12 juillet à Bouchardon. C'est le point de départ de la place Louis XV (Concorde). – *20 août-17 octobre* : Siège de Pondichéry. Dupleix tient en échec l'amiral Boscawen. – *18 octobre* : Paix (blanche) d'Aix-la-Chapelle : François de Lorraine est reconnu comme Empereur ; la Prusse garde la Silésie ; don Philippe, Parme ; l'Angleterre, ses privilèges espagnols (*Asiento* et vaisseau de permission). La France récupère Louisbourg en rendant Madras mais elle renonce à ses conquêtes belges. – *Novembre* : Montesquieu publie l'*Esprit des Lois*.

– *27 novembre* : Première représentation au théâtre des petits cabinets. – *10 décembre* : Louis XV fait arrêter le prétendant Stuart et l'expulse

1749

Dupleix étend l'influence de la compagnie des Indes en négociant avec les princes locaux. – *7 mars* : Don Philippe s'installe à Parme. – *23 avril* : Le Roi destitue Maurepas. – *Mai-Novembre* : Le gouverneur La Galissonnière fait baliser la vallée de l'Ohio. – *24 mai* : Machault nommé ministre. – *1er juin* : Le Roi exige un inventaire des biens ecclésiastiques en vue de les soumettre à l'impôt. – *20 juin* : M. Coffin, recteur de l'Université, meurt sans sacrements. – *Juillet 1749-Mars 1751* : Affaire de l'hôpital général. – *Juillet 1749-1759* : Rebondissement de la querelle des billets de confession. – *Août* : Stricte réglementation des biens de mainmorte dans l'Église. – *25 août* : Le Roi est informé de l'évacuation par les Anglais de l'île Royale et du fort de Louisbourg. – *Septembre* : Début de publication de l'*Histoire naturelle* de Buffon. – *19 septembre* : Louis XV tient à visiter le port du Havre. – *Octobre* : Les états de Bretagne refusent le don gratuit du vingtième. – *6 octobre* : La duchesse de Parme quitte Fontainebleau afin de rejoindre don Philippe.

1750

1750-1753 : Séjour de Voltaire en Prusse. – *1750-1751* : Efforts de Machault pour élargir l'assiette du vingtième – *1750* : Les Anglais persécutent l'Acadie. – Dupleix contrôle le Carnatic. – *Février* : Dissolution des états de Languedoc. – *4 février* : Création à Paris d'une chambre d'assurances. – *17 août* : Déclaration pour informer le Roi de la valeur des biens et revenus des bénéficiers. – *20 septembre* : Louis XV dissout une assemblée du Clergé rétive. – *1er octobre* : Le Roi organise au Luxembourg une exposition des tableaux de ses collections. – *5 octobre* : Moyennant 100 000 livres sterling, l'Angleterre renonce à l'*Asiento* et au vaisseau de permission. – *23 octobre* : Le Dauphin entre au conseil des dépêches. – *Novembre* : Édit créant une noblesse militaire. – *27 novembre* : Démission du chancelier d'Aguesseau. – *30 novembre* : Mort à Chambord de Maurice de Saxe, « le bouclier de la France ». – *16 décembre* : Aux Indes, victoire de Le

Prévost de la Touche et Bussy dans la plaine de Velimedoupet. – *Fin décembre* : L'affaire du recteur Coffin s'envenime.

1751

Janvier : Le Roi crée l'école militaire. – *9 février* : Mort de d'Aguesseau. – *4 mars* : Remontrances parlementaires à propos des billets de confession. – *23 mars* : Le Roi donne à l'archevêque de Paris la haute main sur l'hôpital général. – *18 mai* : Benoît XIV interdit les adhésions à la franc-maçonnerie. – *Juin 1751-1773* : Jacques-Ange Gabriel construit l'école militaire. – *Juillet* : Louis XV met fin avec autorité à l'affaire de l'Hôpital. – Publication du premier tome de l'*Encyclopédie*. – *Août* : Grande ordonnance des ponts et chaussées. – *13 septembre* : Naissance d'un duc de Bourgogne, fils du Dauphin. – *18 novembre* : Soutenance de la thèse de l'abbé de Prades sur les miracles du Christ. Elle va émouvoir le Parlement, la Sorbonne et l'archevêché. – *24 novembre* : Le Parlement cesse ses fonctions. – *1er décembre* : Le Roi ordonne aux magistrats de reprendre leurs activités. – *Décembre* : Voltaire publie à Berlin *Le Siècle de Louis XIV*. – *23 décembre* : Le Roi se désolidarise de Machault en décidant d'exclure du vingtième les biens ecclésiastiques.

1752

Brûlante querelle des refus de sacrements. – En Inde, Dupleix échoue à reprendre aux Anglais le Carnatic. – À Nancy, Emmanuel Héré commence la place Louis XV (Stanislas). – *Février* : Le Parlement s'oppose à Mgr de Beaumont qui exige des billets de confession avant les derniers sacrements. – *4 février* : Mort du duc d'Orléans, dit « le Génovéfain ». – *7 février* : Un arrêt du Conseil censure l'*Encyclopédie*. – *22 février* : Le Roi interdit aux parlements de poursuivre dans les affaires de refus de sacrements. – *18 avril* : Le Parlement interdit aux curés les refus de sacrements. – *29 avril* : Un arrêt du Conseil ordonne respect et obéissance à la bulle *Unigenitus* comme à une loi de l'Église et de l'État. – *Mai* : Louis XV crée une commission mixte (prélats et magistrats) pour arbitrer le contentieux des affaires ecclésiastiques. – *13 juin* : La capitulation de Srirangam marque l'impossibilité pour Dupleix de prendre Trichinopoly. – *29 juin* : Mort du cardinal Alberoni. – *1-10 août* : Le Dauphin résiste à la variole.

– *1er août* : La représentation à l'Opéra de la *Serva Padrone* de Pergolèse déclenche la « querelle des Bouffons » qui divise Cour et Ville jusqu'au... triomphe des *ramistes* (partisans de Rameau et de Lully) en mars 1754. – *16 août* : Mme de Pompadour obtient le privilège du tabouret. – *18 octobre* : Représentation à Fontainebleau, devant la Cour, du *Devin de village*, l'intermède composé par Jean-Jacques Rousseau. – *15 décembre* : Le Parlement fait saisir le « temporel » de l'archevêché de Paris, dont il aimerait faire le procès...

1753

1753-1776 : Pigalle travaille au mausolée du maréchal de Saxe. – *1753* : Difficultés frumentaires. – Restauration du port de Dunkerque. – Poursuite de la querelle des Bouffons. – *Janvier-Février* : Refus de sacrements, interventions du Parlement, cassations par le Conseil. – *25 janvier* : Vives remontrances du Parlement. – *17 février* : Réforme de l'exercice (base technique de la tactique) dans l'infanterie française. – *Avril-Mai* : Généralisation des refus de sacrements. – *4 mai* : Vives remontrances au Roi au sujet des refus de sacrements. – *5 mai* : Le Parlement suspend ses activités. – *7 mai* : Le Parlement refuse d'obtempérer aux lettres de jussion du Roi. – *9 mai* : Exil des magistrats des enquêtes et des requêtes. – *11 mai* : La grand-chambre du Parlement est transférée à Pontoise. – *Juillet-Août* : Querelle des refus de sacrements dans le Midi et à Rouen. Le Roi fera corriger les registres du parlement de Rouen. – *18 septembre* : Une chambre des vacations va remplacer le Parlement défaillant – *10 novembre* : La grand-chambre est exilée à Soissons. – *11 novembre* : Le Roi établit par commission une « chambre royale » pour remplacer le Parlement. Elle se réunit dès le 15.

1754

Le philosophe d'Alembert entre à l'Académie. – Les provocations britanniques se multiplient outre-mer, surtout en Nouvelle-France. – *3 février* : La publication antiphilosophique d'Élie Fréron (1745-1776) prend le nom d'*Année littéraire*. – *Mai-Juillet* : Heurts anglo-français en Amérique. – *28 mai* : M. de Jumonville, venu parlementer, est tué par un détachement britannique dans les forêts de l'Ohio. – *3 juillet* : À Fort Nécessité, revanche des Français sur Washington et les meurtriers de Jumonville.

– *28 juillet* : Semi-disgrâce de Machault, contraint d'abandonner le Contrôle. – *1er août* : Machault obtient la Marine. – *2 août* : Godeheu, à Pondichéry, annonce à Dupleix une disgrâce remontant au 29 octobre 1753. – *23 août* : Naissance de Louis, duc de Berry, futur Louis XVI. – *2 septembre* : Déclaration imposant un silence absolu sur les disputes de religion. – *4 septembre* : Le Parlement est rétabli en toutes ses fonctions. – *5 septembre* : Il enregistre la déclaration du 2. – *17 septembre* : Arrêt du Conseil rendant libre le commerce des grains à l'intérieur. – *2 octobre* : Pose de la première pierre de la place Saint-Sulpice. – *Décembre* : Le conflit reprend, qui oppose les robins aux évêques. – *3 décembre* : Exil à Conflans de Mgr de Beaumont qui a enfreint la loi du silence. – *26 décembre* : Le « traité Godeheu » met un terme à la politique territoriale de Dupleix.

1755

La querelle des refus de sacrements se prolonge et s'amplifie. – Les provocations britanniques (terrestres en Amérique, sur mer où elles ressemblent à de la piraterie pure et simple) laissent prévoir une guerre prochaine. – *2 janvier* : Le Roi sanctionne l'évêque de Troyes pour refus de sacrements. – *15 janvier* : Le Parlement instruments contre le curé de Sainte-Marguerite au faubourg Saint-Antoine. – *9 février* : C'est au tour de l'archevêque d'Aix d'être sanctionné. – *17 mars* : L'Angleterre exige l'île Royale (Cap-Breton) et la région des Grands Lacs. – *18 mars* : Le Parlement dénie à la bulle *Unigenitus* la qualité de règle de foi. – *4 avril* : Le Conseil casse l'arrêt du Parlement du 18 mars. – *Mai-Juin* : L'assemblée du Clergé rompt la loi du silence, en faveur de la Bulle. – *Mai* : Le Parlement admoneste la Sorbonne à propos du silence respectueux. – *6 mai* : Nouvelle ordonnance sur l'exercice de l'infanterie. – *8 juin* : L'amiral Boscawen, attaquant sans raison ni préalable une division française sur les bancs de Terre-Neuve, s'empare de deux de nos vaisseaux. – *18 juin* : L'Angleterre s'assure le concours permanent d'un corps de 8 000 Hessois. – *8 juillet* : Rupture des relations diplomatiques entre la France et la Grande-Bretagne. – *9 juillet* : Les Français écrasent sur l'Ohio, près Fort Duquesne, la colonne offensive du général Braddock, découvrant alors le plan d'invasion anglais du Canada et de la Louisiane. – *1er septembre* : Près du lac Georges, un détachement franco-indien tient en échec les 1 500 Anglais du colonel Williams. – *5 septembre* : Les autorités de Nouvelle-Écosse décident un « grand dérangement », la déportation massive des Acadiens, restés catholiques et français, et qui depuis 1749 refusaient de prêter serment au roi d'Angleterre. – *30 septembre* : Traité anglo-russe. – *1er novembre* : Tremblement de terre à Lisbonne. – *11 novembre* : Un vaisseau français agressé doit combattre seul une escadre anglaise. – *21 décembre* : Rouillé demande à Fox et au roi d'Angleterre satisfaction, et restitution des brigandages (navires et biens) commis contre la France ; faute de quoi, ce sera la guerre.

1756

Tandis que débute la guerre de sept ans et l'alliance franco-autrichienne, Louis XV ne parvient toujours pas à imposer la paix intérieure sur le plan religieux. Publication de *L'Ami des hommes* par le marquis de Mirabeau. – *Janvier-Mars* : Gros effort naval français à la veille d'un affrontement avec la première puissance navale du monde. – *13 janvier* : Fox refuse l'ultimatum du 21 décembre. – *16 janvier* : Le traité de Westminster rapproche l'Angleterre d'une Prusse qui redoute la Russie. – *7 février* : Mme de Pompadour devient dame du Palais de la Reine. – *11 mars* : Du Chaffault, commandant un 36 canons, s'empare d'un vaisseau anglais de 64 et le ramènera de la Martinique jusques à Brest. – *19 avril* : Le maréchal de Richelieu débarque à Minorque. – *Avril-Mai* : Louis XV envoie au Canada des renforts, commandés par le marquis de Montcalm. – *1er mai* : Célèbre « renversement des alliances ». Par le traité de Versailles, la France devient l'alliée de l'Autriche. – *20 mai* : Sans grande peine, l'escadre de M. de la Galissonnière tient en échec celle de l'amiral Byng au large de Mahon. – *Juin* : On se hâte de renforcer la défense des côtes de France. – *9 juin* : Le Roi déclare la guerre à la Grande-Bretagne. – *29 juin* : Richelieu prend le fort Saint-Philippe, dernière défense de Port-Mahon. – *Juillet* : Doublement du vingtième. – *4 août* : Gênes autorise la France à entretenir des garnisons en Corse. – *14 août* : Au Canada, Montcalm s'empare du fort Oswego. – *13 septembre* : Cassini présente au Roi les premières feuilles définitives de sa carte de France. – *Décembre* : Voltaire publie à Genève l'*Essai sur les mœurs. 13 décembre* : Lit de justice où le Roi impose au Parlement le silence respectueux, une amnistie, la suppression de deux chambres des enquêtes et une « déclaration de discipline » lui interdisant toute cessation de service.

1757

2 janvier : l'abbé de Bernis ministre. – *5 janvier* : Attentat de Damiens. – *9 janvier* : Fontenelle meurt à près de cent ans. – *13 janvier* : Le Dauphin au Conseil. – *17 janvier* : La diète d'Empire oblige les Cercles à tripler leur participation militaire. – *30 janvier, 18 mars, 3 mai* : Trois divisions navales quittent leurs arsenaux pour porter secours au Canada et aux Antilles françaises. – *Février* : Kersaint va fort gêner les Anglais en Sénégambie et au Bénin. – Marie-Thérèse anoblit les officiers ayant servi au moins trente ans dans ses armées. – *1er février* : Le Roi renvoie Machault et disgracie le comte d'Argenson. – *24 février* : Nouvelle fournée de maréchaux. – *3 mars* : Jusqu'en octobre 1761, le Roi va tenir les Sceaux et assister à quelque huit cents expéditions. – *Mars* : Perte de Chandernagor. – *14 mars* : En Angleterre, exécution de l'amiral Byng. – *28 mars* : Supplice de Damiens « à la satisfaction de toute la nation indignée ». – *21 avril* : Grande promotion dans la marine. – *1er mai* : Nouveau traité de Versailles (offensif et anti-prussien) franco-autrichien, bientôt élargi à la Saxe, à la Suède et à la Russie. – *6 mai* : Frédéric II est vainqueur des Autrichiens devant Prague. – *Juin-Août* : Frédéric II contraint d'évacuer la Bohême. – *Juin* : William Pitt revient au pouvoir, plus fort qu'auparavant et responsable de la guerre. – *18 juin* : Frédéric II vaincu par Daun. – *20 juin* : Lettres patentes pour la formation et la décoration de la place Louis XV. – *24 juin* : Rouillé quitte les affaires étrangères, remplacé le 28 par Bernis. – *26 juillet* : D'Estrées vainqueur de Cumberland à Hastenbeck. – *29 juillet* : Montcalm entre en campagne au Canada. – *Août-Septembre* : Richelieu occupe et pille le Hanovre. – *9 août* : Montcalm s'empare du fort William Henry. – *19 août-24 septembre* : Les Anglais menacent Louisbourg. – *30 août* : Victoire russe sur les Prussiens. – *1er septembre* : Louis XV rétablit le Parlement. – *8 septembre* : Le duc de Cumberland signe avec Richelieu la capitulation de Closterseven. – *23 septembre* : Raid anglais contre l'île d'Aix. – *Octobre* : Louis XV rappelle les prélats exilés. – *20 octobre* : Succès naval de Kersaint au large du Cap. – *5 novembre* : Soubise et l'armée des Cercles, vaincus par Frédéric II à Rossbach. – *20 décembre* : Les Prussiens reprennent Breslau, par eux perdue le 22 novembre.

1758

3 mars : Le maréchal de Belle-Isle au gouvernement. – *14 mars* : Assez piteuse capitulation de Minden. – *17 mars* : Le Parlement enregistre la déclaration du Roi lui rendant les affaires de l'hôpital général. – *5-7 avril* : Débarquement anglais à l'île d'Aix. – *Mai* : Succès de Lally aux Indes. – *5-12 juin* : Inquiétante attaque anglaise sur Cancale. – *8 juillet* : Brillant succès de Montcalm à Fort Carillon. – *9 juillet-15 août* : Les Anglais à Cherbourg. – *26 juillet* : Capitulation de Louisbourg. – *10 août* : Le Conseil révoque le privilège obtenu par Helvetius pour *De l'Esprit*. – *27 août* : Nous perdons le Fort Frontenac. – *11 septembre* : Échec de la tentative anglaise à Saint-Cast. – *2 octobre* : Bernis est fait cardinal. – *6 octobre* : Belle-Isle obtient de donner préférence aux nobles pour les emplois d'officiers. – *9 novembre* : Démission de Bernis. – *3 décembre* : Choiseul devient secrétaire d'État aux affaires étrangères. – *10 décembre* : Choiseul, ministre. – *30 décembre* : Le Conseil annule le privilège de l'*Encyclopédie*. Troisième traité de Vienne.

1759

1759-1762 : Louis XV fait construire à Versailles des ministères « fonctionnels » pour les départements de la guerre (1759-1761), des affaires étrangères et de la marine (1761-1762). – *1759* : Trois armées anglo-américaines ont raison de l'héroïsme des défenseurs de la Nouvelle-France. – *16-17 janvier* : Descente anglaise à la Martinique. – *17 janvier* : Le Parlement condamne cinq prêtres de Saint-Nicolas des Champs pour refus de sacrements. – *16 février* : Lally renonce à assiéger Madras. – *10 mars* : Louis XV crée, à l'intention des officiers étrangers protestants au service de la France, l'ordre du mérite militaire (*Pro virtute bellica – Ludovicus XV instituit – 1759*). – *Avril* : Lally perd Mazulipatam. – *13 avril* : Le duc de Broglie l'emporte à Berghen sur Ferdinand de Brunswick. – *14 avril* : Mort de Haendel. – *2 mai* : Les Anglais prennent la Guadeloupe. – *25 juin* : Ils investissent Québec. – *Juillet-Novembre* : Plusieurs défaites prussiennes. – *3-7 juillet* : Démonstration anglaise devant Le Havre. – *9 juillet* : Broglie prend Minden. – *31 juillet* : Victoire de Montcalm sur Wolfe au Montmorency. – *1*[er] *août* : Contades battu par le prince Ferdinand. – *10 août* : La mort du roi d'Espagne Ferdinand VI va faire (le 6 octobre) de son frère le roi de Naples, Charles III d'Espagne. – *17-19 août* : Défaite navale française de Lagos, Boscawen l'emportant sur La Clue-Sabran et notre escadre du Levant. – *3 septembre* : Les jésuites expulsés du Portugal. – *13 septembre* : Mort de Wolfe. – *14 septembre* : Mort de Montcalm. – *18 septembre* : Reddition de Québec. – *21 octobre* : L'archevêque de Paris revient d'exil. – *26 octobre* : Le Roi envoie à la Monnaie sa vaisselle d'argent et invite ses sujets à faire de même. – *20 novembre* : Désastre naval des Cardinaux, au large de Belle-Île. Le maréchal de Conflans vaincu par Hawke, le plan de débarquement en Angleterre sera évidemment abandonné. Après l'escadre du Levant, la France a vu détruire sa flotte du Ponant. Jamais la marine ne fut si éprouvée. – *23 novembre* : Bertin commence au contrôle général sa longue carrière gouvernementale et administrative. – *27 novembre* : Sartine lieutenant général de police. – *18 décembre* : Le duc de Broglie est fait maréchal. – *31 décembre* : Règlement plus strict des honneurs de la Cour.

1760

Janvier : Lally bat en retraite et se replie sur Pondichéry. – *Février* : Édit, inspiré par Bertin, créant un vingtième nouveau (le troisième) et augmentant la capitation. – *2 mars* : Première représentation de la comédie de Palissot, *Les Philosophes*. – *24 mars* : Traité de Turin pour préciser les tracés de la frontière franco-savoisienne. – *27 avril-16 mai* : Échec de la courageuse tentative du chevalier de Lévis pour reprendre Québec. – *9 juin* : Établissement d'une poste aux lettres pour l'intérieur de Paris. – *10 juillet* : Victoire de Broglie à Corbach sur Ferdinand de Brunswick. – *15 août* : Pondichéry encerclé. – *20 août* : Mise en service du pont d'Orléans. – *8 septembre* : Capitulation de Montréal. C'est la fin de la Nouvelle-France. – *9 octobre* : Les troupes russes pénètrent à Berlin. – *15/16 octobre* : Héroïque sacrifice du chevalier d'Assas et du sergent Dubois. – *16 octobre* : A Clostercamp, victoire du marquis de Castries sur le prince de Brunswick. – *25 octobre* : George II meurt en Angleterre. Son petit-fils George III lui succède. – *3 novembre* : Brillante victoire de Frédéric II sur les Autrichiens à Torgau.

1761

Les tracasseries se multiplient contre les jésuites. – Création de sociétés d'agriculture encouragées par le gouvernement. – Greuze expose au Salon *L'Accordée de village*, peinture sentimentale qui émeut Diderot. – *15 janvier* : Chute de Pondichéry après cinq mois de siège. – *27 janvier* : Choiseul à la Guerre. – *Février* : Perte de Mahé. – *26 mars* : Négociation franco-anglaise en vue de la paix. – *Avril* : Affaire La Valette devant le Parlement. – Tentative britannique contre Belle-Île. – *Juin* : Les Anglais prennent la Dominique. – *7 juin* : Les Anglais maîtres de Belle-Île. – *8 juillet-30 décembre* : Les attaques s'intensifient contre la compagnie de Jésus. – *15 août* : Signature du Pacte de Famille, alliance entre France, Espagne, Parme et Naples. – *21 septembre* : Rupture des négociations franco-anglaises. – *6 octobre* : Disgrâce de Pitt. – *13 octobre* : Mort du fils Calas. – *26 novembre* : Les états de Languedoc offrent au Roi un vaisseau de 74 canons; « cet exemple est aussitôt suivi par les plus riches particuliers du royaume et par tous les corps de l'État ». – *Décembre* : L'ère des Choiseul (Stainville et Praslin) est ouverte.

1762

Début de publication du *Dictionnaire géographique de la France* par l'abbé Expilly. – *2 janvier* : L'Angleterre déclare la guerre à l'Espagne. – *5 janvier* : Avènement du tsar Pierre III. – *7 janvier-1er mars* : Les Anglais s'emparent de la Martinique. – *19 janvier* : Les Sirven décrétés d'arrestation. – *12 février* : Le parlement de Rennes expulse les jésuites. – *10 mars* : Exécution de Calas. – *17 mars* : Courbon-Blénac débarque à temps pour assurer la défense de Saint-Domingue. – *28 mars* : La principauté de Dombes est réunie à la Couronne. – *Avril* : *Le Contrat social* de Rousseau passe plutôt inaperçu. – *3 mai* : Louis XV préside le conseil privé. – *5 mai* : La paix est signée entre Russie et Prusse. – *23 mai* : Premiers travaux au Petit Trianon. – *24 mai* : *Émile ou de l'éducation*, par J.-J. Rousseau, ouvrage bientôt condamné. – *9 juillet* : Catherine II s'empare du pouvoir en Russie. – *30 juillet* : Estrées et Soubise vainqueurs à Johannesberg. – *6 août* : Le parlement de Paris, à son tour, dissout la compagnie de Jésus. – *6 septembre* : Voltaire écrit à Choiseul que « la France peut être heureuse sans Québec ». – *3 novembre* : Préliminaires de paix, à Fontainebleau. – *Décembre* : ordonnances de Choiseul.

1763

Enfin la paix. – Motivé par les procès Calas et Sirven, Voltaire publie un *Traité sur la tolérance*. – *10 février* : Traité de Paris. La France récupère Belle-Île, Martinique et Guadeloupe. Elle obtient un droit de pêche à Terre-Neuve, ainsi que Saint-Pierre et Miquelon. Elle perd le Sénégal sauf Gorée, ses territoires de l'Inde (sauf Chandernagor, Yanaon, Pondichéry, Karikal et Mahé), le Canada, Cap-Breton, l'Ohio et la rive gauche du Mississipi, enfin plusieurs Antilles (Dominique, Grenade, Tabago, Saint-Vincent). Elle donne la Louisiane à l'Espagne pour la dédommager de la perte de la Floride. Par contre, elle conserve la riche colonie de Saint-Domingue, grande productrice de sucre. – La guerre a coûté au royaume cent navires de guerre... – *15 février* : Le traité de Hubertsbourg marque l'ascension inouïe de la Prusse, tout comme le traité de Paris ouvrait l'ère de la prépondérance anglaise. – *Avril* : En Bretagne débute le pénible conflit entre d'Aiguillon, commandant en chef, et La Chalotais, procureur général du parlement de Bretagne. – *25 mai* : Déclaration royale pour la franchise du commerce intérieur des blés. – *8 juin* : Les facultés de théologie et de médecine de Paris seront consultées sur la pratique de l'inoculation. – *25 novembre* : Le Parlement enregistre plusieurs lettres patentes concernant les collèges enlevés à la compagnie de Jésus.

1764

À Pétersbourg, Catherine II réunit les premières œuvres du futur musée de l'Ermitage. – *1er janvier* : La famille Mozart est invitée à Versailles, au grand couvert. – *1er février* : Épreuve de force entre le parlement de Rennes et le duc d'Aiguillon. – *27 mars* : L'archiduc Joseph élu roi des Romains. – *29 mars* : Condamnation des Sirven. – *7 avril* : La Flèche devient collège militaire. – *15 avril* : Mort de Mme de Pompadour. – Alliance russo-prussienne. – *Juin* : *Dictionnaire philosophique* de Voltaire. – *4 juin* : Le Conseil casse l'arrêt de condamnation de Calas. – *16 juin* : La compagnie des Indes rétrocède Lorient au Roi. – *Juillet* : Édit sur la liberté de commerce des grains. – *11 août* : Insolentes remontrances du parlement de Bretagne. – *Septembre* : Beccaria publie à Livourne son *Traité des délits et des peines*. – *6 septembre* : Le Roi pose la première pierre de l'église Sainte-Geneviève (le Panthéon) que va construire Soufflot. – *7 sep-*

tembre : Stanislas Poniatowski est élu roi de Pologne. – *26 novembre* : Un édit abolit en France la compagnie de Jésus.

1765

Une rumeur s'élève, de quelque « pacte de famine » toléré par le gouvernement. – *6 février* : Rome crée la fête du Sacré-Cœur. – *Mars* : Catherine II achète la bibliothèque de Diderot. – *9 mars* : Réhabilitation de Calas. – *15 mars* : Création moderne du génie maritime. – *25 mars* : Grande ordonnance de marine. – *22 mai* : Démission des parlementaires bretons. – *18 août* : Joseph II, Empereur. – *11 novembre* : Arrestation de La Chalotais. – *20 décembre* : Mort du Dauphin.

1766

Ami de Beccaria, l'abbé Morellet publie en français son *Traité des délits et des peines*, loué par Voltaire. – *6 janvier* : Testament du Roi. – *16 janvier* : Première séance du « bailliage d'Aiguillon ». – *23 février* : Mort du roi Stanislas, beau-père de Louis XV. – *27 et 28 février* : Le Roi prend possession de la Lorraine. – *3 mars* : Séance royale (la *Flagellation*), où Louis XV rappelle à l'obéissance les robins. – *9 mai* : Exécution de Lally Tollendal.

23 mai-31 juillet : Instauration d'une « commission des réguliers » pour corriger tous abus. – *1er juillet* : À Abbeville, exécution du chevalier de la Barre, jugé coupable de sacrilège. – *5 décembre* : Bougainville quitte Brest pour un tour du monde.

1767

D'Holbach publie *Le Christianisme dévoilé*, livre d'un paganisme agressif, et Le Mercier de la Rivière *L'Ordre naturel et essentiel des sociétés politiques*, une des sources du despotisme éclairé. – *13 mars* : Mort de Marie-Josèphe de Saxe. – *31 mars* : Les jésuites chassés d'Espagne. – *30 juillet 1767-18 décembre 1768* : Réunion en Russie d'une commission chargée de dresser un nouveau code. Catherine lui soumet son fameux plan, le *Nakaz*. – *18 septembre* : Liberté du commerce des blés en Toscane. – *5 novembre* : Les jésuites expulsés de Naples. – *26 décembre* : *Alceste*, opéra de Gluck.

1768

1768-1774 : Perronet construit le pont de Neuilly. – *1768* : *Physiocratie*, ouvrage du docteur Quesnay. – Achèvement du Petit Trianon. – Émeutes frumentaires. – Tanucci au pouvoir à Naples. – *7-8 février* : Les jésuites chassés de Parme. – *Mars* : Édit interdisant les vœux monastiques avant 21 ans pour les hommes, 18 ans pour les femmes. – *Mai* : Début de la liaison du Roi avec la future Mme du Barry. – *15 mai* : Le traité franco-génois de Versailles revient à un achat de la Corse par Louis XV. – *19 mai* : Intervention militaire en cette île. – *Juin* : Un conseil souverain est créé à Bastia. – *24 juin* : Mort de la Reine. – *26 août 1768-12 septembre 1771* : Voyage de Cook dans les mers du Sud. – *18 septembre* : Maupeou, Chancelier. – *Octobre* : Réédition du *Siècle de Louis XIV* de Voltaire, que suit un *Précis du siècle de Louis XV*. – *30 octobre* : Guerre russo-turque.

1769

Pacification de la Corse. – *16 mars* : Au terme de sa circumnavigation, Bougainville débarque à Saint-Malo. – *Avril* : Watt invente sa machine à vapeur. – *22 avril* : Mme du Barry est présentée à la Cour. – *13 août* : La compagnie des Indes perd son monopole. – *25 août* : Rencontre Joseph II-Frédéric II. – *Septembre* : Les Russes s'emparent de la Crimée. – *22 décembre* : Terray, contrôleur général.

1770

Crise frumentaire et agitation populaire. – D'Holbach publie un *Système de la Nature*, aussitôt déféré au Parlement par le Roi. – *Janvier 1770-Janvier 1772* : À Copenhague, dictature de Struensee. – *4 avril-27 juin* : Procès d'Aiguillon. – *5 avril* : Madame Louise entre au Carmel. – *16 mai* : Le Dauphin épouse Marie-Antoinette de Lorraine-Habsbourg. – Inauguration de l'Opéra de Gabriel à Versailles. – *30 mai* : Une terrible panique, rue Royale, lors des fêtes pour le mariage du Dauphin, est responsable de 130 morts. – *7 décembre* : Lit de justice rappelant la fermeté de la « Flagellation ». – *24 décembre* : Disgrâce des Choiseul.

1771

1771-1777 : Construction de la Monnaie. – *19-20 janvier* : Coup d'autorité de Maupeou contre le Parlement. – *Février* : Édit réformant la justice et créant les conseils supérieurs. – *13 avril* : Installation du nouveau Parlement. – *15 mai* : Publication du *Voyage autour du monde* par Bougainville. – *6 juin 1771-10 mai 1774* : Le ministère réformateur surnommé *Triumvirat*. – *13 octobre* : Ange Gabriel commence au château de Versailles le « grand projet ». – *Novembre* : Terray réforme le vingtième. – *11 novembre* : Le nouveau Parlement et les conseils supérieurs mis en place. – *25 novembre* : Le nouveau parlement de Toulouse acquitte les Sirven.

1772

D'Alembert devient secrétaire perpétuel de l'académie française. – *12 février* : Kerguelen découvre une « France australe », l'archipel de la Fortune. – *13 juillet 1772-30 juillet 1775* : Second voyage d'exploration de Cook. – *5 août* : Partage de la Pologne. – *8 août* : *Le Système des éléments* de Lavoisier fonde la chimie moderne. – *19 août* : Coup d'État réussi en Suède par le roi Gustave III.

1773

Achèvement de la place Louis XV (la Concorde). – *21 juillet* : Le bref *Dominus ac Redemptor* de Clément XIV supprime la compagnie de Jésus. – *22 octobre* : Création du Grand Orient de France. – *16 décembre* : La « partie de thé » de Boston marque l'explosion du mécontentement des treize colonies anglaises d'Amérique envers la métropole.

1774

1774-1784 : Construction de Saint-Philippe du Roule. – *19 avril* : Succès parisien de l'*Iphigénie en Aulide* de Gluck. – *27 avril* : Maladie du Roi. – *29 avril* : C'est la variole. – *10 mai* : Louis XV meurt à Versailles. Son petit-fils lui succède et il n'a pas vingt ans. – *21 juillet* : Paix russo-turque, défavorable à la Turquie. – *12 novembre* : Louis XVI, sur les conseils de Maurepas, rétablit les anciens parlements.

Glossaire

A

Absolu : Parfait, sans liens (non sans limites).
Absolutisme : Mot péjoratif apparu en 1796.
Actes royaux : Lettres de chancellerie signées du Roi (puis registrées en Parlement) ayant force de loi : ordonnances*, édits, lettres* patentes, etc.
Affaires (gens d') : Financiers, fermiers* généraux, partisans* ou traitants*.
Aides : Impôts indirects, frappant les métaux précieux, les cartes, les boissons, les savons, les huiles, etc.
Aiguade : Réserve naturelle d'eau douce.
Anoblir : Rendre noble, au sens légal. Le Roi anoblit. Certains offices* anoblissent. Ne pas confondre avec Ennoblir*.
Appelant : Ainsi nommait-on celui – clerc* ou laïc – qui, refusant tout ou partie de la bulle* *Unigenitus,* en appelait à un concile* universel.
Appel comme d'abus : Appel interjeté, devant le Parlement* ou autre cour laïque, des jugements, sentences ou décisions ecclésiastiques dès qu'ils paraissent en contradiction d'avec les privilèges, droits et libertés de l'Église de France.
Arbitraire : Qui dépend d'un arbitre (droit public) ou de la conscience d'un juge (non esclave d'une échelle des peines).
Armes savantes : A la fin du règne de Louis XV étaient considérées comme telles l'artillerie*, le génie* et la marine.
Arrêt : Jugement souverain.
*Arrêts du Conseil** : Véritables actes* royaux émanés du conseil* du Roi, et surtout du conseil* privé.

Artillerie : De Sully (1599) au comte d'Eu (démissionnaire en 1755), le grand maître de l'Artillerie eut rang de grand* officier de la Couronne. Jusqu'en 1720, l'artillerie comptait deux régiments, alors fondus en un seul (à cinq bataillons). En 1765, on passe à sept régiments. Depuis 1763, M. de Gribeauval a montré l'utilité et l'efficacité d'une artillerie légère. Elle sera déterminante à Yorktown comme à Valmy. En 1759 le corps royal de l'artillerie, divisé en six brigades, réunissait 576 officiers et 4 800 bas officiers* et artilleurs. L'artillerie française sera sous Louis XVI la meilleure d'Europe. Sous Louis XV, elle est surclassée par sa concurrente prussienne.

Asiento : Permission de pratiquer la traite négrière dans les colonies de l'Espagne.

Assemblée du Clergé : La réunion quinquennale des évêques du royaume. Elle gère les biens du Clergé, vote le don* gratuit, et ne s'interdit pas de donner son sentiment sur les questions religieuses importantes.

B

Bailliages et *sénéchaussées* : Sièges comparables à nos tribunaux de grande instance.

Banalités : Droits seigneuriaux que ne peuvent guère éviter les censitaires*, comme l'obligation de porter ses fruits au pressoir seigneurial ou ses grains au moulin banal.

Bas officiers : Les sous-officiers.

Bastille : Vieille prison d'État parisienne, recevant alors une quarantaine de prisonniers l'an, généralement à la suite de lettres* de cachet.

Bénéfice : Fonction d'Église à laquelle se rattachait un revenu.

Bourgeois : Selon le contexte, citadin, employeur, habitant aisé, patricien roturier dans une ville.

Bref : Lettre écrite par le pape, aux princes ou aux magistrats, concernant les affaires publiques.

Brevet : Acte royal de nomination.

Bulle : Texte officiel signé du pape.

C

Cabinet noir : L'ancêtre artisanal des écoutes téléphoniques. Le contrôle des correspondances servait théoriquement à surveiller l'opinion.

Capitale : Paris, et non Versailles.

Capitation : Impôt direct lié au rang ou à la fonction.

Cas prévôtaux et *royaux* : Les cas dits prévôtaux étaient ceux qui, aux yeux du législateur, nécessitaient une justice exceptionnellement prompte. Le Roi avait donc attribué aux prévôts des maréchaux la connaissance des crimes imputables aux récidivistes, aux mendiants, aux déserteurs, aux vagabonds, ainsi que du banditisme des grands chemins. – Les cas royaux, eux, échappaient aussi bien aux justices prévôtales qu'aux juges seigneuriaux. C'étaient l'hérésie, le sacrilège, le crime de lèse-majesté, la sédition armée, le rapt, la concussion, l'altération des monnaies.

Cens : Le plus usuel des droits* seigneuriaux; redevance due pour une terre « roturière »*.

Cercles : Principautés ou provinces du Saint Empire ayant des représentants à la Diète*.

Cercles (Armée des) : Troupes constituées par les contingents fournis par les cercles d'Empire. Ne pas confondre avec les Impériaux*.

Chambre de justice : Juridiction d'exception.

Chambre des comptes : Cour* souveraine contrôlant l'emploi des deniers publics, la conservation et les droits du Domaine et tous procès y afférant. Protocolairement, la chambre des comptes de Paris suivait immédiatement le Parlement*.

Champart : Redevance en nature due par le censitaire à son seigneur.

Chancelier : Grand officier de la Couronne, inamovible, chef des conseils de S.M., ministre de la justice, contrôleur des offices, et généralement garde des sceaux de France (sauf semi-disgrâce ou volonté contraire du Roi). Dans le protocole, le Chancelier passe immédiatement après la famille royale.

Chapitres nobles : Communautés ecclésiastiques – d'hommes ou de femmes – n'admettant que les postulants ayant fait preuve de noblesse. La communauté des chanoinesses de Remiremont avait une célébrité européenne.

Charge : Fonction. Beaucoup de charges étaient vénales.

Charges anoblissantes : Par la volonté du Roi nombre de charges donnaient soit la noblesse au premier degré, soit une noblesse graduelle (deux générations consécutives dans la même fonction). L'exercice supposait vingt ans ou l'octroi de lettres d'honneur; sauf si l'officier mourait en charge.

Chasse : Ce privilège seigneurial comptait beaucoup pour la noblesse, irritait fort les roturiers.

Châtelet : Tribunal de grande instance de Paris (prévôté, vicomté et siège présidial).

Classes (Union des) : Théorie du remuant avocat Le Paige, pour qui les parlements de province, nés de l'éclatement de celui de Paris, n'étaient qu'un avec lui. Le total aurait formé un corps substitué aux états* généraux, étayant ou remplaçant le pouvoir législatif du Roi.

Clerc : Homme d'Église; quelquefois aussi, homme instruit, intellectuel.

Clergé : Le premier des trois ordres*. C'est alors un ordre opulent, puissant, utile (assistance, enseignement), mais privilégié. Les membres du Clergé ne paient pas les impôts ordinaires. L'assemblée* du Clergé, elle, vote un don* gratuit non négligeable.

Commendataire : Laïc ou clerc percevant les revenus d'un bénéfice*, par exemple une abbaye. Cette disposition simoniaque était justifiée en France par le concordat de 1516.

Commensaux : Officiers employés par roulement (« quartiers ») à la cour de France pour le bon fonctionnement de la maison du Roi – militaire et civile – et des maisons royales. Certaines charges commensales requéraient la noblesse, certaines donnaient droit au titre d'écuyer* ; toutes comportaient des privilèges*.

Commerce : Industrie et commerce, quand ce n'est pas l'économie dans son ensemble.

Commis : Dans le privé, se dit d'un employé. Au service de l'État, se dit d'un fonctionnaire. Les premiers commis des secrétaires d'État et du contrôle général des finances sont des personnages de grande importance administrative et sociale.

Commissaire : Administrateur ou employé nommé par commission* du Roi, et non propriétaire de son office (sauf les cas de cumuls admis par S.M.).

Commission : Pouvoir donné par le Roi mais révocable. Si le Chancelier* est inamovible, le garde des Sceaux est doté d'une commission révocable.

Conciles : Assemblées de prélats appelés à se prononcer sur les affaires de l'Église. Ils peuvent être universels, nationaux ou provinciaux.

Conseil d'État : On donnait ce nom, tantôt à l'ensemble des sections du Conseil, tantôt au conseil d'en haut ou des ministres, tantôt au seul conseil privé ou des parties.

Conseil du Roi (ou Conseil d'État) : Réunion de dignitaires et de techniciens de l'administration destinée à conseiller le Roi, à l'aider dans sa tâche de gouvernement et de justice. Le Conseil est un, c'est une entité. Mais il comporte plusieurs sections, les unes dites *de gouvernement* (conseil d'en haut ou des ministres*, conseil des dépêches, conseil royal des finances, conseil royal de commerce), la dernière dite *conseil privé* ou des parties (compétent en matière administrative, judiciaire et de contentieux).

Conseiller du Roi : Appellation concernant tout officier* royal du service civil.

Conseillers d'État : Les trente administrateurs (dont 24 de robe, choisis parmi les maîtres* des requêtes), nommés par commission*, qui encadraient le Conseil* et animaient la monarchie* administrative.

Conseils souverains ou supérieurs : Cours d'appel à la compétence comparable à celle des parlements*.

Constitution : Loi essentielle, ecclésiastique (comme la bulle* *Unigenitus*) ou civile. Chez nous, les lois* fondamentales ou lois du royaume – précisées à l'aube du XVe siècle –, coutumières mais imprescriptibles, tenaient lieu de constitution au sens moderne du mot.

Constitutionnaire : Partisan de la bulle* ou constitution* *Unigenitus*. A l'opposé de l'appelant*.

Contre-Réforme : Autre nom de la réforme catholique. La contre-Réforme regroupe (entre 1530 et 1780 environ) les efforts de reconquête territoriale, intellectuelle, religieuse et spirituelle, par le catholicisme, face à la réforme protestante (1517-1564 environ).

Contrôle général des finances : Département gigantesque ayant dans ses attributions les finances et la fiscalité, les affaires économiques, commerce, industrie, mines, ponts et chaussées, etc. Cela représenterait aujourd'hui une demi-douzaine de ministères.

Contrôleur général : Le responsable du contrôle général des finances, en général ministre* d'État et toujours rapporteur au conseil royal des finances, est nommé par commission*, contrairement aux secrétaires d'État. Sa charge est gratuite. Louis XV ne cesse de changer de contrôleurs généraux.

Corporation : Nom moderne du vieux corps de métier.

Corps intermédiaires : Entre le Roi et ses sujets existaient des institutions-tampons, des forces sociales encadrant et protégeant l'individu et interdisant à la monarchie de tourner à la tyrannie. Les académies, les jurandes*, le barreau, la basoche étaient des corps de ce genre. Pour Montesquieu, qui les jugeait inséparables de la monarchie, les principaux corps intermédiaires régulateurs étaient les parlements*, les cours* souveraines, les états* généraux et les états* provinciaux.

Corvée : La corvée seigneuriale, droit ou redevance en nature, consistait par exemple à curer une semaine les douves du château. La corvée royale des grands chemins, réglementée en 1738 par Orry, pouvait obliger les paysans à travailler aux routes gratuitement, deux ou trois semaines l'an.

Cour des aides : Cour* souveraine pour les causes fiscales (appels des élections* et des greniers à sel, etc.).

Cour des monnaies : Cour* souveraine compétente en matière de monnaie et de métaux précieux. A la vieille cour des monnaies de Paris était ajoutée, depuis 1704 et jusqu'en 1771, une seconde cour des monnaies à Lyon.

Cour des pairs : Un des aspects, une des fonctions du Parlement*. Pairs ecclésiastiques et pairs laïques siégeaient au Parlement, à la grand-chambre. Ils avaient le privilège exclusif de juger ceux de leur rang.

Cours souveraines : Ce sont les parlements*, le grand conseil, les chambres* des comptes, les cours* des aides, la cour* des monnaies, les conseils* souverains et supérieurs. Les cours jugent sans appel, sauf cassation par le Roi et son Conseil* Elles ont aussi le droit d'enregistrer les actes* royaux et celui de rédiger et présenter des remontrances*.

D

Décimes : Quote-part prélevée sur ses membres par le Clergé pour financer l'ordre.

Département : Détermination de la compétence d'une grande administration. Exemple : L'intendant des finances Daniel Trudaine dirigeait le département des ponts et chaussées. Du contrôleur* général dépend un certain nombre de départements.

Déroger · Au sens légal, perdre les privilèges* de la noblesse ; au sens moral, perdre la face.

Despotisme éclairé : Belle formule, commode mais anachronique. On l'applique à un mode autoritaire de gouvernement, inauguré par Frédéric II de Prusse en 1740.

Diète : Haute assemblée. Elle peut représenter les états généraux ou provinciaux d'un pays. La diète d'Empire est assemblée des Cercles* et délibère des affaires publiques. La diète de Pologne choisit le roi.

Dignités : On donnait ce nom aux plus prestigieux des offices du royaume (ceux de Chancelier*, grand écuyer, maréchaux* de France, etc.), offices qui eussent anobli sans conditions de temps leurs titulaires roturiers, dans le cas improbable où le Roi les eût choisis tels. Voir aussi Fiefs* de dignité.

Dîme : Impôt payé à l'Église en proportion des produits agricoles.

Dixième : Impôt sur les revenus, déjà instauré au Grand Siècle pour soutenir l'effort de guerre.

Domaine : Le domaine de la Couronne, théoriquement garanti par les lois* fondamentales, était imprescriptible et inaliénable.

Don gratuit : Impôt collectif payé par le Clergé* et aussi par les pays d'états, comme Languedoc et Bretagne.

Droit canon : Lois et jurisprudence de l'Église.

Droit commun : Règles juridiques applicables à tous, sauf privilèges contraires.

Droit coutumier : Règles juridiques du nord du royaume.

Droit divin : Règles que les chrétiens pensent avoir été établies par Dieu. La monarchie était considérée comme de droit divin selon l'affirmation de saint Paul (*Romains* 13,1).

Droit écrit : Règles juridiques du Midi, issues du droit romain.

Droit féodal : Règles juridiques et jurisprudence des fiefs*, ou concernant les relations entre seigneurs et vassaux.

Droit naturel (ou encore loi naturelle) : Règles de base de la morale. Leur importance et leur légitimité viennent de ce qu'on les pense communes aux chrétiens et aux païens.

Droits féodaux : En reste surtout celui d'exiger « foi et hommage », serment de fidélité anachronique d'un nouveau vassal.

Droits régaliens : Les droits du Roi, symboles de sa souveraineté, comme le pouvoir de faire grâce aux condamnés, de légitimer les bâtards, d'anoblir les roturiers, de naturaliser les étrangers, etc. La Régale* est un droit régalien.

Droits seigneuriaux : Privilèges du fief*. Le seigneur avait des droits honorifiques (chasse, colombier, honneurs à l'église) et des droits utiles (banalités*, cens*, champart*, lods et ventes). La révision des terriers* s'efforça de les restaurer ou de les augmenter.

Ducs : Les plus honorés et privilégiés de la noblesse, eux-mêmes divisés entre princes* étrangers, ducs et pairs* héréditaires, ducs héréditaires non pairs. Les ducs dits à brevet, s'ils n'avaient pas à faire enregistrer leurs lettres* patentes au Parlement*, n'étaient pas héréditaires. Les ducs de Belle-Isle, de Choiseul et de Praslin furent secrétaires* d'État, et le secrétaire d'État Saint-Florentin fut fait duc.

E

Eaux et forêts : Grande administration forgée par Colbert.

Échevinage : Corps de ville, ou fonctions de l'échevin.

Échevins : Membres du corps de ville, conseillers municipaux. A Bordeaux on les appelle jurats ; à Toulouse, capitouls.

Économistes : Nom que se donnaient ceux que nous nommons aujourd'hui physiocrates.

Écrouelles : Scrofules, lésions d'origine tuberculeuse. Le Roi, croyait-on, avait pouvoir de les guérir, par simple toucher, notamment à l'occasion de son sacre*.

Écuyer : Qualification honorable. Sur les actes on lit, par ex. : Joly, écuyer, sieur de Fleury. Mais ce n'est pas une preuve de noblesse, car quelques commensaux* privilégiés l'attachent à leur titre. Ex. : Carabas, écuyer, valet de chambre de Sa Majesté.

Égalité : Rêve philosophique, réapparu en France sous Louis XV, plus proche des souhaits du peuple que le thème – venu plus tardivement – de la liberté.

Électeurs : Les neuf princes composant le corps électoral habilité à désigner l'empereur germanique. Le roi de Bohême (Habsbourg), le margrave de Brandebourg (Hohenzollern), l'électeur de Saxe (devenu roi de Pologne), le Palatin, l'électeur de Bavière (Wittelsbach), l'électeur de Hanovre, les archevêques de Cologne, Trèves et Mayence.

Élections : Juridictions fiscales connaissant surtout des tailles* et de leur contentieux. L'appel se fait en cour* des aides.

Empereur : Employé absolument, Empereur signifie empereur germanique, empereur du Saint Empire. L'Empire n'était pas héréditaire (même si les Habsbourg avaient fini par se succéder presque sans heurts), l'Empereur étant élu par les électeurs* d'Empire.

Empire : Employé absolument, il s'agit du saint empire romain germanique.

Ennoblir : Rendre plus excellent, plus noble (moralement).

Enregistrement : L'enregistrement des actes privés se nommait contrôle ou insinuation. L'enregistrement des actes* royaux était le fait du Parlement* et autres cours* souveraines.

Epée : La profession des armes.

États généraux : Assemblées sur ordre du Roi des représentants des trois ordres (Clergé, noblesse, tiers état).

États provinciaux : Dans quelques provinces – dites pays* d'états –, une assemblée des trois ordres* exerce une autorité administrative et fiscale. Il s'agit surtout du Languedoc et de la Bretagne, provinces ombrageuses.

Exclusif : Régime commercial imposant aux colonies de ne commercer qu'avec la métropole.

F

Ferme générale : Régime d'économie mixte de perception de l'impôt indirect, tel que gabelle*, aides* ou traites*.

Fermiers généraux : Ils sont d'abord quarante, puis soixante. Ces financiers aisés (voire très riches) servaient de cautions et d'administrateurs pour les impôts indirects affermés. Ils étaient volontiers mécènes ou au moins amateurs.

Feuille des bénéfices : Liste d'aptitude tenue à jour par un ecclésiastique (en général un prélat), le « ministre de la Feuille », et destinée à guider le Roi dans le choix des évêques et autres grands bénéficiers.

Fief : Terre noble. Si un roturier en possède, il doit payer un droit de franc-fief.

Fiefs de dignité : Les duchés, marquisats, comtés, vicomtés et baronnies.

Financier : Synonyme de fermier* général ou de traitant* ou de partisan*.

Flagellation : Nom donné à la séance solennelle du 3 mars 1766 où Louis XV rappela aux robins les attributs de sa souveraineté.

Foires et marchés : Élément important de la vie économique d'une France encore rurale. L'établissement des foires, en principe droit* régalien, pouvait avoir été concédé par le monarque à des villes, des communautés ou des seigneurs.

G

Gabelle : Imposition sur le sel; sans doute le plus impopulaire des anciens impôts indirects.

Galères : Navires méditerranéens à voiles et à rames, déjà obsolètes au Grand Siècle. Leur corps est supprimé en 1748. Dès lors les galériens (criminels condamnés) se muent en forçats.

Gallican : De France. Église gallicane signifie d'abord Église de France.

Gallicanisme : Sensibilité opposée à l'ultramontanisme*. L'Église de France (à condition de ne pas se limiter aux évêques) penchait majoritairement vers le gallicanisme. Non seulement le gallicanisme est hostile à l'infaillibilité du pape, mais il prétend contrôler bulles* et brefs* pour voir si rien n'y remet en cause « les libertés de l'Église de France » et même les droits du Roi. Dans le royaume, il développe l'usage des appels* comme d'abus (le Parlement* étant lui-même gallican). Par rapport à l'Église universelle, il admet ou encourage l'appel au concile œcuménique, jugé très supérieur à Rome. Sous Louis XV le gallicanisme venait volontiers au secours du jansénisme*

Garde des Sceaux : C'est un grand officier* de la Couronne, comme le Chancelier*, qu'il peut suppléer à la demande du Roi. Mais l'office de Chancelier rend ce dignitaire inamovible. Le garde des Sceaux est seulement titulaire d'une commission*. Il est donc révocable *ad nutum*.

Gardes-marine : Aspirants à la condition d'officiers dans la marine royale. Les compagnies de gardes de la marine constituaient une école navale avant la lettre, mais les gardes n'avaient pas le monopole des nominations ou des promotions.

Gendarmerie : Compagnies de cavalerie en service dans la maison militaire de Sa Majesté; gendarmes proprement dits et chevau-légers de la garde du Roi et de sa petite gendarmerie. Elles étaient seize au total, de prestige inégal.

Généralité : Intendance, au sens territorial du terme.

Génie : Néologisme (1744) pour désigner le corps des ingénieurs (militaires) du Roi, définitivement séparé de l'artillerie en 1758. Ces ingénieurs sont d'abord 300, puis 400 à compter de décembre 1762. Créée par le comte d'Argenson, l'école du génie de Mézières fut réglementée le 10 mai 1748 et dura jusqu'en 1793.

Gens du Roi : Les membres du Parquet (procureurs généraux, procureurs du Roi, avocats généraux, avocats du Roi, substituts).

Gentilhomme : Au sens formel, noble représentant au moins le quatrième degré (la quatrième génération) de noblesse. En langage courant : noble, *gentleman*, homme d'honneur ou de bonnes manières.

Gouverneur : « Officier du Roi qui commande dans une province » (Furetière). Sous Louis XV le gouverneur est toujours un grand personnage – duc* ou maréchal* –, mais, sauf dans les provinces frontières ou stratégiquement exposées (Bretagne), son rôle est surtout de représentation.

Grades militaires : Cf. Maréchaux* de France, Officiers* généraux, Officiers* supérieurs, Officiers* subalternes, Bas officiers*. – On notera que le maréchalat est une dignité, que le colonel achète son régiment, et que le capitaine achète sa compagnie, du moins jusqu'aux réformes de Choiseul.

Grand conseil : Cour* créée à la fin du XVe siècle, spécialisée dans les affaires de bénéfices* ecclésiastiques. Le Roi ne craint pas d'évoquer devant elle d'autres cas lorsqu'il se méfie du Parlement.

Grandes écoles : Si le mot est anachronique, la notion ne l'est pas. Qu'on en juge : 1719, l'école d'artillerie de La Fère (plus tard dédoublée avec Bapaume, Metz, Douai et Strasbourg). 1738, l'école de Mars (académie privée). 1747, l'école des ponts et chaussées. 1748, l'école du génie de Mézières. 1751, l'école royale militaire de Paris. 1764, l'école militaire préparatoire de La Flèche. 1765, le génie maritime. 1766, l'école d'état-major (créée par Choiseul). 1771, l'école de cavalerie de Saumur. On pourrait citer aussi l'école vétérinaire.

Grands officiers de la Couronne : Les grands officiers de la Couronne étaient le Chancelier*, le garde* des Sceaux, le grand maître de France, le grand chambellan, l'amiral de France, le grand écuyer de France, le grand maître de l'Artillerie et les maréchaux* de France.

Greniers à sel : Lieu de stockage du sel et/ou tribunal connaissant des gabelles* et de leur contentieux. L'appel devant la Cour* des aides.

Guerre en dentelle : Mythe anachronique. Les politesses de Fontenoy (1745) ne contredisent pas les horreurs de la guerre.

H

Honneurs de la Cour : Privilège réglementé par le Roi en 1732, rendu plus strict en 1759 en matière de preuves de noblesse. Il comportait la présentation au Roi, à la Reine et à la famille royale, sans compter pour les hommes le droit de monter « dans les carrosses du Roi » et de suivre le souverain à la chasse.

Honneurs du Louvre : Privilèges réservés aux ducs* et aux duchesses (et aussi à de très rares bénéficiaires). Pour les ducs, entrer en carrosse dans la cour du palais ; pour les duchesses (et assimilées), user d'un *carreau* (coussin) à l'église et d'un *tabouret* * dans le cercle de la Reine.

Hôpital général : Hospice et asile. Celui de Paris, créé en 1656, fut sous Louis XV le prétexte d'une longue querelle.

Hôtel-Dieu : Hôpital de soins.

I, J, K

Impériaux : Soldats de l'Empereur (Autrichiens, Hongrois, Belges, etc.) et non de l'Empire. Ne pas confondre avec l'armée des Cercles*.

Impôt du sang : Noble manière de désigner la contribution aristocratique traditionnelle – héritée de la chevalerie – à la défense du royaume.

Intendant des finances : Un des six tiercelets* de ministres chargés d'un département* sous l'autorité du contrôleur* général des finances.

Intendants : Commissaires du Roi (ils sont aussi officiers* ayant acheté auparavant un office de maître* des requêtes) à qui l'on a confié l'administration d'une généralité*. Magistrats et hommes de plume*, ils ont pouvoir de justice, police, finances, agriculture, commerce, industrie, voirie, sans compter une part de l'administration militaire et leur rôle de contrôleurs et tuteurs des communautés d'habitants. Turgot s'est illustré comme intendant de Limoges (1761-1774).

Interlope : Commerce clandestin pratiqué à la colonie.

Jacobites : Partisans des Stuarts contre les *Whigs* orangistes ou Hanovriens.

Jansénisme : Doctrine théologique foncièrement inspirée de saint Augustin jusque dans ses outrances. Rome en la condamnant, de 1653 à 1713, a plus d'une fois condamné implicitement saint Augustin et même saint Paul. Le fondement du prétendu jansénisme demeure le respect inconditionnel de la « grâce efficace », autrement dit – pour les chrétiens – de l'infinie bonté de Dieu. C'est sur ce point qu'il faut juger le jansénisme, et non sur ses déviations politiques, convulsionnaires ou sectaires.

Jurandes : Corps de métiers obéissant à des actes royaux. C'est ce que nous appelons corporations. Ils regroupent, encadrent et protègent les maîtres, compagnons et apprentis, cependant que des confréries parallèles leur fournissent une dimension religieuse et festive.

Jussion : Lettres de chancellerie attachées à un acte* royal, et obligeant une cour* souveraine deux fois rétive à procéder à un enregistrement retardé.

Justice retenue : Les parlements* ou les bailliages* représentaient une justice royale déléguée. Saint Louis sous son chêne incarna une justice retenue. Au XVIIIe siècle, la justice retenue du Roi s'exprime essentiellement sous la forme des lettres* de cachet.

Justice royale : Elle s'est enfin imposée après avoir réduit la compétence des juges seigneuriaux et des juges ecclésiastiques. La justice ordinaire va des prévôtés aux parlements* en passant par les bailliages *et présidiaux*.

Justice seigneuriale : Fort diminuées, les justices seigneuriales subsistent et subsisteront jusqu'à la Révolution. Elles étaient assez comparables aux futures justices de paix. Seules les « hautes justices » pouvaient condamner à mort, mais leurs sentences devaient être confirmées par les présidiaux*.

L

Lettres de cachet : Ce sont des actes* royaux mais des lettres closes, non des lettres patentes. Ces lettres sont scellées parce que confidentielles, mais elles ont été contresignées par un secrétaire* d'État. Instruments de la justice* retenue du Roi, elles sont en général rédigées et expédiées à la demande de familles notables pour que soit puni ou emprisonné un mauvais sujet auquel on épargne ainsi la honte du tribunal.

Lettres patentes : Actes* royaux devant être enregistrés en cour* souveraine. Ces lettres concernaient souvent des privilèges*.

Levant : L'Est. Pour la marine, entendre la Méditerranée. L'arsenal du Levant est Toulon.

Liberté : Employé au singulier, ce mot, qui deviendra le sésame de la contestation en 1789, n'est guère usité sous Louis XV que par les économistes qui réclament la liberté du commerce et de l'organisation du travail, ainsi que la libre circulation des céréales.

Libertés : Droits des corps (provinces, villes, métiers, coutumes, charges, etc.) – et notamment des corps intermédiaires chers à Montesquieu – que l'on dénonce déjà parfois comme des privilèges* à réformer ou abolir.

Librairie : Édition et commerce des livres. Avec une majuscule : administration chargée de la surveillance de l'édition. Malesherbes, devenu en 1750 directeur de la Librairie, montra, à ce poste, une indulgence inattendue.

Lieutenant civil : Derrière un titre modeste, il s'agit du réel président premier du Châtelet*, le prévôt de Paris n'ayant plus qu'un rôle d'apparat.

Lieutenant général : Appellation aux sens multiples. Le lieutenant général est le président de fait du bailliage*. Le lieutenant général d'une province est l'adjoint du gouverneur* quand il ne gouverne pas et ne commande pas à sa place. Dans les armées terrestres et navales, lieutenant général est le deuxième des grades d'officiers généraux, dominant respectivement le maréchal de camp et le chef d'escadre.

Lieutenant général de police : Créé en 1667, il est à la fois le troisième magistrat du Châtelet* et un tiercelet* de ministre, admis au travail* du Roi, à l'importance comparable à un secrétaire* d'État. Homme de robe* et de plume*, homme du Roi, sa part dans l'administration de Paris l'emporte sur celle du prévôt* des marchands. Il veille sur la sûreté, l'ordre public, le ravitaillement, les métiers, le livre. Il est un peu ministre de la police. Il est souvent lui-même un futur ministre (Argenson, Bertin, Sartine). Quelques-uns n'ont fait que passer; Hérault a tenu quatorze ans (1725-1739) et Sartine quinze ans (1759-1774).

Lit de justice : Séance solennelle du Parlement, convoquée par le Roi et réunie le Roi présent, au cours de laquelle S.M. fait lire par le Chancelier* un texte définissant et imposant sa volonté.

Lois fondamentales : Constitution* coutumière de l'ancienne France. Le Parlement* s'en disait le gardien attentif.

M

Maison du Roi : Elle comprenait deux branches. La maison militaire (gardes du corps, gendarmes, chevau-légers, mousquetaires, gardes suisses, etc.), corps d'élite, avait aussi des fonctions représentatives et la responsabilité de la garde rapprochée du souverain. La maison civile groupait une foule d'officiers domestiques et commensaux* (Chambre, Garde-Robe, Bouche, Écuries, Cabinet, Vénerie, etc.). Quant au secrétaire d'État de la maison du Roi, il ajoutait à son rôle propre plusieurs fonctions de police.

Maîtres, compagnons, apprentis : Les trois degrés en vigueur dans les corps de métiers. Cf. Jurandes*.

Maîtres des requêtes : Les 80 grands administrateurs employés par le Roi au tribunal des requêtes de l'Hôtel, dans les postes d'intendants* et au conseil* privé. Ils semblent incarner la monarchie* administrative. C'est parmi eux que le Roi recrute les conseillers* d'État.

Majorité : La responsabilité entière commençait à treize ans pour le Roi, à vingt-cinq pour tout autre.

Maréchal de France : Haut dignitaire des armées, grand officier de la Couronne. Le règne de Louis XV vit nommer 48 maréchaux de France; le plus connu restant Maurice comte de Saxe.

Maréchaussée : L'ancêtre direct de notre gendarmerie.

Mérite militaire : Ordre de chevalerie créé par le Roi en 1759. L'équivalent, à l'intention des officiers étrangers protestants au service de la France, de ce qu'était l'ordre de Saint-Louis pour les braves Français catholiques.

Ministre : Au sens courant, agent du gouvernement (Chancelier* ou garde* des Sceaux, ou contrôleur* général, ou secrétaire* d'État). Traduisez : responsable d'un grand département*. – Au sens strict, « ministre d'État », c'est-à-dire membre du conseil d'en haut. Les maréchaux de Noailles et d'Estrées, le comte de Saint-Séverin, le cardinal de Tencin et plusieurs autres furent ministres sans département (nous dirions sans portefeuille). – Au sens religieux, véritable nom du pasteur protestant.

Monarchie absolue : Dite aussi « parfaite ». Pouvoir sans liens, mais non sans limites.

Monarchie administrative : Nom donné par les historiens au régime inauguré par Louis XIV, pratiqué par Louis XV, déréglé sous Louis XVI. Il voulait insister – non sans raison – sur le caractère auto-régularisé de la monarchie absolue à la française

N, O

Noblesse : Le second ordre du royaume, un petit monde très varié par l'origine (noblesse* chevaleresque, d'ancienne extraction, par anoblissement, par charges), le crédit (du duc* et pair au hobereau, combien de degrés ?), la fortune (des revenus allant de 300 francs à trois millions par an) ; traversé de contrastes et d'oppositions (robe* contre épée*, grande et petite noblesse, la Cour et la Ville, Versailles et la province, etc.), mais pouvant être rassemblé et réuni, comme en 1771 contre la réforme Maupeou. La noblesse fut trop favorisée par Louis XV. La « réaction nobiliaire », déjà inopportune, n'avait sûrement pas besoin d'être relayée et renforcée par l'autorité monarchique.

Noblesse au premier degré : Noblesse acquise par charge dès la première génération (degré étant synonyme de génération). Dans la robe, généralement en vingt années d'exercice ou en cas de mort en fonctions.

Noblesse chevaleresque : Nom donné à une noblesse très ancienne, dite « immémoriale ». En pratique, remontant au moins au XIVe siècle et sans anoblissement connu.

Noblesse commerçante : La noblesse* devait-elle rester strictement militaire ? Oui, répondit en 1756 le chevalier d'Arc. Non, ripostait la même année l'abbé Coyer, auteur de *La Noblesse commerçante.*

Noblesse de cloche : Familles ou personnes anoblies par l'exercice de certaines charges de maire ou d'échevin*.

Noblesse d'épée : Expression ambiguë, à proscrire. Elle regrouperait la notion d'épée* (société militaire) avec celle de noblesse chevaleresque (anoblissement des plus anciens par l'état militaire).

Noblesse de robe : Le groupe des lignées anoblies – jadis, naguère ou présentement – par offices de robe. Exemple : M. Molé, qui se distingue dans l'épée*, est pourtant de noblesse de robe.

Noblesse d'extraction : Groupe de familles comptant au minimum quatre degrés (générations directes en ligne masculine) nobles.

Noblesse graduelle : Noblesse acquise par charges par la pratique de deux générations successives, à condition chaque fois de vingt années d'exercice ou de mort en fonctions.

Noblesse militaire : L'édit de novembre 1750 rendit anoblissante l'accession au grade de maréchal de camp. Il prévoyait aussi un lent anoblissement graduel (en trois générations) pour des capitaines, de père en fils chevaliers de Saint-Louis*.

Notables : Personnalités (d'Église, nobles ou bourgeoises) que le Roi pouvait réunir pour consultation importante. Malheureusement, il n'y eut plus d'assemblées de notables entre 1627 et 1787.

Nouveaux convertis : Ainsi désignait-on les anciens protestants, ou les protestants clandestins dès lors que le protestantisme était censé avoir disparu du royaume depuis 1685.

Office : Base du service public, puisque plus de 90 % des charges sont des offices vénaux. Jamais les Bourbons ne purent venir à bout de la vénalité des offices, du moins avant Maupeou (1770-1774).

Officialité : Tribunal d'Église.

Officier : Titulaire d'un office* civil ou militaire.

Officiers généraux : Dans les armées terrestres, on rencontrait du haut en bas les maréchaux de France (dignité, offices de la Couronne), les lieutenants généraux (devanciers des généraux de division), les maréchaux de camp (devanciers des généraux de brigade). Les brigadiers, créés par Louis XIV, avaient les honneurs des officiers généraux mais des fonctions de simples officiers* supérieurs. – Dans la marine, on rencontrait des maréchaux de France *(ut supra)*, des vice-amiraux, des lieutenants généraux (nos vice-amiraux modernes), des chefs d'escadre (nos actuels contre-amiraux).

Officiers subalternes ou *particuliers* : C'étaient de haut en bas le capitaine, le lieutenant, l'enseigne (ou cornette, ou guidon) jusqu'en 1762; le capitaine, le lieutenant, le sous-lieutenant depuis 1762. Ajoutons l'aide-major, dans la hiérarchie parallèle des emplois d'administration.

Officiers supérieurs : La frontière ne fut jamais nette avec les officiers* subalternes, car un capitaine ancien, surtout décoré de l'ordre de Saint-Louis, était assimilé aux officiers supérieurs. Au-dessus de lui, vous rencontriez le major, le lieutenant-colonel et le colonel. Le brigadier, avec un rang toujours ambigu, sorte de super-colonel, n'était finalement qu'un officier supérieur dangereusement honoré.

Ordonnance : Acte* royal. Nom souvent donné aux lois très générales ou codes.

Ordre du tableau : Liste d'aptitude aux grades* tenant compte de l'ancienneté, trop négligée avant Louvois.

Ordres (Les trois) : C'était traditionnellement le Clergé*, la noblesse* et le tiers état*, une structure, des distinctions plus protocolaires que sociales; le cadre institutionnel des états* généraux et des états* provinciaux.

Ordres du Roi, cf. Saint-Esprit.

P, Q

Pairs : Un corps très restreint regroupant huit prélats – pairs ecclésiastiques – et les ducs* les plus honorés par la monarchie.

Paix de l'Église : Heureuse interruption dans la querelle entre jésuites et jansénistes (1668-1679).

Paris : Deuxième ville d'Europe après Londres, capitale de l'Europe artistique et littéraire, Paris demeure capitale, même si Louis XV avantage bien trop Versailles.

Parlement : Une des douze cours d'appel du royaume (Paris, Toulouse, Aix, Besançon, Bordeaux, Dijon, Douai, Grenoble, Metz, Pau, Rouen et Rennes). Mais dire le Parlement – tout court, avec une majuscule –, c'était entendre celui de Paris.

Parlement de Paris : La plus ancienne, la plus prestigieuse, la plus importante (par son ressort et ses attributions) cour* souveraine du royaume. Elle s'est détachée de la *curia Regis*. Son ressort est très étendu. Le Parlement, usant de son droit d'enregistrement des actes* royaux et de son droit de remontrance*, se considère comme un sénat, le « souverain consistoire des lois », le gardien des lois* fondamentales. Il s'est mieux qu'immiscé dans le domaine législatif, appuyé sur les parlements provinciaux qui lui servent de relais (selon la fausse théorie des classes). Le conservatisme fiscal et les prétextes religieux l'entraînent à une opposition permanente qui provoquera avec retard le coup d'autorité de 1771.

Particule : La mode croissante de la particule ne fait pas de cette dernière une preuve de noblesse.

Parties casuelles : Bureau où l'on trouvait à acheter les offices* vénaux nouvellement créés ou devenus vacants.

Partisan : Financier, homme d'affaires.

Pays d'élections : Provinces sans autonomie fiscale, soumises au droit commun.

Pays d'états : Provinces d'exception – telles la Provence et la Bretagne – où l'impôt est réparti et géré librement par les états* provinciaux et non par l'administration royale ordinaire (celle des pays* d'élections).

Péages : Droits seigneuriaux pouvant taxer les personnes, les animaux et les denrées. Sous Louis XV, l'administration royale s'efforce d'en diminuer le nombre et l'importance.

Permission, cf. Vaisseau de permission.

Personnes titrées : Ainsi désignait-on les princes* étrangers et leurs épouses, les ducs* et les duchesses.

Physiocratie, physiocrates : Néologismes. Noms donnés aux thèses du docteur Quesnay et à ses disciples. On disait alors plutôt « économistes ».

Plume : Partie de la robe* employée à des tâches administratives (secrétaires d'État, intendants, maîtres des requêtes, commis* de ministère, etc).

Police : Administration; parfois aussi, déjà, police au sens moderne.

Polysynodie : Nom donné par l'abbé de Saint-Pierre à l'étrange et éphémère régime (1715-1718) qui vit remplacer les chefs de département (secrétaires d'État) par des institutions collégiales et aristocratiques.

Ponant : L'Ouest. Pour la marine, le Ponant va de Dunkerque à Bayonne. Le grand arsenal du Ponant est Brest.

Ponts et chaussées : Cette administration, structurée et codifiée par Colbert, connaît son âge d'or sous la responsabilité vigilante et éclairée des Trudaine.

Portion congrue : Sorte de S.M.I.G. ecclésiastique; minimum vital qu'exige au moins le Roi pour les curés (500 livres en 1768) et les vicaires (200 livres).

Présidiaux : Tribunaux aux attributions un peu plus étendues que l'institution dont ils sont issus : les bailliages*.

Prévôt des marchands : Nom du maire de Paris et du maire de Lyon.

Prévôtés : Tribunaux royaux jugeant en première instance. Il faut se garder de les relier aux cas* prévôtaux, qui eux relèvent des prévôts des maréchaux.

Prince chrétien : Idéal proposé aux Dauphins et Enfants de France, toujours relié à l'image et au souvenir de saint Louis.

Princes : Les cousins du Roi descendant légitimement en lignée masculine de Hugues Capet (Orléans, Condé) sont princes du sang. Les bâtards royaux légitimés, princes légitimés. Enfin, on nommait princes étrangers quelques ducs* dont les aïeux avaient été souverains (Lorraine, Rohan).

Prisons : A l'exception des prisons* d'État et de la prison pour dettes, les prisons d'ancien régime servaient à garder criminels ou délinquants (jusqu'au procès ou jusqu'à la condamnation) et non à les punir.

Prisons d'État : Lieux de sûreté où l'on enfermait, sur ordre du Roi ou par lettres* de cachet, soit de très grands coupables, soit des individus douteux qu'il semblait inutile ou inopportun de faire juger par les tribunaux ordinaires. Le For l'Evêque, la Bastille, le château d'If étaient des prisons d'État.

Privilèges : Exceptions faites au droit* commun. Ne pas payer la taille est un privilège. Être décapité et non pendu est un privilège. Souvent, sous l'ancien régime, les mots privilèges et libertés* se confondent. Souvent aussi, nombre de privilèges commencent d'être contestés.

Privilégiés : Une erreur trop commune fait de privilégiés l'exact synonyme de nobles. C'est une grave erreur. Nombre de sujets du Roi – maires, échevins*, commensaux, magistrats, ouvriers des monnaies, etc. –, individus ou appartenant à des corps constitués, bénéficiaient de privilèges fiscaux. Certains, sans être nobles, avaient les privilèges personnels de la noblesse.

Provisions (Lettres de) : Nomination par le Roi dans un office créé, ou rendu libre par décès ou résignation*.

Quartier : Logement des troupes ou des soldats.

Quartiers : L'énumération et le décompte des ancêtres d'un individu observés à la même génération. Les quatre quartiers du sieur Dupont sont ses quatre grands-parents; les huit quartiers, ses huit arrière-grands-parents, etc.

Question : Torture prévue par les ordonnances criminelles. Au criminel, par la question *préparatoire*, on tâchait d'obtenir des aveux; par la question dite *préalable* (préalable au supplice), on cherchait à savoir le nom des complices du condamné.

R

Rafraîchissement : Recours aux vivres frais.

Réaction nobiliaire : Nom donné aux efforts de la noblesse pour rétablir ou augmenter son rôle politique, économique et social. C'est au temps de Louis XV une réalité quotidienne, trop favorisé par le souverain et/ou le gouvernement.

Régale : Symbole des droits* régaliens du Très-Chrétien*, c'est le droit acquis ou usurpé par le Roi de percevoir les revenus des évêchés vacants.

Régence : Délicate transition, du fait de la minorité du Roi; d'autant plus délicate que la loi de succession n'a rien décidé à ce sujet, rien imposé. D'où l'importance du testament des Rois; d'où aussi celle d'un Parlement* toujours soucieux d'augmenter son crédit.

Régnicole : Ce mot ne signifie nullement royaliste, mais sujet du royaume, Français ou assimilé par la grâce du souverain.

Réguliers : Le corps des moines et des religieuses. Ils ne vivent pas indépendants comme les séculiers*, mais dans des maisons religieuses, abbayes, prieurés ou couvents.

Religionnaire : Curieux surnom pour dire un protestant.

Remontrances : Supplications courtoises des cours* souveraines adressées au Roi à l'occasion et avant l'enregistrement* des actes royaux. De 1673 à 1715, par la volonté de Louis XIV, le Parlement* n'avait pu rédiger de remontrances* qu'après avoir enregistré l'édit ou l'ordonnance*.

Résignation : Démission d'un office ou d'un bénéfice*.

Résigner : Se démettre d'une charge ou d'un office*.

Robe : Le métier de juge, ou le monde des magistrats.

Roture : Le fait de n'être pas noble. Les terres en roture paient le cens*; les gens de roture paient la taille*.

Roturier : Non noble. – Contrairement aux fiefs*, les terres en roture sont soumises au cens*.

R.P.R. : Sigle, méprisant ou du moins condescendant, par lequel on désignait le calvinisme, la « religion prétendue réformée ».

S

Sacre : Les rois de France étaient sacrés, oints du saint-chrême et si possible à Reims. Le sacre (il durera jusques à Charles X) était plus qu'un couronnement. Véritable « huitième sacrement », il symbolisait la légitimité royale, un pouvoir de droit divin, quasi religieux.

Saint-Esprit (Ordre du) : Très célèbre ordre de chevalerie créé par Henri III. Il avait, sous Louis XV, conservé tout son prestige. Moins ancien (1578) que la Jarretière (1334) et que la Toison d'or (1430), il partageait leur notoriété universelle.

Saint-Louis (Ordre royal et militaire de) : Ordre de chevalerie créé en 1693, n'imposant aucune preuve de noblesse, et destiné par et depuis Louis XIV à récompenser la valeur militaire.

Saint-Michel : Ordre de chevalerie créé jadis par Louis XI, dévalorisé depuis la création du Saint-Esprit*. Il semble préfigurer notre ordre des arts et lettres.

Savonnette à vilain : Une sinécure anoblissante.

Secret du Roi : Politique personnelle et secrète de Louis XV, assurée par un organisme ultra-discret dont le comte de Broglie eut la direction de 1756 à 1773.

Secrétaire du Roi : Officier de chancellerie achetant cher un office peu astreignant mais donnant une noblesse* au premier degré. Les offices de ce type étaient moqués sous le nom de savonnettes* à vilain.

Secrétaires d'État : Ce sont, après le Chancelier* et avant (au moins sur le plan protocolaire) le contrôleur* général des finances, les chefs des grands départements* (guerre, affaires étrangères, marine et maison du Roi). Ils sont en général quatre, sauf de 1763 à 1780 lorsqu'un cinquième poste fut créé pour Bertin. Outre leur spécialité principale – comme la guerre ou la marine –, les secrétaires d'État continuaient comme au temps de Louis XIV à se partager la correspondance avec les intendants*. Ainsi, en 1760, celui de la guerre contrôlait les provinces frontières : les Trois-Évêchés, le Barrois, Sedan, la Flandre, le Hainaut français et l'Artois, l'Alsace et la Franche-Comté, le Dauphiné, le Roussillon et la Cerdagne. Il laissait le reste du royaume au comte de Saint-Florentin, secrétaire d'État chargé de la maison du Roi, du Clergé, de Paris (c'est important) et de la « religion prétendue réformée ».

Séculier : Vivant dans le siècle, comme les curés.

Seigneurie : Survivance du système féodal, irritante, parfois contraignante, la seigneurie est d'autant plus contestée sous Louis XV qu'une réaction* nobiliaire prétend, surtout depuis 1740, en ressusciter la présence et la puissance. Le seigneur essaie d'agrandir sa « réserve » ou domaine proche ; il lui suffit d'annexer une part des communaux. Pour agrandir ce qu'on nomme la « directe », le seigneur doit se donner du mal. Les censitaires qui dépendent de lui se considèrent depuis longtemps comme propriétaires (ou presque). Pour retrouver des droits et devoirs tombés en désuétude, le seigneur fait entreprendre une révision des « terriers »*. Souvent il tente de faire remplacer des redevances en argent dévalué par des contributions en nature. Des feudistes ou commissaires à terrier gagnent leur vie grâce à ces révisions, dont peu de gens en ce temps savent prévoir les conséquences.

Six-Corps : Les premiers métiers de Paris : drapiers, épiciers, orfèvres, pelletiers, bonnetiers, merciers. Ils ont des privilèges que jalousent marchands de vin et libraires.

Subdélégués : Auxiliaires spécialisés des intendants* exerçant leurs pouvoirs administratifs dans les provinces par délégation.

T, U, V

Tabouret : Pour les duchesses et quelques rares dames privilégiées, c'est l'un des honneurs* dits du Louvre, le droit de s'asseoir même la Reine présente.

Taille : L'impôt le plus répandu et le plus critiqué. Dans les deux tiers nord du royaume, la taille était un impôt personnel payé par les contribuables laïcs non privilégiés (roturiers* ne bénéficiant point d'une exemption consentie par le Roi). Dans les pays* d'états – surtout Dauphiné, Languedoc et Provence – la taille était dite « réelle », payable par tout propriétaire, noble ou roturier.

Terriers : Cadastre local où le seigneur faisait figurer les rentes et redevances à lui dues par vassaux et tenanciers.

Tiercelet de ministre : Le tiercelet est un oiseau de proie bien plus petit que sa femelle. Le tiercelet de ministre (l'expression nous vient de Saint-Simon) est un chef de petit département*, une sorte de ministre en miniature. Régnant sur les ponts* et chaussées, Trudaine est un tiercelet de ministre.

Tiers état : Aujourd'hui, comme en 1789, on a et on avait tendance à appeler tiers état tout ce qui n'appartenait pas au Clergé (premier ordre) ou à la noblesse (le second ordre). Sous Louis XIV, sous Louis XV, le Tiers signifie à peu près la bourgeoisie de robe ou de négoce, ou encore rentière, celle qui coopte les échevins, siège aux états* généraux et provinciaux.

Titres : S'entendait souvent au sens de preuves (de noblesse). Exemple : la filiation des Luppé remonte à l'an 1309, leurs titres à 1380. – S'entendait aussi au sens de possession d'un fief* de dignité : duché, marquisat, baronnie, etc.

Tolérance : Péjoratif au Grand Siècle, ce mot, exorcisé par Locke puis loué par Voltaire, a déjà sous Louis XV son sens moderne.

Toucher, voir Écrouelles.

Traitant : Financier, partisan*.

Traites : Droits payables aux frontières extérieures mais aussi intérieures du royaume.

Travail du Roi : La *Liasse* ou « travail du Roi » évoque les séances de travail réunissant le monarque et un chef de département*. Ce dernier n'est pas toujours secrétaire* d'État ; ce peut être un tiercelet* de ministre, comme le lieutenant* général de police ou le ministre de la Feuille*.

Très-Chrétien : Titre du roi de France, reconnu par Rome dès le début du xve siècle. Les souverains des Espagnes, eux, sont dits Rois Catholiques depuis 1494.

Trésorier de France : Officier membre d'un bureau des finances. Sa charge est anoblissante (donnant en province une noblesse* graduelle, à Paris au premier degré). Sa compétence s'étend aux tailles, à la voirie et au Domaine*.

Triumvirat : Surnom des ministres réformateurs de la fin du règne (1771-1774), Maupeou, Aiguillon, Terray.

Ultramontain : D'au-delà des monts ; en général italien. La sodomie était souvent dite vice ultramontain.

Ultramontanisme : Le contraire du gallicanisme*. Ce néologisme (Ultramontanisme a été forgé à la fin du ministère de Fleury) désigne une obéissance inconditionnelle au pape et à ses décisions.

Une foi, une loi, un Roi : Adage du vieux droit public, résumant la légitimité mais aussi les limites de la souveraineté. Il rappelle le droit divin mais souligne que le Roi doit respecter la loi naturelle et les lois* fondamentales ou lois du royaume.

Vaisseau : Tout bâtiment de guerre.

Vaisseau de haut bord : Le plus considérable et le mieux armé (80 canons parfois) des navires de la marine royale.

Vaisseau de permission : Gros navire de commerce ayant, par exception et privilège, le droit de négliger la règle de l'exclusif* dans le commerce des colonies espagnoles.

Vénerie : Art de la chasse à courre, ou équipage de chasse (à courre).

Veneur : Chasseur menant ou suivant une chasse à courre.

Vingtième : Impôt sur le revenu créé à l'instigation de Machault et qui aurait dû être payé par tous sans rémission. D'où une interminable et rude contestation.

Voirie, voir Ponts et chaussées.

Lectures conseillées

Sources

Le *Journal* de l'avocat Barbier, les *Mémoires* de Dufort de Cheverny, les *Mémoires* du duc de Luynes, le *Journal inédit* du duc de Croÿ, le *Journal* de l'abbé de Véri, le *Précis du siècle de Louis XV* par Voltaire.

Bibliographie sélective

Antoine (Michel), *Louis XV*, Paris, Fayard, 1989. (Un chef-d'œuvre d'érudition.)

Bély (Lucien), *La France moderne, 1498-1789*, Paris, PUF, 1994.

Bluche (François), *L'Ancien Régime*, Paris, Le Livre de poche, 1993.

Chaussinand-Nogaret (Guy), *La Vie quotidienne des Français sous Louis XV*, Paris, Hachette, 1979.

Defauconpret (Benoît), *Les Preuves de noblesse au* XVIII*e siècle...*, Paris, L'Intermédiaire des chercheurs et curieux, 1999.

Gaxotte (Pierre), *Louis XV*, Paris, Flammarion, 1980.

Gaxotte (Pierre), *Le Siècle de Louis XV*, nouv. éd., Paris, Fayard, 1974.

Le Roy Ladurie (Emmanuel), *L'Ancien Régime...*, Paris, Hachette, 1991.

Solnon (Jean-François), *La Cour de France...*, Paris, Fayard, 1987.

Viguerie (Jean de), *Histoire et Dictionnaire du temps des lumières*, Paris, Robert Laffont, 1995.

Index

A

B

E

F

G

H

T

V

W

Table

Cet ouvrage a été réalisé par la
SOCIÉTÉ NOUVELLE FIRMIN-DIDOT (Mesnil-sur-l'Estrée)
pour le compte de la LIBRAIRIE PERRIN

Achevé d'imprimer en novembre 2002

Imprimé en France
Dépôt légal : février 2000
N° d'édition : 1537 - N° d'impression : 61543